스토리텔링의 사회문화적 확장과 변용

본 문화산업총서는 한국의 문화산업 인력양성에 이바지하기 위하여
인하대학교 대학원 문화경영학과의 BK21 문화사업전문인력양성사업팀에서
집필 · 기획한 것입니다.

문화산업총서 4
스토리텔링의 사회문화적 확장과 변용
텍스트와 이미지에서 문화교육으로

2011년 12월 26일 초판 인쇄
2011년 12월 30일 초판 발행

지은이 | 김영순
펴낸이 | 이찬규
펴낸곳 | 북코리아
등록번호 | 제03-01240호
주소 | 462-807 경기도 성남시 중원구 상대원동 146-8
        우림2차 A동 1007호
전화 | 02) 704-7840
팩스 | 02) 704-7848
이메일 | sunhaksa@korea.com
홈페이지 | www.bookorea.co.kr
ISBN | 978-89-6324-153-1 (94300)
        978-89-6324-144-9 (세트)

값 18,000원

● 본 저서는 2011년 인하대학교 저술지원비 수혜에 의해 저술되었습니다.
● 본서의 무단복제를 금하며, 잘못된 책은 구입처에서 바꾸어 드립니다.
● 이 도서의 국립중앙도서관 출판시도서목록(CIP)은 e-CIP홈페이지(http://www.nl.go.kr/ecip)와
  국가자료공동목록시스템(http://www.nl.go.kr/kolisnet)에서 이용하실 수 있습니다.
  (CIP제어번호: CIP2012000890)

문화산업총서 4

스토리텔링의 사회문화적 확장과 변용

텍스트와 이미지에서 문화교육으로

김영순 지음

북코리아

머리말

최근 들어 〈나는 꼼수다〉, 〈청춘콘서트〉, 〈토크콘서트〉, 〈무한도전〉 등에 수많은 사람들이 열광하는 것은 왜일까?

아마 듣고 보는 사람들에게 공감을 주고 그들과 소통하고 있다는 것이 이들 프로그램의 공통점이 아닐까 한다. 이들 프로그램에서는 정말 공감대가 형성되고 감동이 교류되고, 그럼으로써 많은 이들을 이야기가 있는 현장으로 불러내고 있음을 알 수 있다. 이것이 바로 스토리텔링의 힘이다.

그들은 서로 이성이 아닌 감성으로 만난다. 사랑하는 젊은 연인들에게 왜 두 사람이 사랑하느냐고 묻는다면 그들은 결코 이성적으로 생각하여 대답하지 않는다. 그냥 사랑한다고 감성적으로 답한다. 가슴이 뜨거운 청년들의 소통은 달리 형식이 따로 없다. 그들의 대화는 바로 스토리텔링이다.

스토리텔링은 우리 자신이 직접 경험한 이야기 혹은 전해들은 이야기, 지어낸 이야기를 다른 사람에게 들려주면서 서로의 상상력과 감성을 주고받는 소통의 한 방식이다. 따라서 이야기하는 화자나 듣는 청자에 따라 다양하게 변형될 수 있으며, 어떤 상황에서 어떤 목적으로 누구에게 이야기하느냐에 따라 그 방식도 달라질 수 있다.

그렇기 때문에 단순한 이야기의 줄거리를 전달하는 것이 아니라 듣는 청자의 마음을 움직일 수 있도록 자신의 생각과 느낌을 덧붙여 재구성할 필요가 있다. 스토리텔링에서 중요한 것은 이야기를 하는 사람이나 듣는 사람 사이에 공감의 장이 형성되고 감동의 교류를 끌어내는 것이므로 상대방의 마음을 움직일 수 있도록 만들어야 한다.

미래학자 롤프 옌센(Rolf Jensen)은 이제 스토리텔링을 배우지 않는다면 사람들을 설득할 수도 없고, 설득할 수 없다는 것은 이야기를 만드는 사람인 당신이 원하는 것을 얻지 못한다는 의미와 같다고 주장한다. 무한경쟁이 펼쳐지는 현대사회에서 스토리텔링은 생존의 기술이라고 할 정도로 매우 중요한 것이 되었다.

스토리텔링은 인류가 언어를 사용하기 시작한 이래 현재까지 존속하는 구술적 전통의 담화 양식이다. 어릴 적 할머니의 옛날이야기를 들은 기억이 있는가, 혹은 머리가 쭈뼛할 정도의 귀신 이야기를 들은 적이 있는가, 그것이 바로 스토리텔링이다. 그런데 요즘 들어 스토리텔링이 연설, 강연, 대담, 협상 등 구두 언어적 영역을 넘어 만화, 드라마, 광고, 영화, 공연, 축제 등 미디어 영역과 공간영역으로 확대되었다.

이 책은 바로 스토리텔링의 사회문화적 확장의 양상과 변용의 가능성에 주목하게 된다. 스토리텔링을 만나기 전까지 필자는 다양한 사회문화 현상을 기호학 이론을 바탕으로 해석하고, 공간에서의 소통과 담화 체계를 밝히는 일에 주력해왔다. 따라서 기호와 텍스트 그리고 소통과 담화의 연계점을 찾기 위한 실천적인 연구들을 주로 수행했다.

그런데 2005년에 들어 필자는 기호, 텍스트, 이미지, 소통, 미디어, 담화 등을 인간 주체와 이어주는 개념이 스토리텔링이라는 알게 되었다. 그 후 필자는 스토리텔링의 이론들을 공부하고 이들에 대한 논의들을 검토하는 등 스토리텔링의 매력에 사로잡히고 마력에 빠져들기 시작했다. 아울러 스토리텔링이 어떻게 사회문화적으로 확장되고 변형되고 있는가를 관찰하고 이를 글로 옮기는 작업에 전념했다.

지금까지 스토리텔링에 관한 획기적인 논문을 작성하지 못했지만 이래저래 여러 학술지에 기고한 글들이 10여 편이 쌓이게 되었다. 부뚜막의 소금은 넣어야 짜고 구슬도 꿰어야 보배라고 하지 않았던가? 보배까지는 아니더라도 함께 공부하는 동료들에게 내가 바라보는 스토리텔링이 어떤 것인지를 그들에게 스토리텔링하고 싶어 이렇게 졸고들을 묶어본다.

이 책 《스토리텔링의 사회문화적 확장과 변용》은 크게 두 부분으로 나뉜다. 제1부는 '공간 텍스트, 스토리텔링으로 말하다'에서 스토리텔링의 개념을 공간 텍스트로 확대하는 시도를 보여주고 있다. 먼저 스토리텔링의 확장 경향과 변용 가능성을 조망하고(제1장), 공간 텍스트로서 도시 '부천'의 텍스트성을 텍스트 이론을 중심으로 기술한다(제2장). 또한 도시공간을 공간 텍스트로서 규정하고 도시의 스토리텔링 과정을 제시하며(제3장), 텍스트로서 '춘천'의 공간 스토리텔링 전략을 구성하고(제4장), 공간 텍스트의 사회적 구성과 스토리텔링의 상관성을 정리한다(제5장). 아울러 향토문화자원의 스토리텔링 과정을 제시한다(제6장).

제2부 '스토리텔링, 문화교육과 만나다'에서는 스토리텔링이 문화교육 영역에 관여하고 있음을 실천적으로 보여주고자 노력했다. 인천 검단 지역의 답사를 통해 수행한 지역문화교육을 위한 지명 유래 전설의 스토리텔링을 비롯하여(제7장), 향토문화교육을 위한 스토리텔링 활용방법을 제안하였으며(제8장), 스토리텔링을 활용한 다문화시민성 교육에 관한 논의를 제시하였다(제9장). 또한 은율탈춤 연구를 통해 한국문화교육을 위한 탈춤 스토리텔링 교수법을 구안하였고(제10장), 다문화 미디어교육을 위한 스토리텔링 교수법을 제안하였으며(제11장), 미디어교육의 사례로서 영화 〈괴물〉의 영상 읽기를 위한 키네식 스토리텔링 분석방법을 제시하였다(제12장).

앞에서 밝힌 바와 같이, 이 책의 내용들은 대부분 학술지 논문에 게재된 것들을 수정·보완한 것이다. 따라서 각 장의 이론적인 논의 부분에서 중복된 부분이 있어서 책을 엮는 데 있어 이를 피하려고 나름 노력한 것은 사실이다. 그럼에도 글의 흐름상 약간의 중복이 있었음을 고백하지 않을 수 없다. 따라서 이 책은 처음부터 끝까지 읽기보다는 자신의 관심 분야에 관한 개별 장들부터 먼저 읽는 택독(擇讀)을 통해 두서없이 읽는 방법을 권유하고 싶다.

또한 이 책이 스토리텔링 연구자들에게 스토리텔링의 사회문화적 확장과 변용 가능성의 또 다른 시각을 제공하기를 희망한다. 아울러 스토리텔링으로 학위논문을 준비하는 후학들에게 새로운 이정표를 제시하는 데 기여하기를 간절히 원하는 바이다.

끝으로 이 책이 세상에 나오기까지 함께 해준 (사)사회문화연구원의 정미강 박사, 인하대 문화정보연구실의 임지혜, 오세경, 윤희진 연구원에게 감사를 드린다. 이들은 이 책의 배경이 되는 필자와의 공동논문 저자들이며, 필자가 이 논문들을 책으로 깁고 엮는 데 동의를 해주었다. 나아가 책을 만드는 과정에서 많은 조언들을 주었을 뿐만 아니라 내용들을 첨삭하는 데 도움을 주었다. 또한 책을 가독성 있게 수정해주신 문학평론가인 전소영 선생과 인하대대학원 박소연 선생과 허숙 선생에게 감사함을 전하는 바이다. 끝으로 시장성이 없을 것 같은 이 책의 문화산업적인 가치를 확인하고 선뜻 출판에 응해주신 북코리아 이찬규 대표님께도 심심한 감사를 드린다.

이 책을 읽는 모든 분들의 학문적 질책과 충고를 언제나 기쁜 마음으로 받아들이고자 하니 허심탄회한 비판을 부탁드리는 바이다.

2011년 12월 마지막 날에
저자 김영순 삼가 씀

차 례

9

제2부 스토리텔링, 문화교육과 만나다

제1부

공간 텍스트,
스토리텔링으로 말하다

제1장

스토리텔링의 확장 경향과
변용 가능성

요즘 들어 방송사들이 다투어 오디션 프로그램을 기획하고, 이 프로그램들이 새로운 열풍을 불러일으키고 있다. 시청자는 오디션 프로그램의 참가자에게 열광하고 누군가의 승리를 응원한다. 오디션 프로그램은 시청자에게 오디션 참가자들의 실력을 전달하는 데 그치지 않고 그들이 살아온 인생 이야기를 함께 보여준다. 참가자의 실력과 그가 지닌 인생 이야기는 별개인 것처럼 보이지만 시청자의 정서적 공간에서는 서로가 강하게 결합한다. 결국 승리하는 자는 대중에게 감동을 불러일으키고 공감을 이끌어낸 사람이다. 오디션 프로그램의 열풍은 스토리텔링이 만들어낸 새로운 바람이 아닐까 하는 생각을 한다.

'스토리텔링'(storytelling)이라는 용어가 대중에게 회자되고 있다. 소설, 애니메이션, 영화, 드라마를 넘어 마케팅, 관광, 공간, 자기계발에 이르기까지 '스토리텔링'이라는 용어는 다양한 분야에서 사용되고 있다. 또한 인문과학과 사회과학에서 중요한 이론적, 실천적 연구 분야로 자리 잡고 있다. 스토리텔링은 '이야기'를 뜻하는 'story'와 이를 '말하다'는 'telling'이 결합한 단어로 '이야기하기'라고 번역할 수 있다. 하지만 이상하게도 '이야기하기'라고 사용되는 경우는 매우 적다. 이는 '이야기하기'라는 글자 표면에 담긴 의미와 사회에서 통용되고 있는 '스토리텔링'이라는 글자가 지닌 의미에 차이점이 있음을 의미한다. 이야기하는 방식, 이야기하는 상황을 뛰어넘는 '스토리텔링'이라는 용어는 우리 사회에서 다양하게 사용되면서 그 의미를 인정받고 있다.

계명대 한국문화정보학과 김중순 교수는 그의 저서에서 스토리텔링에 대해 흥미로운 예를 제시하고 있다. 다음 글을 살펴보면 스토리텔링을 어떻게 이해할 수 있을까 하는 물음이 해결될 것이다.

〈그림 1.1〉 스타벅스 로고

　　과거의 박제화된 '이야기'를 스토리텔링으로 풀어낸 것 가운데 가장 주목받는 것이 아마도 스타벅스라는 별다방의 이야기일 것이다. 스타벅스는 스토리텔링으로 성공한 창조경영의 모델이다. 스타벅스의 녹색 원 안에는 인어가 있다. 커피 회사와 인어는 무슨 관계인가? '스타벅스'라는 상호가 소설의 주인공 이름에서 왔다는 사실을 알면 인어를 고른 이유를 집작할 수 있다.

　　'스타벅'은 허먼 멜빌의 소설 《모비딕》에서 나오는 일등 항해사의 이름이다. 스타벅스의 젊은 창업자들이 커피를 매개로 고객들에게 팔고 싶었던 이야기는 '미지의 세계로 나가는 항해'였을 것이다. 회사가 처음 채택했던 인어는 가슴과 다리를 모두 드러내놓고 있었다. 창업자들은 이 이미지를 15세기부터 유럽에서 널리 사용되던 '두 꼬리 사이렌'에서 가져온 것이다. 하지만 가슴을 드러낸 채 꼬리를 치켜들고 있는 인어의 모습은 현대인의 미감에는 지나치게 '위험해' 보인다. 결국 인어는 굽이치는 머리카락으로 가슴을 가려야 했으며, 그 다음에는 '음탕하게' 벌리고 있던 다리를 조신하게 숨겨야 했다. 사이렌은 오디세이가 이타나 섬을 지나 항해를 할 때 아름다운 노래로 유혹하여 배를 파선시키고 선원들을 죽음으로 몰아가려던 감성의 대표적 형상이다. 반대로, 스타벅이라는 항해사는 소설에서 매우 이성적인 인물로 그려져 있다. 스타벅스의 이름으로 사이렌을 둥글게 둘러싼 녹색 원형이 바로 스타벅스의 로고다. 이성이 감성을 조절하며 조화를 이루고 있다. 스타벅스 커피를 마시면 그런 균형 잡힌 인간이 된다는 뜻일까? 어디서나 흔히 볼 수 있는 상표와 로고가 스토리텔링을 통해 그동안 숨겨왔던 이야기들을 풀어놓고 있는 것이다. (이하 생략)

　　　　　　－ 김중순, 《문화의 이해와 다문화교육》(소통, 2010) 중에서

가만히 보면 이렇게 스토리텔링은 쉽고 즐거운 것이다. 한국에서 '스토리텔링'이라는 용어가 사용된 지는 얼마 되지 않았지만, 디지털 미디어가 등장하고 이를 사람들이 이용하기 시작하면서 이 용어는 대중에게 확산되었다. 그러나 이 용어가 지닌 의미는 그 이전에도 분명 존재했다. 본격적인 스토리텔링에 관한 논의를 시작하기 전에 전통적인 스토리텔링(스토리텔링의 의미는 지니고 있지만 그렇게 불리지 않았던)이 어떠한 상황에서 어떠한 형태로 사용되었는지 알아보자.

스토리텔링의 역사

두 사람의 대화 상황을 생각해보자. 한 사람은 말을 하고 또 다른 사람은 그 말을 들을 것이다. 한 사람은 화자, 또 다른 사람은 청자가 되는 이 역할은 화자의 말이 끝남과 동시에 바뀌게 된다. 청자였던 사람은 화자였던 사람에게 자신의 의견이 상대방의 의견과 다름을, 혹은 상대방의 의견에 동의함을 이야기하게 된다. 이러한 대화 상황을 우리는 스토리텔링이라고 볼 수 있다. 스토리텔링은 넓은 의미로 공감적 의사소통 행위를 의미한다. 만일 위의 상황에서 화자의 의견에 청자는 동의하지 않지만 더 이상의 대화를 지속하지 않는다면 이는 스토리텔링이라 볼 수 없다. 스토리텔링은 이야기를 통해 상대방에게 감동을 주거나 공감을 불러일으키는 것, 또는 자신이 전하고자 하는 메시지를 납득시키는 것이다. 일방적인 메시지 전달이 아닌 상호 간의 의견 교환을 통해 '동의'를 얻는 과정이다. 이러한 스토리텔링은 시간과 장소를 떠나 인류가 목소리를 내기 시작한 그 이후부터 계속되어왔다.

구술문화 시대의 스토리텔링은 전적으로 화자에게 달려 있었다. 이 시대의 화자, 즉 스토리텔러는 자신의 머릿속에 담긴 이야기를 자신의 목소리와 말 그리고 행동을 통해 청자에게 전달하였다. 또한 화자와 청자는 동일한 장소와 시간대의 공존이라는 환경적 조건을 필요로 한다(조은하, 2006). 구술문화 시대의 스토리텔링은 기존에 있는 이야기 또는 자신이 창작한 이야기를 '구두'로 전달하며 자신의 제스처, 표정, 음성을 이용하여 이야기를 좀 더 실감나게 하는 것을 의미한다.

이를 테면 중세시대의 음유시인(吟遊詩人, troubadour)이 그 대표적인 예이다. 12세기 초엽부터 남프랑스에서는 봉건 대제후들 사이에서 궁정의 귀녀(貴女)를 중심으로 하는 좁지만 화려한 사회가 이루어져, 귀녀숭배와 궁정풍이라고 불리는 새로운 연애의 이념이 생겨났다. 기사(騎士)인 시인은 여성들에게 인기가 높고 시와 선율에 모두 뛰어난 '싱어송라이터'였다. 이들은 1년 내내 귀족들의 성에서 성으로 옮겨 다니며 여행했다. 성에 도착하면 먼저 세치 혀의 화술로 사람들을 매혹시키고 주인에게 자신을 알렸다. 자리가 무르익어갈 무렵 노래를 선보였다고 하니, 음유시인은 오늘날로 보면 노래와 시, 재치, 화술로 무장한 만능 엔터테이너*였던 셈이다. 대표적 기사문학 〈아서왕과 원탁의 기사〉 이야기도 음유시인을 통해 퍼져나갔다.

문자문화 시대의 스토리텔링은 구술문화 시대의 화자에게 '문자'라는 운반체가 등장하면서 시작된다. 이 시대의 스토리텔러는 더 이상 이야기를 기억하여 청자에게 전달하지 않는다. 스토리텔러의 이야기는 문자를 통해 청자에게 전달된다. 특히 책이 대량으로 출판되기 시작하면서 화자와 청자와의 관계는 작가와 독자와의 관계로 변모한다. 독자의 탄생이라고도 볼 수 있는 이 시대의 스토리텔

*
엔터테이너 entertainer
- 연기, 코미디, 음악, 가수, 댄스 등 각 분야의 다재다능한 직업 연기자
- '즐겁게 하는 사람', 또는 '접대인'이란 뜻으로 연예인을 이르는 말

링은 분명 이전 시대의 스토리텔링보다는 이성적이지만 일방향적이다. 화자와 청자가 동일한 시공간에 존재하며 상호 간의 의견교환을 이루었던 전 시대와 달리 작가는 독자에게 일방적으로 자신의 의견을 전달한다. 독자가 그 의견에 동의하지 않음에도 이를 전달할 통로가 부족했던 이 시대의 스토리텔링은 소극적인 청자를 낳게 되며 모든 상황을 스토리텔링이라고 볼 수 없게 만들었다.

디지털 문화 시대의 스토리텔링은 구술문화 시대와 문자문화 시대의 스토리텔링의 특징을 모두 지니고 있다. 전자문화에 디지털 기술과 브로드밴드*의 확산이 더해져 다가온 디지털 문화 시대에는 화자와 청자, 작가와 독자의 개념에서 보다 적극적인 '참여자'라는 관계로 발전한다. 디지털이 만들어낸 공간은 시공간을 뛰어넘어 다양한 참여자 간의 상호소통을 가능케 한다. 이 시대의 참여자들은 이전 시대에 비해 감성적이다. 이성적인 판단보다는 감성에 좀 더 의지하고 이를 향유한다. 또한 급속하게 발전하고 있는 디지털 기술은 스토리텔링의 형식 역시 빠르게 변화시키고 있다. 영화, 드라마, 애니메이션 등의 영상 스토리텔링에서 게임, 블로그, SNS(Social Network Service)로 보다 많은 참여와 공감을 바탕으로 하는 스토리텔링으로 변화하고 있다. '스토리텔링'이라는 용어가 등장한 것도 이 시대이다. 이 시대의 이야기하기, 스토리텔링은 현재 우리의 삶을 표현하고 있으며 우리의 삶을 변화시키고 있다.

*
브로드밴드 Broadband
광대역통신이라는 말로 하나의 전송매체에 여러 개의 데이터 채널을 제공하는 정보통신 관련 용어. 초고속 인터넷 인프라를 말하기도 한다.

스토리텔링의 정의

스토리텔링은 1995년 미국 콜로라도에서 열린 '디지털 스토리텔링 페스티벌'을 계기로 알려지기 시작하였다(고욱·이인화 외, 2003). 그리고 그로부터 20년이 채 되지 않은 대한민국에서 스토리텔링은 디지털 기술뿐만 아니라 다양한 분야에서 통칭되고 있다. 또한 스토리텔링을 전문적으로 연구하는 디지털스토리텔링학회가 결성되어 있으며, 교육기관으로는 강원대 스토리텔링학과, 제주대 사회교육대학원 스토리텔링 전공, 이화여대 디지털미디어학부, 카이스트, 장안대학교 디지털스토리텔링학과에서 스토리텔링의 이론 및 실습에 대한 강의와 연구를 진행하고 있다.

이와 같이 알려진 지 20년도 되지 않은 용어가 사회의 주요 현상으로 자리 잡은 데에는 국내 스토리텔링 연구가 큰 몫을 하였다. 국내의 스토리텔링 연구는 주로 2000년대에 들어서면서 디지털 공간에서의 움직임을 설명하기 위해 연구되기 시작하였다. 이후, 스토리텔링은 문학과 문화 분야에서 주로 연구되며 문화콘텐츠의 핵심적인 요소로 자리 잡게 되었으며, 이는 곧 상품마케팅, 경영, 테마파크, 지역 관광, 공간기획, 자기계발 방법 등으로 확장되었다. 하지만 많은 연구들에서 스토리텔링에 대한 분명한 정의를 찾아보기는 쉽지는 않다. 대부분의 연구들은 스토리텔링의 개념에 대한 암묵적인 동의를 바탕으로 용어를 사용하며 연구를 진행하고 있다. 이들이 암묵적으로 동의하는 스토리텔링의 개념이란 앞서 이야기했던 '이야기하기' 그 자체이다. 위키백과(2011)에서도 스토리텔링은 '이야기 전달'로 단어, 이미지, 소리를 통해 사건과 이야기를 전달하는 것이라고 정의하고 있다.* 하지만 여기에 이러한 개념에서 한발 더 나아

* 위키백과는 비영리 단체인 위키미디어 재단에서 운영하는 인터넷 백과사전이다. 다수의 사람들이 만들어가며 배타적인 저작권을 지니고 있지 않기 때문에 사용에 제약을 받지 않는다. 사람들의 참여로 이루어진다는 점에서 다수의 일반인들이 생각하는 지식과 내용을 추측할 수 있다는 장점을 지닌다.

간, 스토리텔링의 정의를 분명히 하는 연구들이 있다. 이들 연구를 살펴보면 다음과 같다.

최혜실(2004)은 '스토리텔링'을 인간이 세계를 인식하는 근본적인 방식인 이야기를 통해 인간의 감성에 호소하는 의미전달 구조라고 설명한다. 고욱 · 이인화 외(2003)는 스토리텔링을 사건에 대한 진술이 지배적인 담화 양식이라 정의한다. 이는 이야기하기의 행위(conduct)와 이야기 자체(contents)를 동시에 지칭하는 개념으로, 최혜실(2007)이 꼽은 스토리텔링의 세 가지 특성인 이야기(story), 멀티미디어적 혹은 구술적 속성(tell), 현재성(-ing)이라고 볼 수 있다.* 많은 연구들에서 암묵적으로 사용하고 있는 스토리텔링에 관한 정의는 '이야기를 하고 있는 현재성'에 초점을 맞춘 것이다. 비록 '스토리텔링'이라는 용어를 디지털 환경에서의 '말하기'가 만들어냈다 하더라도 그 본질은 '이야기'에 있음을 강조한다.

'이야기'에 관한 본질적인 연구는 문학에서, 서사학에서 이루어졌다. 하지만 디지털 환경, 기술이라는 새로운 매체의 등장은 텍스트 중심의 이야기를 분석하던 서사학과 문학 연구의 한계를 드러냈다. 백승국(2006)은 서사학을 다양한 멀티미디어에 적용하기 위해서는 분석방법론의 이론과 분석 도구를 확장해야 한다는 필요성을 제기하였다. 이러한 필요성에 따라 스토리텔링이 등장한 것이다. 그는 이야기와 스토리텔링을 상호작용성과 재현 매체의 유무에 따라 구분한다. 이야기는 정형화된 문자 텍스트 속에서 수용자의 적극적인 개입을 유도하는 채널이 제한적이지만, 스토리텔링은 다양한 매체를 통해 수용자의 적극적인 소통행위를 유도한다. 내러티브(Narrative)가 이야기(Story)와 담화(Dicourse)로 구성된다면 스토리텔링은 담화로 전달되는 것이다. 내러티브가 전통적인 언술을 대상으로 내적 구조에 초점을 맞추었다면 스토리텔링은 새로운 매체와 결합하면서 이야

* 하지만 이들은 스토리텔링의 형식에 대해서는 서로 다른 입장을 취하고 있다. 이에 대해서는 뒤에서 논하기로 한다.

기하기의 양상에 어떻게 달라지는지에 초점을 두고 있다(김광욱, 2008). 박기수(2007) 역시 스토리텔링의 채널이자 매체인 'telling'이 텍스트 향유의 지배적인 요소로 등장하였다고 이야기한다. 'telling'의 방식은 점차 다양해지고 있다. 그리고 그 자체가 텍스트의 구조 안에서 끊임없이 재맥락화되어 새로운 이야기가, 즉 스토리텔링이 창출되고 있다. 이러한 재맥락화는 스토리텔링의 형식에 대한 질문으로 이어진다.

스토리텔링은 과연 끝이 있는가? 스토리텔링의 결말은 어디에 존재하는가? 이 질문은 스토리텔링이 새로운 개념으로 등장하던 그때부터 지속적으로 제기되는 질문이다. 스토리텔링 내부에서 이루어지는 재맥락화를 새로운 스토리텔링으로 볼 것인지, 스토리텔링의 진행 양상, 발전으로 볼 것인지는 학자에 따라 다른 견해를 지니고 있다. 이에 대해 최혜실(2002)은 스토리텔링은 시작과 끝이 정해져 있지 않은 것이라고 주장한다. 스토리텔링의 '결말'을 이야기와 스토리텔링을 구분하는 주요한 요소로 이야기하며 이야기는 시작과 끝이 있는데 반해 스토리텔링(특히, 디지털 매체에서) 시작과 끝이 정해져 있지 않다고 강조한다. 이에 반해 고욱·이인화 외(2003)는 스토리텔링을 형식적으로 사건과 인물과 배경이라는 구성요소를 가지고, 시작과 중간과 끝이라는 사건의 시간적 연쇄로 기술되는 것이라고 설명하며 스토리텔링에 시작과 끝이 있음을 주장한다. 이들의 논의가 있었던 시간보다 오랜 시간이 지난 현재에는 스토리텔링을 열린 결말을 지닌 것으로 보는 견해가 일반적이다. 매체가 디지털이든 영상이든 관광지의 이야기이든, 스토리텔링을 향유하는 것은 사유하는 능력을 지닌 인간이기 때문이다. 이와 관련하여 이미 김영순(2007)에서 제안한 다음의 〈그림 1.2〉의 모형을 살펴보자.

화자(S^n)는 특정한 의도를 지니고 텍스트(T^n)*를 생성한다. 이때의

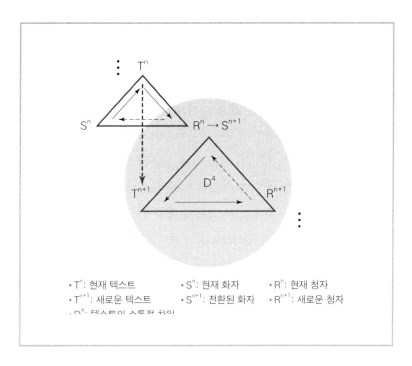

〈그림 1.2〉 스토리텔링의 확장

- T^n: 현재 텍스트   • S^n: 현재 화자   • R^n: 현재 청자
- T^{n+1}: 새로운 텍스트   • S^{n+1}: 전환된 화자   • R^{n+1}: 새로운 청자
- D^4: 텍스트의 소통적 차원

텍스트는 '이야기'를 담은 결과물(contents), 즉 대화, 게임, 애니메이션, 광고 등을 의미한다. 청자(R^n)는 T^1이 지닌 이야기를 접하면서 T^n의 의미와 함께 S^n의 의도를 파악하고자 노력한다. R^n이 내부적, 외부적 노력에 의해 T^n의 가치를 파악하게 되면 이는 곧 T^{n+1}로 변화한다. T^{n+1}은 R^n이 자신의 내부적 공간에 담은 텍스트와(R^n이 이해한, 생각하는, 떠올리는, 개인의 뇌에 인지된 새로운 텍스트) 이를 외부로 표현하여 생성한 또 다른 텍스트를 모두 포함한다. 그리고 이러한 텍스트는 또 다른 청자에게 전달되는데 만약 T^{n+1}이 자신의 내부적 공간에 생성한 텍스트라면 R^{n+1}은 이야기를 접하고 난 뒤의 R^n이 될 것이다. 만약 T^{n+1}이 외부 세계에 생성한 텍스트라면 R^{n+1}은 또 다른 사람이 될 것이다. 이러한 과정은 이야기(story)가 지속적으로(ing) 말해진다(tell)는 의미를 지닌 것으로 스토리텔링이 끊임없이 재구성되고

재생산됨을 의미한다. 이러한 과정을 세 가지 차원으로 다음과 같이 구분할 수 있다.

첫째는, 텍스트(T^n)와 텍스트(T^{n+1})의 청자 간 '맥락적' 소통이다. 위의 〈그림 1.2〉에서 R^n은 T^n을 대상으로 텍스트를 이해하게 된다. 여기서 T^n는 S^n이 생성한 콘텐츠, 이야기이지만 그 전에 S^n의 전신인 R^0가 이해한 T^0의 의미가 내포되어 있음을 고려해야 한다. 따라서 R^n은 T^n이 유래하게 된 텍스트를 이해하는 과정을 거치게 된다.

둘째는, 콘텐츠를 매개로 한 화자와 청자 간의 '비판적' 소통이다. 〈그림 1.2〉에서 R^n은 T^n을 보다 적극적으로 이해하기 위해서 S^n의 의도를 추론하게 된다. 그리고 R^n은 S^n의 생각과 자신의 생각을 비판적으로 비교·평가하여 T^n을 선택적으로 받아들인다. R^n에 의해 선별된 T^n의 의미들은 새롭게 해석, 재구성, 전용(轉用)되어 새로운 콘텐츠인 T^{n+1}의 가능성을 지니게 된다. 만약 R^n이 S^n의 의도를 무비판적으로 수용한다면 T^n을 전적으로 받아들이게 되고 그림 〈그림 1.2〉에서의 [n+1]의 상황은 도래하지 않는다. 다음의 예를 살펴보면 이를 좀 더 쉽게 이해할 수 있다.

평범한 대학생 심청이는 얼마 전 개봉한 홍길동 감독의 〈향단이와 몽룡이〉라는 영화를 보았다[S^1: 홍길동 감독, T^1: 〈향단이와 몽룡이〉, R^1: 관객 심청이]. 심청이(R^1)는 영화(T^1)를 보며 감독(S^1)이 영화를 통해 전달하고자 하는 메시지가 무엇일까를 생각했다. 그리고 내용을 통해 우리가 알고 있던 춘향전을 비틀었다는 것을 알게 되었다[T^0: 춘향전]. 심청이(R^1)는 영화(T^1)를 보며 '몽룡이가 카사노바일 수도 있었겠다'는 추측(T^2)을 하게 되었다[T^2: R^1이 T^1을 보고 느낀 바]. 그러고 나니 심청이(R^2)는 변사또 역시 탐관오리가 아닐지도 모른다고 의심하게 되었다[R^2: 비판적인 생각으로 바뀐 R^1]. 심청이(R^2)는 영화가 끝나자마자 스마트폰을 이용하여 SNS인 트위터에 이러한 내용(T^3)을 올렸다. 그리고 많은 사람들(R^{3+n})이 이러한 내용을 팔로우하며 자신의 의견을 개진하기 시작했다……

위의 상황에서 R^1(영화를 보기 전 심청이)은 T^1(영화)을 통해 새로운 사실을 깨닫고(T^2) 이에 관한 콘텐츠(T^3, SNS)를 생성하였다. T^2는 R^1이 S^1과 기존에 존재하던 T^0을 통해 만들어낸 텍스트이다. 그리고 물리적으로는 R^1과 같지만 정서적으로 변화를 겪은 R^2는 이를 다른 사람들(R^{3+n})에게 전달하면서 T^3에 S^1과 R^2의 의견을 모두 담았다. 이 경우 스토리텔링은 어디에 해당할까?

만약 스토리텔링이 T^1이라면 스토리텔링은 완결성을 지닌다고 할 수 있다. 화자에 의해 만들어진 콘텐츠는 그들의 입장에서 '완성된' 형태로 청자와 소비자에게 전달되기 때문이다. T^1을 스토리텔링이라고 본다면 게임의 경우, 제작자가 프로그래밍한 각종 퀘스트, 레벨, 능력치 등을 완성된 형태라고 보는 것이다. 하지만 스토리텔링을 이야기가 전달되는 과정인 D^4라고 본다면 이때에는 스토리텔링을 완결성을 지닌다고 할 수 없다. 본 저자는 스토리텔링을 D^4의 과정이라고 본다. 개방성을 지니고 끊임없이 새로운 청자들에 의해 소통되는 것이 스토리텔링이다. 이때 새로운 텍스트(T^{n+1})를 만들어 내는 청자들(R^{n+1})을 우리는 '참여자'라고 바꾸어 부를 수 있다.

우리는 이제 스토리텔링의 주요 요소로 '참여성'과 '대중성', '상호작용성'을 꼽을 수 있다. 스토리텔링이 지닌 '대중성'은 이야기가 지닌 경험과 감성과 연관되어 있다. 스토리텔링은 사람들이 보편적으로 지니고 있는 경험을 통해 개인의 혹은 집단의 감성을 자극한다. 문화콘텐츠를 대상으로 하는 스토리텔링의 대부분은 많은 사람들이 문화를 향유할 수 있게 하는 것을 목적으로 한다. 지역자치단체에서 앞다투어 시행하고 있는 지역문화 스토리텔링이 이를 대변한다. 또한 스토리텔링은 생산자와 콘텐츠 외에 사용자, 소비자라는 참여자를 필수 구성요소로 한다. 우리는 이미 앞의 〈그림 1.2〉와 예시를 통해 D^4가 진정한 의미의 스토리텔링임을 확인하였다. 참여가 없다면 스토리는 텔링되지 않는다. 이는 상호작용성과도 연결되는 것으로 일방적인 메시지 전달은 '이야기하기'라는 글자로 표현할 수 있지만 '스토리텔링'이라는 개념으로는 표현할 수 없다.

스토리텔링은 무한히 확장될 수 있다. 스토리텔링은 이미 구술시대의 '이야기'에서 문자시대의 '글'로, 디지털 시대의 '콘텐츠'로 변용되었다. 사회문화적 환경에 따라 변하는 스토리텔링의 양식, 형식은 앞으로 어떠한 형태로 변화할지 예측하기 어렵다. 하지만 변화는 지금도 일어나고 있다. 책으로, 문학으로 존재하던 이야기는 카메라를 통해 영상물로 보여지고 있다. 마찬가지로 스토리텔링은 결말이 있는 글과 영상에서 벗어나 이제는 사람들의 끊임없는 의사소통으로 확장되었다. 여가*의 개념으로 여겨지던 즐거운 말하기 방식은 교육과 결합하여 대중에게 새로운 교육방식으로 다가왔다. 공간에 얽힌 이야기를 소비하는 것에 그치던 대중들은 이제 공간에 이야기를 부여하고, 이야기가 있는 공간을 만들어내기 시작하였다. 그 끝이 어딘지 모르는 스토리텔링. 어디까지 확장될지는 모르는 현재의 상황에서 이미 존재하는 여러 분야의 스토리텔링을 살펴보며 스토리텔링의 확장 가능성에 대해 다시 생각해보자.

*
여가 leisure
직업에 관한 일이나 가사, 면학 등의 일상생활에 소요되는 시간을 뺀 나머지의 자유시간을 이르는 말

스토리텔링이 어딘가에 '갇혀' 있지 않고 자유로운 존재라는 점은 스토리텔링이 하나의 학문에 매여 있지 않다는 점에서 확인할 수 있다. 통섭*적인 면모를 지니고 있는 스토리텔링은 다른 학문과의 단순한 컨버전스가 아니라 여러 학문들을 두루 통합할 수 있는 근본적인 융합적 성격을 지니고 있다(최혜실, 2009). 사실 대부분의 학문은 '이야기'로 구성되고, '이야기'를 필요로 하며, '이야기'를 연구한다. 다음은 이러한 스토리텔링을 각기 다른 분야의 학문과 접목하여 성과를 보이고 있는 연구들이다.**

1) 문학과 문화콘텐츠 분야

가장 먼저 문학과 문화콘텐츠에서 이루어지고 있는 스토리텔링 연구들이다. 인문학적 상상력을 바탕으로 하는 스토리텔링은 서사학을 바탕으로 그 이론적 토대가 완성되었다. 따라서 이들 분야에서는 스토리텔링에 관한 정의나 이들의 특성을 밝히고자 하는 연구가 다수 존재했다. 앞서 스토리텔링의 정의에서 언급한 최혜실(2004, 2009), 백승국(2006), 박기수(2007), 김광욱(2008)이 여기에 속한다. 특히 김광욱(2008)은 이야기, 서사, 이야기판 등의 개념을 통해 스토리텔링의 개념을 재설정하면서 이야기와 이야기하기 이외에도 이야기판(場, Champ)을 스토리텔링의 개념에 포함하였다. 이야기판은 이야기하기를 보장하기 위한 환경으로 이야기하기의 주체들 간 동의가 이루어진 공간과 시간을 의미한다. 물리적인 공간구성뿐만 아니라 운영방식의 차원을 포함하는 큰 개념으로 화자와 청자가 분간되지

*
통섭 consilience
'지식의 통합'이라고 부르기도 하며 자연과학과 인문학을 연결하고자 하는 통합 학문이론이다. 이러한 생각은 우주의 본질적 질서를 논리적 성찰을 통해 이해하고자 하는 고대 그리스의 사상에 뿌리를 두고 있다.

**
스토리텔링과 관련된 연구들은 하나의 분야에 종속되지 않고 여러 분야의 융합으로 이루진 경우가 많다. 예를 들어 문학을 소재로 하는 테마파크, 인문학적 백과사전을 만들기 위한 디지털 기술 등이 이러한 경우이다. 따라서 본고에서는 연구의 결과물이 지향하는 분야에 따라 스토리텔링 관련 연구들을 나눈다. 문학을 소재로 하는 테마파크는 공간 관련 스토리텔링 연구로, 인문학적 백과사전을 만들기 위한 디지털 기술은 디지털과 관련된 스토리텔링 연구로 분류한다.

않고 서로의 역할을 바꾸는, 적극적인 청자의 역할을 요하는 개념이다. 즉, 이야기판은 화자들의 '관계'와 깊이 관련된 것으로 이들이 '상호작용'하는 구조와 공간을 의미한다. 이러한 이야기판을 스토리텔링의 개념으로 본 것은 기존의 논의들이 '상호작용'에 머물러 있는 것에서 확장된 것이라고 볼 수 있다.

원천 소스로서의 문학이 문화콘텐츠로 활용되는 것에 관한 연구들도 진행되었다. 문학이 지닌 서사구조 분석을 통해 작품이 지닌 스토리텔링 전략을 제시하는 것은 이 분야 스토리텔링의 전통적인 연구이다. 서사분석에 중심을 두고 이것이 독자들에게 전달되는 방법, 전달 양식들을 살펴보는 것이 그 주된 양상이다. 장미영(2004)은 소설에 담긴 유·무형의 문화 요소의 구분, 문화 요소별 시놉시스*화, 캐릭터 등의 포트폴리오 구축을 기반으로 소설 〈혼불〉**을 문화콘텐츠의 원천 소스로 활용하기 위한 전략으로 보았다. 그는 스토리텔링을 이용하여 각각의 문화 요소 항목에 스토리라인을 구축하면서 이야기를 재배열한다면 구성이 탄탄한 문화콘텐츠를 제작할 수 있을 것이라고 언급하였다. 또한 한명희(2008)는 원천 소스로서의 소설이 어떻게 스토리텔링되어 문화콘텐츠로 활용되는지를 살펴보았다. 스토리텔링이라는 상위 범주하에 그 하위 범주로서 문학, 만화, 애니메이션, 영화, 게임, 광고, 디자인 등의 하위 범주가 있다고 하였다. 이는 스토리텔링을 이야기하기의 '방식'으로 보고 글쓰기 교육과 문예창작의 범주로 여기는 것과 상반되는 연구이다. 그는 상위와 하위의 스토리텔링 장르들이 서로 미학적 영향을 주고받으며 OSMU (One Source Multi Uses)화된다고 설명한다. 최근의 이러한 연구로는 박기수(2011)의 〈해리포터 시리즈〉의 스토리텔링 전략 연구가 있다. 그는 소설 〈해리포터 시리즈〉의 스토리텔링 전략을 연구하며 문화콘텐츠에서 가장 중요한 것은 텍스트 그 자체이며 그것의 근간을 이루

*
시놉시스 synopsis
영화, 드라마, 소설의 내용을 간추린 개요 또는 줄거리

**
혼불
1930년대 전북 남원의 몰락해 가는 양반가의 며느리 3대 이야기를 다룬 최명희의 대하소설

는 스토리텔링이라고 강조하였다. 이 연구는 〈해리포터〉 시리즈의 스토리텔링 전략을 대중성이 검증된 익숙한 서사구조의 창조적 통합, 미시서사의 독립성과 시서사의 조화, 복수의 중심 캐릭터 지향을 통한 다층적 서사 구축으로 나누어 살펴보았다. 이와 같이 문학을 문화콘텐츠로 활용하기 위한 방안에 관한 연구는 이 외에도, 함복희(2008), 박명숙(2009), 이지하(2009), 임옥규(2010) 등 꾸준히 이어지고 있다.

이 외에도 최성실(2010)은 문학이나 문화콘텐츠에서 더 나아가 문화 스토리텔링을 정의하였다. 그는 영화나 소설, 애니메이션 등 넓은 의미의 서사담론에서 인물이나 배경, 화자 등의 발화나 언어적 표상이 새로운 문화담론의 장 안에서 전략적으로 재구축되는 것을 문화 스토리텔링이라 규정한다. 텍스트를 넘어서 사회적, 정치적, 문화적 의미로 스토리텔링의 기능이 확대되어 적극적으로 담론을 만들어가는 것 모두를 문화 스토리텔링이라고 보며 스토리텔링의 기능을 확장시켰다.

2) 영상 분야

문학과는 달리 영상이 지닌 '보여주기' 방식은 사람들이 영상에 쉽게 접근할 가능성을 높여주었다. 여기에는 텔레비전, 컴퓨터, DVD, 영화 등의 영상 관련 기술의 발전도 큰 몫을 하고 있다. 문학보다는 영상과 가까운 젊은 세대들에게 영상 분야의 스토리텔링은 어쩌면 문학과는 비교할 수 없이 큰 영향력을 미치고 있는지도 모른다. 영상과 관련된 스토리텔링 연구는 문학과 관련된 스토리텔링 연구와 함께 일찍이 시작된 연구 분야이다.

영상으로 표현되지만 그 중심에 있는 서사에 대한 분석이 스토리텔링 연구의 주를 이루는 연구사례들을 살펴보면 다음과 같다.

백승국(2005)은 서사구조 분석을 통해 드라마 〈겨울연가〉가 창출한 한류 열풍과 욘사마 신드롬의 원동력을 밝혀냈다. 영화 관련 서사 분석으로는 김정희(2007)의 "멜로영화 콘텐츠의 스토리텔링 전략 분석"이 있다. 이 연구 역시 표층구조와 심층구조의 분석 등의 서사 기호학의 방법론을 활용하여 영화 〈접속〉, 〈8월의 크리스마스〉, 〈엽기적인 그녀〉를 분석하였다. 또한 김종태(2010)는 "박찬욱 감독의 〈올드보이〉에 나타난 스토리텔링 전략 연구"를 통해 감금의 스토리텔링과 욕망의 상상력, 기억의 스토리텔링과 초월의 상상력, 복수의 스토리텔링과 허무주의의 양가성으로 분석하였다.

영상이 지닌 이미지와 리듬에 관한 분석으로는 박성수·이희승(2007)의 연구를 들 수 있다. 이 연구는 영화와 타 매체 간의 교섭 작용으로서의 상호매체성*에 관한 고찰을 시도하였다. 특히 영화와 회화(만화)라는 장르간의 상호매체성을 지닌 영화 〈형사〉를 모델로 영상 스토리텔링의 새로운 분야를 개척하였다. 또한 이정윤(2010)은 그레마스의 구조기호학 분석을 통해 〈슈렉〉의 캐릭터를 분석하기도 하였다. 그 외에 성민경·김종기(2002)는 미학사유의 중심축이 수용자 사이드로 옮겨가고 있는 시대적 흐름에 주목하여 영상 타이틀의 표현방법을 연구하였다. 따라서 짧은 시간 안에 함축적으로 영화의 스토리를 내포해야 하는 오프닝 타이틀의 표현방법에 스토리텔링 기법을 적용하는 것이 필요하며, 효과적인 스토리텔링을 위한 구성요소들(영상편집, 사운드, 타이포그래피, 수용자)의 상호작용성에 관한 표현연구의 방법을 제시하였다. 하지만 영상의 사운드와 관련된 스토리텔링 연구는 다른 연구에 비해 그 수가 적고 구체적으로, 중점적으로 연구한 것 역시 많지 않아 본고에서는 따로 소개하지 않는다.

*
상호매체성 intermediality
1980년대부터 유럽의 문예학에서 주목받기 시작한 개념임. 줄리아 크리스테바(Julia Kristeva)의 상호텍스트 이론에 따르면 모든 텍스트는 인공이라는 모자이크로 구성되어 있으며 모든 텍스트는 다른 텍스트의 흡수이자 변형이다. 상호매체성은 열린 대화의 공간을 텍스트를 넘어선 다양한 매체로 확장한다.

영상 스토리텔링의 가능성과 활용 양 상을 살핀 연구를 소개하자면, 신경 숙·김지혜(2008)의 연구를 들 수 있다. 이들은 드라마 〈향단전〉을 중심에 두고 분석하면서, 고전소스 기반의 콘텐츠를 만드는 데 용이한 스토리텔링 기법으로 그대로 등장시키는 것, 원천 소스에서 가지고 온 등장인물 캐릭터의 변화를 통한 새로운 서사를 형성하는 것, 다른

〈그림 1.3〉 드라마 〈향단전〉

고전이나 현대물에서 인물이나 장면의 패러디 삽입을 통해 콘텐츠 형성하는 것 등을 들었다. 또한 최민성(2009)은 다큐멘터리의 스토리텔링 수준과 층위분석을 통해 다큐멘터리 스토리텔링의 현실과 가능성을 모색하였다.

이 외에도 이 책에서는 본 저자의 영상 관련 스토리텔링 연구를 소개할 것이다. 연구들로는 정미강·김영순(2007)의 "영상 읽기를 위한 키네식 스토리텔링에 관한 연구", 김영순·김미라(2010)의 "다문화 미디어교육을 위한 기호학적 교수모형: 애니메이션 〈라따뚜이〉를 중심으로"가 있다. 이들은 뒤에서 자세히 살펴보기로 한다.

3) 교육 분야

스토리텔링이 한국사회에서 문화산업과 본격적으로 결합하기 이 전에는 어린이들의 외국어 학습을 위한 교육방법 중 하나로만 여겨 졌다. 이영태(2009)에 따르면 스토리텔링은 상대방에게 알리고자 하는 바를 재미있고 생생한 이야기로 설득력 있게 전달하는 행위의 총체로, 여러 연구를 통해 스토리텔링을 교육에 활용하는 것은 학

습자의 재미를 높이는 것과 동시에 효과까지 높이는 것으로 밝혀졌다. 스토리텔링을 활용한 교육은 현재에도 초·중·고등학교 교육과 외국어교육에 다수 활용되고 있다. 관련된 연구를 살피면 다음과 같다.

강숙희(2007)는 초등학생을 대상으로 디지털 스토리텔링이 협력, 개별 학습에 관계없이 초등학생의 독서 태도를 향상시키는 데 효과적인 방법임을 입증하였다. 권혁일(2008) 역시 초등학교 수학교과 수업에 디지털 스토리텔링을 적용한 결과 수학적 지식에 대한 스토리의 생성과 공유를 촉진시키고 수학적 지식에 대한 유의미성이 향상되는 것을 확인하였다. 또한 김재춘·배지현(2009)은 스토리텔링의 활동을 스토리(story), 텔(tell), 잉(ing)의 구성요소로 나누어 각 구성요소들이 학생들에게 어떻게 의미를 생성하는지를 분석하고 이러한 의미생성 활동으로서의 스토리텔링 교육이 주는 시사점을 살펴보았다. 그 결과 스토리텔링은 차이의 생성을 통해 다양성과 창의성을 추구하는 교육활동 일반에서도 의미 있는 교수학습 방법임이 밝혀졌다.

교육에 관한 연구가 기존의 학교교육에서 다문화·평생교육으로 확대되는 것과 마찬가지로 스토리텔링을 활용한 교육 역시 그 대상을 한정 짓지 않고 다양한 대상으로 확대되고 있다. 김해영(2009)은 조선족 자치주에서 디지털 스토리텔링의 적용 가능성을 살펴보고 학교교육과 사회교육을 통한 구체적인 실행 방안을 제시하였으며 김영주(2008)는 한 편의 동화를 주제로 어휘, 문형, 문화를 교육하는 교재의 구성 방안을 제시하였다. 또한 곽경숙(2011)은 정서적 감응을 이끌어내는 데 효과적인 스토리텔링을 수업에 활용하는 방안 중 대학교육에서도 활용할 수 있는 것으로 자서전적 글쓰기와 디지털 스토리텔링의 제작 및 발표를 제안한다. 그리고 사회문화예술교육의 일환으로 노인연극을 활성화시키기 위한 이상민(2009)의 연구는 스토리텔링이 극중 인물과의 동화를 통한 자기 이해 및 자기 수용의 과정을 경험하게 하고 극적 행동의 조절을 통한 감정표현과 대인관계의 과정을 가능하게 함을 밝혔다.

이러한 연구 외에도 지역문화와 전통문화와 관련된 스토리텔링 연구가 진행 중이다. 이와 관련해서는 역시 이 책에서 본 저자의 글을 통해 소개하려고 한다. 이에 해당하는 연구로는 김영순·오세경(2010)의 "지역문화교육을 위한 지명 유래 전설의 스토리텔링 사례 연구: 인천 검단 여래마을을 중심으로", 김영순·윤희진(2010)의 "다문화시민성을 위한 스토리텔링 활용 문화교육 방안", 김영순·정미강(2007)의 "한국문화교육을 위한 은율탈춤 스토리텔링 교수법" 등이 있다. 특히 앞의 두 연구는 지역문화를 대중화시키기 위한 스토리텔링 방법에 대해 논하고 있으며 세 번째 연구는 전통문화를 효율적으로 교육하기 위한 교수법에 관한 것이다. 이들은 뒤에서 자세히 살펴보기로 한다.

4) 디지털 · 게임 분야

스토리텔링은 본질적으로 유기적이며 당대의 다양한 매체와 결합하는 방식으로 자연스럽게 진화하고 있다(조은하, 2007). 앞서 이야기했듯이 스토리텔링이라는 용어는 디지털 시대가 오면서 본격적으로 사용되기 시작하였다. 2003년에 이미 정보통신부 소속 사단법인으로 '디지털스토리텔링학회'가 창설되어 현재는 학문적으로, 산업적으로 발전을 이끌고 있다.*

고욱·이인화(2003)는 '디지털 스토리텔링'을 "디지털 기술을 매체 환경 또는 표현수단으로 수용하여 이루어지는 스토리텔링"이라고

*
디지털스토리텔링학회
《디지털 스토리텔링 연구》는 디지털스토리텔링학회에서 발간하는 학회지로 2006년부터 연간 1회 발간하고 있다.
http://digital-story.net

정의하였다. 또한 디지털 스토리텔링을 엔터테인먼트 스토리텔링과 인포메이션 스토리텔링으로 구분했다.* 하지만 한혜원(2007)은 유비쿼터스(Ubiquitous)와 컨버전스(Convergence)의 패러다임이 디지털 문화의 키워드로 부상하면서 디지털 스토리텔링을 엔터테인먼트 스토리텔링과 인포메이션 스토리텔링으로 분류하는 것에 대해 의문을 제기한다. 그리고 이제는 여러 가지 미디어의 다양한 형태를 가진 각각의 요소가 시청자, 사용자 혹은 플레이어의 이야기에 대한 이해를 돕는 트랜스미디어** 스토리텔링으로 융합될 것임을 이야기한다. 트랜스미디어 스토리텔링은 헨리 젠킨스가 2006년 《컨버전스 컬처》(Convergence Culture)에서 처음 정의한 것으로 한혜원(2009)은 독립된 계역체로서의 대체현실게임 스토리텔링의 구조를 알아본 후 이것이 다른 스토리와 어떠한 형식으로 결합되어 온전한 통합체를 구축하는지 고찰하였다. 〈로스트〉를 중심으로 트랜스미디어 스토리텔링의 구조와 확장 양상을 분석한 이 연구에서는 트랜스미디어와 OSMU에 대해 OSMU는 통합체로서 이미 완결된 결과물로서의 서사체를 미디어에 따른 전달방식이나 표현형식만 바꿔 순차적으로 전달한다. 그 때문에 결과물 자체의 서사구조나 질서는 그대로 유지된다. 그에 반해 트랜스미디어 스토리텔링은 다양한 미디어 플랫폼을 통해서 하나의 서사체가 분화되어 동시다발적 혹은 순차적으로 공개되는 형식으로 이야기를 전개한다. 여기에서 각각 다른 형식의 미디어별로 특이점을 발휘해 다양한 사용자층을 유도하고 최선의 효과를 이끌어낸다. 이와 관련해 서성은(2011)은 트랜스미디어 스토리텔링과 크로스미디어 스토리텔링***을 구분하였다. 이 연구에 따르면 크로스미디어 스토리텔링은 사용자의 능동적인 참여를 요구한다는 점에서 역시 OSMU전략과 구분되며 또한 각 미디어의 서사체가 완결적이지 않고 복수의 매체를 충분히 효과적

*
엔터테인먼트 entertainment 스토리텔링은 일상적인 필요성보다는 하나의 허구적인 서사 양식으로 일반에 받아들여지면서 일종의 오락산업으로 기능하고 있는 것으로 서술, 묘사, 체험의 3요소를 매체의 환경에 맞게 결합시키는 것이다. 인포메이션(Information) 스토리텔링은 주어진 정보를 바탕으로 이를 가공, 배치, 편집, 디자인하는 과정을 거치는 스토리텔링으로 브랜드 이미지, e-러닝, 디지털 다큐멘터리 등이 여기에 해당한다.

**
트랜스미디어 transmedia '횡당', '초월'을 뜻하는 'trans'와 '미디어'(media)의 합성어로 '미디어를 초월한 미디어'를 뜻한다.

***
크로스미디어 스토리텔링 crossmedia storytelling TV, 영화, 웹 서비스 등 복수의 미디어에 대한 교차 활용을 통해서 이루어지는 이야기하기 양식이다.

으로 결합시켜야만 전체 스토리를 향유할 수 있다는 점에서 트랜스미디어 스토리텔링과도 차이가 있다. 디지털 스토리텔링에 관한 또 다른 분류로는 인터랙티브 스토리텔링과 리니어 스토리텔링 등이 있다.*

사실 디지털 스토리텔링에 관한 초기 연구는 전통적인 서사학을 바탕으로 콘텐츠와 콘텐츠 시나리오를 분석한 것이 대부분이었다. 이러한 움직임은 디지털 스토리텔링을, 특히 게임의 서사적 분석은 디지털 게임을 이론적으로 규명하고자 하는 논의의 중요한 부분이었다(전경란, 2010). 박동숙 · 전경란(2001)은 일찍부터 게임을 특정한 스토리를 담고 있는 이야기물로 보고 내러티브 장치와 그 요소들에 주목했다. 이러한 연구는 이후에도 계속되어 최근에는 게임의 서사적 분석에서 더 나아가 사용자를 '몰입'하게 하는 요소 분석으로 초점이 옮겨져 '재미' 기제의 패턴을 추출하는 연구(이용욱 · 김인규, 2010) 등으로 발전하였다.

디지털 스토리텔링을 생활에 적용한 연구로는 박면진 · 김규정(2009)의 RFID를 활용한 인터랙티브 디지털 스토리텔링을 박물관에 적용한 연구가 있다. 디지털 스토리텔링을 구현하기 위한 기술에 관한 연구로는 김지수(2006), 이대영 · 성정환(2008) 등이 있으며 이 외에도 협업적 디지털 스토리텔링을 위한 플랫폼을 제안하는 차상진 외(2010)의 연구와 피에르 레비의 '지식의 나무' 모형**을 디지털 스토리텔링에 적용하여 협업적 디지털 스토리텔링 모형을 제안한 김만수 · 육상효(2010) 등이 있다.

5) 관광 · 공간 분야

스토리텔링을 공간에 적용하고 스토리텔링을 활용하여 관광을

*
인터랙티브(interactive) 스토리텔링은 상호작용이 가능한 모든 매체에서 나타나는 스토리텔링으로 사용자와 콘텐츠 사이의 커뮤니케이션을 의미한다. 리니어(linear) 스토리텔링은 디지털 매체에서 사용자에게 이야기를 전달하는 스토리텔링으로 전통적인 영화나 애니메이션의 서사구조와 유사한 구조를 지니고 있다. 위키백과, 2011.

**
피에르 레비의
'지식의 나무' 모형
피에르 레비는 문화적 진화의 한 방법으로 '집단적 지성'(collective intelligence)을 강조했다. 집단지성이란 지식이 개인의 차원에서 머물지 않고, 복수의 상대방과 상호소통하며 신축적으로 확대, 진화하는 과정을 지칭하는 말이다. 이는 소프트웨어뿐만 아니라 인간의 모든 지적 활동영역에 해당하는 개념이다. 실제로 그는 집단지성의 가능성에서 출발하여 '지식의 나무'라는 상용 소프트웨어를 만들기도 했다.

활성화시키는 움직임은 앞서 소개한 스토리텔링의 여러 분야들 가운데 가장 최근에 시작되었다. 문학, 영상, 교육, 디지털 스토리텔링 등이 지닌 완결적 텍스트는 이 분야에서 '공간'의 형태로 나타난다. 하지만 우리는 이미 '공간'이 닫힌 대상, 즉 완결적 텍스트가 아님을 알고 있다. 관광 스토리텔링, 공간 스토리텔링은 공간에 이야기를 부여함으로써 보다 많은 사람이 공간을 찾아오고, 공간에 얽힌 이야기에 공감하고, 새로운 경험을 할 수 있도록 격려하기 위해 등장하였다. 관련된 연구를 통해 이에 대해 좀 더 알아보자.

공간 스토리텔링의 개념은 황성윤 외(2002)의 연구에서 스토리텔링을 활용하여 디지털 공간을 구성하는 것을 지칭하며 학술연구에 쓰이기 시작하였다. 초기 공간 스토리텔링 연구는 관광지에 이야기를 부여하여 관광객을 보다 많이 모으기 위한 방법으로 사용되었다. 최인호(2008)는 대중문화콘텐츠를 활용하여 관광지를 활성화시키기 위한 방안으로 마니아 확산, 노스탤지어 순환, 관광 체험환경 구축, 관광 스토리 네트워크 구축, 관광 스토리텔링 체계 마련, 전문 인력 양성 등을 제시하였다. 또한 최인호 · 임은미(2008)는 스토리텔링을 활용한 장소 마케팅 단계를 장소자산 발굴, 장소성 형성, 장소 마케팅의 세 단계로 제시하였다. 이러한 관광 · 공간 스토리텔링이 수용자, 참여자에게 미치는 영향 역시 연구되었는데 이에 대해 전명숙(2007)은 스토리텔링이 관광자원에 대한 안내자의 설명이나 해설의 역할을 하여 관광객의 기대감을 충족시키는 동시에 관광자원에 대한 이미지를 결정짓는 중요한 요소로 작용한다고 밝혔다. 또한 손병모 · 김동수(2011) 역시 강원도 관광 스토리텔링이 관광객의 만족 및 충성도에 미치는 영향을 연구하여 관광 스토리텔링을 통해 관광객의 만족이 높아지고 이에 따라 주변에 긍정적인 구전 및 추천으로 이어져 관광 활성화에 기여함을 밝혔다.

〈그림 1.4〉 양평 소나기마을(왼쪽)과 백담사 만해마을(오른족)

문학작품과 그 작품의 배경이 되는 장소의 결합에 관한 연구도 다수 진행되었다. 최혜실(2004)은 소설 '소나기'를 바탕으로 한 양평군의 '소나기마을'과 만해 한용운의 문학작품을 공간화한 '만해마을'을 통해 문학작품의 테마파크화 연구의 지평을 열었다.

정겨운(2006)은 공간을 문화적 기호로 보고 조정래의 대하소설 '태백산맥'의 현장인 '벌교'에 대하여 역사지리적 실체로서의 벌교와 소설 텍스트의 현장으로서의 벌교와의 관계를 바탕으로 한 공간기호체계에 대한 분석과 공간의 의미를 수신자에게 전달하기 위한 공간 스토리텔링 전략을 제시하였다. 그는 공간을 우리의 일상적 경험세계를 만들어내는 수많은 구조와 물체들로 이루어진 실재적 현장으로 보고 개인과 공간과의 관계, 공간을 매개로 한 개인과 개인과의 관계, 그리고 그것들이 총합적으로 만들어내는 공간의 집단적 의미가 우리의 일상적 경험세계를 구성한다고 하였다.

이와 같은 맥락을 지니는 연구로 노재현(2009)의 연구가 있다. 그는 '이산구곡가'를 활용한 마이산 공간 스토리텔링 전략을 제시하며 공간 스토리텔링을 공간적 이야기를 전달하는 과정은 시간적 체험

에 의해 '물리적 경관 프레임'이 '의식의 프레임'으로 전환되는 과정이라고 설명하였다.

　또한 황지욱(2010)의 연구는 문학을 이용하여 '관광지'를 만드는 것이 아니라 '마을'을 조성하는 방안을 제시하였다. 그는 대하소설 《아리랑》을 활용한 김제 아리랑마을을 사례로 창조마을의 조성방안을 제시하였다.

　이처럼 공간 스토리텔링은 관광지에서 점차 우리의 일상으로 다가오고 있다. 일찍이 강상대(2007)는 도시 정체성을 구현하기 위해 지역이 지닌 문화자원에 대한 스토리텔링 전략에 관해 논하였다. 또한 전영권(2010) 역시 대구 신천과 금호강 일대의 문화지형을 발굴하여 이야기를 구성하고 이를 활용할 수 있는 방안을 모색하였다. 김세익 · 최혜실(2010)은 아파트단지인 '블루밍 일산 위시티'를 배경으로 장소성에 기반을 둔 해당 지역만의 '단지 서사'를 창출하는 과정과 이를 바탕으로 스토리텔링의 공간 적용 전략과 효과적인 동선을 구성하는 OSMU모델을 제시하였으며 민현석(2010)은 스토리텔링을 통해 옛길을 가꾸는 과정을 제시하였다.

본 연구자는 지역문화를 활용하여 지역의 특정 공간을 구성하는 공간 스토리텔링에 관심을 갖고 연구를 해오고 있다. 이와 관련하여 김영순 · 정미강(2008), 김영순 · 임지혜(2008), 김영순(2010) 등의 연구가 있다. 이들에 대해서는 뒤에서 자세히 다룰 것이다.

제2장

공간 텍스트로서
도시 '부천'의 텍스트성

이 글은 한국언어문화학회 학술지인 《한국언어문화》 제36집에 실린 김영순 · 정미강(2008)이 공동 집필한 "공간 텍스트로서 도시 부천의 텍스트성 분석: '둘리의 거리'와 '한국만화박물관'을 중심으로"를 일부 수정한 것입니다.

도시는 기호들의 집합체이다. 우리가 몸담고 있는 도시공간에는 수많은 기호들이 존재하며, 이들은 계속해서 어떤 의미를 생성한다. 우리는 이러한 도시의 외형적 표현 층위로부터 직접적 정보, 내면적 감성, 추상적 개념 등 다양한 메시지를 전달받을 수 있다. 그리고 이렇게 메시지를 전달하는 매개체라는 점에서 도시는 텍스트로써 논의될 수 있다(김왕배, 2000: 134; 존 레니에 쇼트, 이현욱·이부귀 역, 2001: 366). 실제로 도시공간 속에는 사회문화적 의미, 역사, 이데올로기, 인간의 삶과 관계들이 복잡하게 얽혀 있으며, 그것을 파악하는 것은 읽어내는 사람들의 몫이다.

그렇다면 도시공간을 읽어낸다는 것은 우리에게 어떤 의미를 가지는 것일까? 공간이 인간에게 미치는 가장 큰 심리적 기능인 '정위'(orientation)와 '정체'(identification)라는 개념에서 짐작할 수 있듯이, 자신이 만들어내고 몸담고 살아가는 도시공간을 이해하는 것은 궁극적으로 자기 자신과 다른 이들을 더 깊이 이해하게 되는 한 방식이다(노베르그 슐츠, 민경호 외 역, 1996: 28). 공간은 단지 물리적인 위치로서 존재하고 있는 것이 아니라, 인간이 만들고 가꾸고 살아가고 뿌리내릴 수 있는 삶의 총체적 요소로서 가치를 가지고 있다. 그렇기 때문에 공간을 정확하게 이해하는 것은 공간 속의, 또는 공간을 방문하는 인간의 정체성에 큰 영향을 미치게 된다.

그러나 실질적으로 공간은 아직 구조적인 체계로서 이해되고 있지 않다.* 그것은 공간의 범위가 너무 넓고 구성 층위가 다양하여 하나의 체계로서 결정될 수 없기 때문이다. 그러므로 공간을 읽어내는 방법 또한 정확하게 정해진 것은 아니다. 직접적인 정보들을

*
바르트(Barthes, 1986: 92)는 도시의 언어는 아직 은유적 상태에 머물러 있다고 말했다.

읽어내는 것은 쉽지만, 그 안에 내재된 다층적 의미작용을 파악하면서 공간을 바라보는 이들은 많지 않을 것이다. 더욱이 현대의 공간들은 과거의 공간에 비해 굉장히 효율적인 방식으로 구성되어 있다. 즉각적으로 정보를 인지할 수 있는 형형색색의 간판, 표지판, 교통신호 및 획일적이고 추상적인 양식의 빌딩들이 그 예이다. 문자와 그래픽에 의존하는 인지체계와 추상적 건축 패턴에 익숙해진 도시민은 점점 내포적 읽기에 흥미를 잃는다(Choay, 1986: 167). 그리고 읽기 어려운 공간은 점점 의미를 잃어가고 무분별하게 개발될 위험성을 안게 된다.

이 글은 도시공간을 텍스트로 보고, 그 텍스트적 의미 고찰을 인간 삶의 터전인 공간의 본질적 의미를 이해하기 위한 하나의 방편으로 제안하고자 한다. 텍스트는 소통하기 위해 존재하는 것이므로, 현대 도시공간의 텍스트적 가능성을 발견하는 것은 도시의 소통적 가능성을 발견하는 것이다. 그리고 궁극적으로 우리는 이러한 작업을 통해 소통이 가능한 공간을 창조해낼 수 있는 가능성 또한 발견할 수 있다. 따라서 이 글은 다음과 같은 물음에 대한 고찰을 시도하고자 한다.

첫째, 공간 텍스트는 어떻게 정의할 수 있으며, 공간의 의미작용은 어떻게 일어나는가?

둘째, 도시공간이 텍스트가 되기 위한 자질은 무엇이며, 이것은 공간 속에서 어떻게 드러나는가?

이러한 논의를 위해 다음에서는 텍스트학에서의 텍스트 개념과 텍스트성에 초점을 두어 공간의 텍스트성에 대하여 고찰할 것이다. 또한 구체적인 사례로서 부천 '둘리의 거리'와 '한국만화박물관'의 텍스트성을 분석하도록 할 것이다.

1) 텍스트의 개념과 공간 텍스트

파터(Vater)는 텍스트라는 단어의 일상적인 사용이 통일성이 있지는 않지만, 일반적으로 '서사성'의 자질로서 이해되고 있다고 말한다. 본래 텍스트는 라틴어 단어 'textus'에서 나왔으며, 이것은 'Gewebe'(직물, 조직)를 뜻한다(하인츠 파터, 이성만 역, 1995: 6-7). 이 의미에서부터 언어 단위들이 하나의 작품형태로 연결되었다는 뜻으로 전이된 것이며, 서사성이라는 자질은 이 뜻에 근거한 것이다. 서사성은 텍스트가 개별적인 기호들의 집합이 아니라 서로 유기적 관계를 가지거나 특정한 주제를 향해 수렴될 수 있는 기호들의 배치로 이루어져 있음을 의미한다. 텍스트언어학에서는 텍스트를 학문적인 관점에서 정의하고자 시도하고 있는데, 아직 일반적으로 공인된 정의는 없다. 그러나 텍스트언어학 연구의 흐름에 있어 다음과 같은 두 가지 방향은 텍스트의 전반적인 정의를 도출하는 것을 가능하게 한다(클라우스 브링커, 이성만 역, 1995: 6-13).

첫 번째는 60년대 중반 나타난 언어체계 지향적 흐름으로서, 언어학적 연구들이 문장범위에 국한된 데 대한 비판으로써 등장하였으며, 당시까지 수용된 언어체계적 단위들의 계층구조를 텍스트 단위로 확장시켰다. 이 관점은 단어와 문장 형성뿐 아니라 텍스트 형성도 언어의 규칙체계를 통해 통제되고 언어체계적으로 설명되어야 할 규칙성에 근거하고 있다고 본다. 또한 텍스트를 '문장들의 응집적인 연쇄'라고 정의한다. 그리고 이때 텍스트는 순수문법적 관점에서 의미적인 연결을 가진 문장들로서 파악된다. 그러나 이러한 정의는 텍스트를 언어적 구조 속에 고립시켜 정적인 대상으로 다루고 있다는 지적을 받게 되었다.

두 번째 흐름은 이러한 언어체계 지향적 관점을 비판하여 1970년대 초 나타난 의사소통 지향적 관점이다. 이 관점은 텍스트가 항상 의사소통 상황에 삽입되어 있으며, 화자 및 저자와 청자 및 독자가 언제나 사회적, 상황적인 전제와 관계를 이용하여 가장 중요한 부문들을 서술하는 구체적인 의사소통과정 안에 있다는 점을 중시한다. 또한 텍스트는 더 이상 문법적으로 연결된 문장연쇄가 아니라 복합적인 언어행위이며, 화자 및 저자는 이 언어행위를 이용하여 청자 및 독자와의 일정한 소통관계를 산출해내는 것이라고 본다. 그러므로 의사소통 지향적 관점은 텍스트가 소통적 상황 속에서 설정될 수 있으며, 그 안에서 어떠한 내포적 의미를 가진다고 말한다.

이러한 텍스트언어학의 두 가지 흐름은 텍스트의 구조와 내포적 의미를 모두 포함하는 상보적 관점이다. 브링커(Brinker)는 이를 토대로 텍스트를 '자체적으로 응집적이고, 전체로서 인지가능한 의사소통적 기능을 알려주는 언어기호들의 한정된 연쇄'라고 정의하였다. 이러한 정의는 언어학적인 측면에서 텍스트를 정의한 것이지만, 텍스트를 의사소통을 위한 기호들의 연쇄로 보았다는 점에서 모든 유형의 텍스트를 아우를 수 있는 전제가 될 수 있다. 실제로 기호학에서는 언어와 비언어를 포함한 세상의 모든 것, 문학작품, 신화, 민담, 시가, 주술은 물론 태도나 사태까지 의도적인 기호는 모두 텍스트의 영역 안에 들어올 수 있다고 본다(고영근, 1999: 95). 결국 기호로 이루어진 모든 것은 텍스트가 될 수 있는 가능성을 지닌다고 볼 수 있다.

이러한 관점에서 볼 때 다양한 기호들로 구성되어 있는 공간은 텍스트로서 전제조건을 갖추고 있다. 단, 이러한 기호들이 무의미하게 흩어져 있는 것이 아니라 하나의 통합체로서 의미작용을 하기 위해서는 언어 텍스트와 마찬가지로 응집성과 소통성을 가져야 한다. 즉 특정한 공간을 구성하고 있는 일련의 기호 연쇄들이 구조적, 주제적으로 결합되어 있고, 이것이 인간에게 의사소통적 기능을 할 때 공간 텍스트는 성립될 수 있다.

그러나 공간 텍스트는 언어 텍스트와 구별되는 특징이 있다. 첫 번째는 생산되는 방식인데, 언어 텍스트는 순수하게 특정한 저자에 의해 생산되는 것이 대부분이지만, 공간이라는 것은 원래 존재하는 기존의 공간에 또 다른 생산자가 써내려가며, 공간의 향유자에 의해 변형이 일어나기도 한다. 즉, 다른 텍스트에 비해 다시 쓰기의 가능성이 크게 열려 있다고 할 수 있다. 두 번째는 읽히는 방식인데, 언어 텍스트는 주로 시각이나 청각에 의존하여 개념적인 의미들을 읽어내는 것인데 반해, 공간은 모든 신체를 사용하여 경험함으로써 읽어내는 것이다.

세르토(Certeau, 1984: 96)는 공간을 통한 이동과 체험의 기억이 우리가 공간적으로 소통하기 위해 사용하는 언어를 구성한다고 하였다. 생산과 읽기의 이러한 개방성으로 인해 공간은 하나의 구조적인 체계로서 인지되기 어렵다. 즉, 공간은 언어와 같이 관념적으로 읽어내는 단계에서부터 체험적이고 감각적인 느낌을 통해 읽어내는 단계까지 다양한 층위를 포함한다(Fauque, 1986: 144-149; 노베르그 슐츠, 민경호 외 역, 1996: 11-17).

이러한 구조적 모호함으로 인해 공간은 일상세계에서 소통적 텍스트로서 제대로 취급받지 못하는 경우가 많다. 저자로서, 또는 독자로서 공간을 제대로 된 소통의 매체로서 다루지 못한다면 공간은 도구적 기능만을 가지는 무의미한 요소의 남발과 무분별한 개발로 그 본질적 가치를 파괴당할 것이다. 그러므로 공간이 텍스트로서 어떠한 자질을 가지는지를 파악하는 것은 공간을 제대로 이해하는 데 반드시 전제되어야 할 작업이다.

2) 공간의 텍스트성

텍스트성은 어떤 텍스트를 텍스트로 만드는 모든 특성들의 총체, 곧 텍스트다움이라고 이해된다(하인츠 파터, 이성만 역, 1995: 23). 보그랑데(Beaugrande)와 드레슬러(Dressler, 1991)는 텍스트를 '텍스트성의 일곱 가지 기준들을 지키는 의사소통적 출현체'라고 정의하였다(보그랑데·드레슬러, 김태옥·이현호 역, 1991: 5). 이들은 텍스트가 이루어지기 위해서는 이러한 모든 기준들이 이행되어야 한다고 전제하는데, 이 기준들 가운데 어느 하나가 지켜지지 않는다고 여겨지면 이 텍스트는 의사소통적이지 못한 것으로 간주된다. 그리고 의사소통적이지 못한 텍스트는 비텍스트로 취급된다.*

이러한 주장에 대한 비판적인 의견도 존재하지만,** 텍스트성이 텍스트 정의의 가장 중요한 기준이 될 수 있다는 점은 명백하므로, 이에 대한 분석은 하나의 텍스트가 어떠한 텍스트성을 갖추고 있고, 이것들이 어떻게 상호 결합하여 소통성을 만들어내는가 하는 것을 밝히는 데 있어 필수적인 작업이다.

따라서 본 연구에서는 텍스트성을 공간 텍스트의 소통성을 높여줌으로써 제대로 된 텍스트로서의 역할을 할 수 있는 자질로서 다루고자 한다. 이를 위해 이 절에서는 텍스트성을 공간적 관점에 대입하여 공간의 텍스트성이 어떠한 방식으로 드러나는지 살펴보기로 한다.

(1) 응결성

응결성은 텍스트 표층의 구성요소들이 서로 연결된 방식과 관계

---

* 한성일(2006: 36)에 따르면, 생산자의 오류에 의해 텍스트성이 유지되지 못하는 경우에는 텍스트를 비텍스트로 처리할 수 있겠지만, 생산자의 의도에 의해 텍스트성이 고의로 파괴되는 경우에는 비텍스트로 단정 지을 수 없다. 의도적인 텍스트성의 파괴는 오히려 특정한 텍스트의 유형화에 기여할 수 있기 때문이다.

** 이재원(2001)은 응결성이나 용인성이 독자적인 텍스트성의 한 기준이 될 수 있는가에 대해 의문을 제기한다.

가 있다. 이것들은 문법적 형식과 규약에 의해 서로 의존해 있기 때문에 응결성은 문법적인 의존관계에 바탕을 둔 것이다. 간단히 말해, 텍스트 표층의 문법적 연결성, 표층적 결속관계, 텍스트의 형식 등으로 이해될 수 있다. 언어 텍스트에서 중요한 응결성 수단은 접속이며, 지시, 대명사, 반복 등에 의해 나타난다(하인츠 파터, 이성만 역, 1995: 31).

이러한 응결성은 인지가능한 일정한 구조를 유지함으로써 주제나 정체성을 드러내고 의미를 생산해낼 수 있는 공간의 특성에 대응될 수 있다. 슐츠(Schulz)는 공간의 정체성에 있어서 구조적 맥락의 지속성이 매우 중요함을 강조하였으며(노베르그 슐츠, 민경호 외 역, 1996: 20-21), 린치(Lynch) 또한 도시경관의 구조적 명료함은 도시 읽기의 명료함을 가져오고, 이러한 경관은 결과적으로 인간에게 쾌적한 환경이 된다고 강조하였다(케빈 린치, 김의원 역, 1984: 20-21).

다시 말해 공간의 구조적인 결속성은 일련의 통일성 있는 경관을 조성하며, 이것은 공간에 특정한 분위기, 이미지, 정체성을 부여하여 결국 공간의 수신자에게 특정한 의미작용을 하게 하는 것이다. 특히 공간에서 표층적인 결속을 드러내주는 장치는 동일한 건축 패턴이나 구조물의 반복, 구조의 의미를 설명·보완해주는 지시물, 동선을 통한 효과적인 연결을 통해 드러나는 구조적 근접성 등으로 설명될 수 있다.

(2) 응집성

응집성은 어떤 텍스트의 의미 결속관계, 내용적, 의미적 연관성을 말한다. 하나의 텍스트가 '의미 있다'라는 것은 그 텍스트의 표현들로 활성화된 지식 사이에 의미의 연속성이 존재함을 뜻하며, 이것을 응집성의 기반으로 규정할 수 있다. 아무리 응결성이 갖추어

져도 문장 사이에 제대로 된 의미망이 형성되지 못하면 텍스트로서의 기능을 할 수 없다(고영근, 1999: 162-164). 즉, 텍스트의 해석을 가능하게 하는 것은 바로 이 특성이다(르네 디르뱅, 이기동 외 역, 1999: 279).

공간 텍스트의 응집성 또한 구조적 특징에 의해 파생되는 의미들이 결속되어 결국은 하나의 주제나 정체성을 이루어내는 내부적 특성이라고 볼 수 있다. 그러나 공간의 구성요소는 그 범위가 매우 넓어서 언어와 같은 의미의 논리관계에서부터 체험을 통한 분위기에 이르기까지 주제를 전달할 수 있는 폭이 매우 다층적이라는 것이 특징이다. 이로 인해 공간의 의미는 언어 텍스트에 비해 구체화, 세분화되기 어려우며, 수신자의 반응을 예측하기도 더 힘들다. 그러나 복잡한 개념은 아닐지라도 공간이 어떤 주제로 얼마나 통일성 있게 구성되어 있는가를 보여주는 주제성과 의미적 통일성은 결국 응집성을 드러내는 자질이며, 이것은 공간의 정체성을 확립시키고 의미작용을 가능하게 할 수 있다.

(3) 의도성

텍스트 생산자의 의도를 충족시키기 위해, 예를 들어 설명, 설득, 호소 등과 같은 목표에 도달하기 위해 응결적이고 응집적인 텍스트를 형성하려는 텍스트 생산자의 입장이나 태도와 관계가 있다. 이것은 모든 의사소통의 전제이기도 하다.

도시공간 또한 어떤 기획가에 의해 건설된다는 측면에서 충분한 의도성을 가지고 있다. 도시에는 건축가, 경관 조성가, 행정가 등 소위 도시를 건설하는 생산자의 기획의도 및 이데올로기적 태도가 투영되어 있다(Fauque, 1986: 141). 그러나 공간은 체계적 인지 구조가 모호하여 언어 텍스트에 비해 생산자와 수용자 사이에 괴리감이 상대적으로 큰 편이다. 그리고 공간은 개별적 기능성이 매우 높기 때문에 내포적 의미작용의 가능성이 기능이라는 의도에 의해 묻혀 버리고 단지 일방적으로, 또는 무분별하게 '개발'되는 경우가 많다. 그러므로 공간을 텍스트이게 하는 의도성을 규정해야 할 필요성이 있다. 즉, 어떤 공간이 기획되어 생산되었을 때, 그것이 생산자의 일방적인 '개발'이 아니라 그 공간에 알맞은 적절한 계획성을 가지고 있는지, 수용자를 인지하고 의도되었는지에 따라 그 의도성의 가치를 판단할 수 있을 것이다.

(4) 용인성

용인성은 지식을 습득하거나 어떤 계획에 협력하기 위한 목표에 유용하거나 적합한, 응결적이고 응집적인 텍스트를 기대하는 텍스트 수용자의 입장이나 태도와 관계가 있다. 무의미해 보이는 텍스트들도 즐거움을 야기할 수 있기 때문에 용인되는 경우가 있다. 즉, 이것은 수용자에 의해 받아들여질 때 텍스트가 될 수 있는 특성을 말하며, 성공적인 의사소통을 위한 전제이다.

공간의 경우 수용자의 의미해석은 두 가지로 구분된다(Fauque, 1986: 142-144). 하나는 직접적이고 명료하게 메시지를 해석할 수 있는 경우로서, 교통신호, 간판 등 명확한 기호나 언어 텍스트 요소를 예로 들 수 있다. 다른 유형은 그 나머지 것으로서 기념비, 건축물, 길, 광장 등과 같이 직접적이지 않은 의미를 전달하는 요소들인데, 이런 것들의 의미는 규정하기 쉽지 않기 때문에 개인적인 해석에 의한 다양한 읽기가 가능하다. 결국 이 두 요소들이 어떤 용인 가능한 질서를 만들어내고, 이 질서가 그 공간을 필요로 하는 수용자의 목적에 적합하다는 합의를 이끌어낼 수 있을 때, 공간은 적절한 용인성을 가지게 된다고 볼 수 있다.

(5) 정보성

정보성은 수용자에게 제시된 자료가 새롭거나 예측 불가능한 정도를 의미하는 것으로, 사실뿐 아니라 텍스트가 전달할 수 있는 감정적 수준까지 모두 포함한다(이재원, 2001: 293-295). 보그랑데와 드레슬러는 정보성의 정도를 개연성의 높고 낮음에 따라 3단계로 나누어 설명한다. 즉, 어떤 체계나 배경에 잘 통합되어 예측가능 정도가 가장 높은 경우는 1차, 중간의 경우는 2차, 예측가능한 수준이 기대 밖에서 이루어지는 경우는 3차 정보성이다. 3차 정보성이 가장 큰 흥미를 유발하지만 연속적으로 발화들을 통합하지 않으면 제대로 의사소통을 할 수 없다(김세정, 2003: 51-52).

공간 텍스트에서 정보성 또한 언어 텍스트와 마찬가지로 다양한 정도의 개연성을 가진 구성요소가 표현되고 결합되어 있는 방식에 따라 결정된다고 볼 수 있다. 특히 공간은 전달 및 유포가 불가능하므로 근접 지역 내에서 수용자의 방문이 계속되어야만 하는 한계를 가지고 있다. 따라서 예측가능성과 흥미성의 균형을 지속적으로 이루어내는 적절한 수준의 정보성이 매우 중요한 요소라고 할 수 있다. 공간의 유형에 따라 적절한 정보성을 유지할 수 있는 방법을 개발하는 것은 수용자의 흥미와 관심을 유지하는 데 중요한 요소가 될 것이다.

(6) 상황성

상황성은 어떤 텍스트를 소통 상황에 적합하도록 하는 요인들과 관계가 있다. 즉, 상황에 적합한 형식을 갖춘 텍스트가 효과적인 소통성을 가진다는 것이며, 한 사회 내의 공동체에서는 특정한 상황에서 사회적으로 통용 가능한 텍스트를 기대하게 된다는 것이다. 그러므로 이것은 의사소통 상황에서 수용자가 텍스트를 제대로 해석하고 용인하는 데 있어 중요한 자질이다.

공간도 여러 유형이 존재하고 다양한 상황성에 영향을 받는다. 이것은 공간의 기능성 및 목적성과 관련되는데, 예를 들어, 쇼핑몰의 기능은 소비이며, 수용자 역시 이러한 기능에 부합하는 상황에서 쇼핑몰을 찾는다. 그러나 공간은 일차적 기능 외에 또 다른 목적성을 가질 수 있다. 이것은 공간의 주제나 의미작용을 통해 이루기를 원하는 목적과 관련이 있으며, 그렇기 때문에 내포적이고, 더 풍부한 의미의 텍스트를 유도해낼 수 있다. 특히 이것이 일차적 기능과 조화를 이룰 때, 공간은 적절한 상황성을 가지게 되고 소통적인 텍스트로 전환될 수 있다.

(7) 상호텍스트성

상호텍스트성은 텍스트 유형과의 관계와 다른 텍스트들과의 관계로 규정된다. 이것은 텍스트가 어떤 상황에 있어서 특정한 형식이 반복됨으로써 적합한 유형으로 확립될 수 있는 성질과 풍자, 모방, 인용, 발췌와 같이 직간접적으로 선텍스트와 관계하는 성질과 관련된다. 이러한 성질은 텍스트들이 서로 외형적, 내부적으로 지속적인 상호관계를 가짐을 의미하며, 수용자의 경험과 지식에 영향을 미쳐 효과적인 소통성에 큰 영향을 미친다.*

공간의 경우 전혀 새로운 양식의 건축이나 조형물 등을 제외한다면 거의 상호텍스트성을 갖추고 있다고 해도 무방하다. 특히 공간은 한 개인만을 위한 생산물, 소비물이 아니라 공공적인 성격이 강하기 때문에 형태나 구조에서 사회적으로 통용 가능한 특성을 가진다.** 또한 구성요소가 매우 다양하다는 특징 때문에 다양한 매체의 텍스트를 차용해서 표현하는 것이 가능하다. 그러므로 공간의 상호텍스트성은 공간이 사회문화적 맥락과 관계하는 성질과 관련

* 다른 텍스트와 관련을 맺지 않는 전혀 새로운 텍스트의 존재는 가능하다고 본다. 박여성 (1995: 89)의 경우 상호텍스트성을 텍스트성의 필수적 자질로 간주하는 것에 의문을 제기한다. 그러나 유형적으로든 내용적으로든 다른 텍스트와 관계가 전혀 없는 텍스트는 소통성이 떨어질 수밖에 없다.

** 이 글에서는 특정 개인을 위한 사적인 공간은 논의의 대상에 넣지 않는다. 그러나 만약 그 공간이 외부적으로 사회문화적 맥락과 관련이 있거나 공공적으로 개방된다면 공간 텍스트의 범주 내에 넣는다. 예를 들어, 폐쇄된 주택의 내부는 현재 살고 있는 개인이나 가족을 위한 사적인 공간으로서 다른 수용자와 소통할 수 없지만 외부 모습은 사회적 텍스트로서 역할을 할 수 있으며, 유명한 인물의 사적인 공간은 개방되어 역사적 텍스트로서 읽히기도 한다.

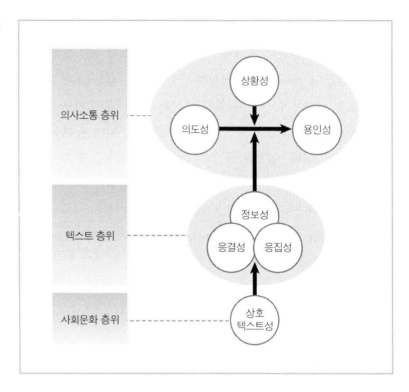

〈그림 2.1〉 공간 텍스트성
의 층위

의사소통 층위

상황성

의도성　　용인성

텍스트 층위

정보성

응결성　응집성

사회문화 층위

상호
텍스트성

된다. 특정 공간이 타 공간 및 사회문화 현상과 밀접한 상호관계에
놓여 있을 때, 인간사회와 유기적으로 공생이 가능하며 수용자의
용인성도 더욱 높아지게 될 것이다.

　지금까지 논의한 공간의 텍스트성은 의사소통 층위, 텍스트 층
위, 사회문화 층위의 3단계로 구분할 수 있다. 보그랑데와 드레슬러
의 텍스트성들은 언어적 차원의 응결성과 응집성(텍스트적 요인), 정신
적 차원의 의도성과 용인성(심리적 요인), 현실적 차원에서의 상황성
과 상호텍스트성(사회적 요인), 통보적 차원에서의 정보성(정보처리적 요
인)으로 분류되는데, 본 연구에서는 타 텍스트에 비해 공공성, 개방
성, 사회문화적 성격이 강한 공간 텍스트의 특성을 반영하여 다음
과 같은 층위로 구분하도록 한다.

텍스트 층위는 텍스트 중심적인 층위로서, 응결성, 응집성, 정보성이 포함된다. 이것은 텍스트의 자체적인 구조를 드러내는 층위이다. 응결성은 텍스트의 표층적 결속관계, 응집성은 텍스트의 내용-주제적 결속관계를 의미한다는 측면에서 텍스트 층위의 중심적인 자질들이며, 정보성은 수용자의 영향을 받긴 하지만, 주로 텍스트의 구성요소들이 그 의미를 드러내는 방식과 관련되기 때문에 텍스트 층위에 자리한다.

의사소통 층위는 텍스트를 매개로 의사소통을 하는 층위로서, 의도성, 용인성, 상황성이 포함된다. 보그랑데와 드레슬러는 의도성과 용인성을 심리적 요인으로 구분하지만, 공간 텍스트는 개인 대 개인으로 쓰이고 읽히는 다른 텍스트에 비해 공공적, 집단적 특성이 상대적으로 강하기 때문에, 개인의 정신적 층위에서 의도성과 용인성을 논의하는 것보다 공공적이고 일반적인 측면인 의사소통 층위에 놓는 것이 타당한 것으로 보인다. 상황성 또한 의사소통의 콘텍스트를 결정짓는 한 요소로써 의사소통 층위에 포함시키기로 한다.

사회문화 층위는 텍스트가 사회문화적 요소에 영향을 받는 층위로서, 상호텍스트성이 포함된다. 상호텍스트성은 텍스트가 기존의 텍스트와 관계를 맺는 자질인데, 그 대상으로는 타 공간과 다른 매체의 텍스트가 모두 포함된다. 그리고 이러한 관계는 공간의 공공적, 개방적, 집단적 성향으로 인해 그 공간이 속해 있는 사회문화적 맥락과 깊이 연관되기 때문에, 공간의 상호텍스트성은 사회문화 층위에 놓여 있다고 볼 수 있다.

이번 절에서는 경기도 부천시에 위치한 '둘리의 거리'와 '한국만화박물관'을 사례로 공간의 텍스트성을 분석해보고자 한다. 이 두 공간은 부천시의 문화도시 조성사업과 관련한 만화산업 정책의 일환으로 조성된 곳이다. 부천시는 만화영상 클러스터로서 발돋움하기 위해 1998년부터 만화의 문화적, 산업적 기반사업 구축에 힘써왔다.

예를 들어, 부천만화정보센터 설립 운영, 부천국제코믹북페어전 개최, 만화규장각사업, 한국만화박물관 설립 운영, 둘리의 거리 조성, 문화테마거리 조성사업 등이 부천시의 적극적인 관심하에 추진되었다(박광국, 2005: 23). 이 중에서도 '둘리의 거리'와 한국만화박물관은 만화영상도시를 위한 대표적인 상징적 공간이라고 할 수 있다. 만화, 영상, 문화라는 이미지로서 읽히기 위해 기획되고 조성된 이 공간들이 어떤 소통적 자질을 가지고 있는지, 그리고 이러한 자질들이 제대로 기능을 하고 있는지 2장에서 논의하고 있는 공간의 텍스트성에 기반하여 분석해보기로 한다.

1) 둘리의 거리

둘리는 만화가 김수정의 대표 캐릭터로 1983년부터 만화잡지 〈보물섬〉에 연재되기 시작하여 TV용 애니메이션과 극장용 애니메이션으로 큰 인기를 끌었고, 다양한 캐릭터 상품으로 출시되었으며, 순수 국내 캐릭터의 대표적 성공사례로 꼽힌다. 부천시는 부천을 만화영상도시로 이미지화하기 위한 전략의 일환으로 2003년 4월 둘리 탄생 20주년을 맞아 둘리를 명예시민으로 선정하였고, 이와 함께

〈그림 2.2〉 '둘리의 거리'의 위치도(왼쪽)와 둘리 거리 축제(오른쪽)

'둘리의 거리'를 조성하였다. 지하철 송내역 북광장 맞은편에 조성된 길이 250m의 이 거리에서는 둘리와 희동이, 마이콜 등 만화 〈둘리〉의 캐릭터가 곳곳에 설치되어 있다. 공간 텍스트로서 '둘리의 거리'의 특징은 기존의 공간을 그대로 둔 채 그 위에 하나의 주제를 가지고 다시 쓰기를 시도한 공간이며 열려 있는 개방형 공간이기 때문에 생산과 수용에 있어 다층적 양상을 띠고 있다는 것이다. 이러한 특징들을 텍스트 층위, 의사소통 층위, 사회문화적 층위로 구분하여 살펴보도록 한다.

(1) 텍스트 층위

① 응결성

'둘리의 거리'는 기본적으로 광장, 길, 건물(상가), 설치물로 구성되어 있다. 공간 자체는 개방되어 있으나 보도를 중심에 둔 구성이기 때문에 공간요소들이 근접해 있고, 주변 지구를 둘러싼 도로에 의해 자연스럽게 타 공간과의 경계가 생겨 구조적인 응결성이 충족되고 있다.

공간의 응결성은 만화 캐릭터라는 특정 주제를 강하게 드러내는 반복적 설치물에 의해서도 드러난다. 광장의 동상, 거리 입구의 설치물, 가로등 장식, 건물의 외벽 장식, 표지판 등에 만화 〈둘리〉의 캐릭터들이라는 동일한 성격의 구조적 형태가 반복적으로 나타나고 있다. 그러나

〈그림 2.3〉'둘리의 거리'의 캐릭터 조형물들

이러한 응결성은 오히려 기존의 소비공간의 요소들에 의해서 두드러지지 못하고 있는데, 〈그림 2.3〉에서 볼 수 있듯이 상가의 어지러운 간판과 통일되지 못한 건축양식은 방문객의 시선을 어지럽게 만든다. 이것은 기존의 상가를 새로운 주제에 맞게 제대로 정비하지 못한 데에서 초래한 결과라고 할 수 있다.

② 응집성

'둘리의 거리'의 내용 및 주제는 만화 〈둘리〉, 그리고 더 심층적으로는 만화적 상상력의 고취이다. 이것은 거리와 광장의 이름에서 가장 먼저 드러난다. 명명된 이름이 공간의 주제를 가장 먼저, 직접적으로 드러내는 의미작용을 하는 것이다. 그리고 이것은 캐릭터들 설치물에 의해 지속되는데, 이미 만화라는 매체에 익숙해져 있는 방문자라면 설치된 캐릭터들의 형태, 표정, 자세로부터 주제를 전달받게 될 것이다. 이렇게 하나의 주제로 향하는 통일된 의미자질의 반복이 공간의 응집성을 강화시키게 된다. 그러나 기존에 존재하

〈그림 2.4〉 공간의 주제를 드러내는 표지판

는 상가들은 이러한 응집성에 전혀 영향을 미치지 못하고 있는데, 기존의 소비공간과 만화적 주제를 연결시키는 의미의 연결이 부재하기 때문이다.

'둘리의 거리'의 상가는 음식점, 술집, 당구장, 피시방 등 유흥적인 성격에 치우쳐 있어, 만화적 상상력이나 만화의 세계와는 전혀 동떨어진 의미를 전달한다. 즉, '둘리의 거리'에는 어울리기 힘든 두 개의 공간이 뒤섞여 있는 것이다. 공간의 성격이 다르다 해도 주제를 통일할 수 있는 요소만 첨가해도 공간의 응집성은 달라질 수 있다. 예를 들어, 간판을 통일하여 만화적으로 표현하고 둘리를 비롯한 캐릭터 소품이나 만화 관련 용품을 살 수 있는 상가가 위치해 있다면 소비의 공간이라도 주제는 통일될 수 있을 것이다.

③ 정보성

'둘리의 거리'에서 수용자가 얻을 수 있는 정보는 만화적 상상력을 자극하는 흥미로움, 부천시와 만화 둘리와의 상호관계에 대한 암시, 만화 〈둘리〉에 등장하는 다양한 캐릭터의 형태 등이다. 개념적인 정보의 양이 많은 공간이라기보다 유희적 정보성이 높은 공간이라고 할 수 있다. 특히 이곳은 전시형, 테마파크형 공간에서 주로 볼 수 있었던 만화 캐릭터들을 현실적 공간 안에 섞어 놓음으로써 새로운 참신성을 준다는 측면에서, 방문자에게 흥미를 제공할 가능성이 높다.

그러나 공간이 넓지 않고 주제를 표현하는 다양한 요소들이 양적으로 많지 않다는 점과 소비공간이라는 일차적 기능 등은 정보성을 제한하는 요소로서 작용하고 있다. 그러므로 수용자의 재방문을

〈그림 2.5〉'둘리의 거리'의 소비공간

위해 적절한 정보성의 수준을 유지할 수 있는 통합적이고도 새로운 요소의 재구성이 지속적으로 이루어져야 한다.

(2) 의사소통 층위

① 의도성

'둘리의 거리'는 지하철 역 앞에 조성되어 있던 소비공간 위에 의도적으로 다시 조성된 공간이다. 평범한 상점들이 들어선 거리에 설치된 캐릭터 조형물로 인해 다른 거리와의 차별성이 뚜렷이 드러나므로 의도성이 충분히 반영되고 있다. 그러나 소비를 유도하기 위해 기획된 본래의 의도와 새로운 기획의 의도가 상충하고 있다. 지명과 주제는 새로운 것을 지칭하고 있지만, 대부분의 공간은 기존의 공간이 차지하고 있고, 이것이 새로운 주제에 맞춰 적절히 변형되지 않았기 때문이다. 결국 부천에 만화영상도시로서의 이미지를 심어주기 위한 본래의 의도는 단지 소비공간으로의 방문을 유도하기 위한 의도로 전락해버릴 위험성을 가지고 있다.

② 용인성

'둘리의 거리'는 둘리 캐릭터의 높은 인지도로 인해 비교적 수용자 측에 받아들여지기 쉬우며, 어려운 개념을 전달하는 것이 아니라 재미와 흥미를 끌기 위한 공간으로서 용인성을 가진다. 둘리와 부천에 대해 전혀 모르는 방문자라면 단지 흥미로운 소비공간으로만 용인될 수도 있지만, 부천에 대한 정보를 어느 정도 알고 있는 수용자라면 공간의 의도를 충분히 받아들일 수 있을 것이다. 그러나 수용자 측면에서 본 '둘리의 거리'의 문제점은 공간을 향유할 대상층이 불분명하다는 것이다.

‘둘리의 거리’의 주제는 아동을 비롯한 가족 단위 방문객, 만화를 좋아하는 청소년, 부천의 상징적 장소를 둘러보고자 하는 방문객이 가장 선호할 만한 것인데, 이들을 고객으로 하지 않는 야간에 성행하는 유흥공간이 거리의 많은 부분을 차지하고 있기 때문이다.

③ 상황성

‘둘리의 거리’에서 가장 모순적인 것은 상황성이다. ‘둘리의 거리’의 기능은 여전히 기존 공간의 기능인 유흥과 소비에 머물러 있다. 만약 이 공간의 목적이 방문자의 흥미를 끌어들여 쇼핑이나 유흥의 여흥을 돋우는 것이라면 방문자의 상황과 공간의 목적은 일치한다. 그러나 ‘둘리의 거리’의 목적이 만화영상도시로서의 이미지 만들기에 일조하고 부천의 명예시민인 둘리를 강조하여 ‘둘리의 거리’를 부천의 명물로 만드는 것이라면, 기능은 목적과 상충된다. ‘둘리의 거리’에는 둘리와 부천에 관한 어떤 이미지도 홍보되지 않고 있으며, 사소한 기념품조차 판매되지 않고 있다. 또한 작은 광장을 제외하고는 공간에 오래도록 머물면서 수용자가 공간의 목적성을 받아들일 수 있도록 하는 장소도 부재하며, 이 광장조차도 ‘둘리의 거리’ 외부에 위치해 있다. 그러므로 ‘둘리의 거리’가 부천의 대표적 공간의 하나로 그 목적에 맞는 적절한 상황성을 갖추기 위해서는 이러한 점의 보완이 있어야 할 것이다.

(3) 사회문화 층위: 상호텍스트성

‘둘리의 거리’는 만화 〈둘리〉를 차용한 공간 텍스트이다. 둘리는 인지도가 높은 국내 캐릭터이므로, 이러한 차용은 텍스트의 목적에 부합하는 공간기획에 있어 강점으로 작용한다. 부천에는 만화와 관련된 각종 시설 및 기관, 조형물들이 도시 곳곳에 설치되어 있는데,

이러한 것들은 비슷한 주제와 목적을 가지고 서로 상호연관되어 작용하고 있다. '둘리의 거리' 또한 부천의 이러한 사회문화적 현황들을 반영하고 있는 공간이며, 그것을 만화라는 다른 매체의 차용을 통해 효과적으로 드러내고 있다. 이러한 시도는 많은 예산을 들여 완전히 새로운 공간을 생산하는 것보다 효율적이며, 도시민의 생활공간 속에 자연스럽게 기획자의 의도를 혼합시켰다는 점에서 가치가 있다. 그러나 앞에서 지적했듯이, 차용된 것과 기존 공간 사이의 괴리를 적절히 메워낼 수 있는 요소가 부족한 것은 보완해야 할 점이다.

2) 한국만화박물관

한국만화박물관은 현재 부천시 원미구 춘의동 8번지 부천종합운동장 1층에 위치하고 있으며, 약 1,600㎡ 규모로 2001년 10월에 개관한 국내 최초·최대 규모의 만화전문 박물관이다. '둘리의 거리'와 마찬가지로 부천시의 만화영상도시를 위한 사업의 일환으로 조성되었으며, 사단법인 부천만화정보센터가 수집, 소장해온 각종 만화 관련 자료가 전시되어 있다.

이 박물관은 한국의 만화자료를 수집, 보존해나감으로써 만화의 문화적 가치를 증대시키고, 만화에 대한 정보제공 및 의식을 전환할 수 있도록 하며, 후손들에게도 소중한 문화유산으로 물려주고자 하는 취지를 가지고 있다. 공간 텍스트로서 한국만화박물관의 특징은 종합운동장이라는 기존의 공간에 덧붙여져 있으면서도 폐쇄된 공간 안에 새롭게 구성된 공간이라는 것이다. 그러므로 내부적으로는 뚜렷한 주제와 정보를 전달하는 공간이지만, 외부적으로는 독립되지 못한 위치에 자리를 잡고 있다.

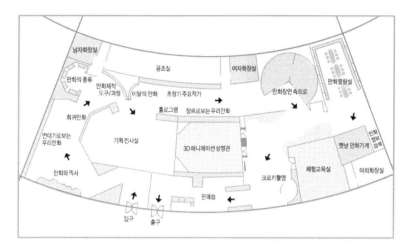

〈그림 2.6〉한국만화박물관의 구조

(1) 텍스트 층위

① 응결성

일반적으로 박물관은 입구, 전시관, 통로, 출구로 연결된 기능적인 구조를 갖추고 있다. 이것은 폐쇄되고 제한된 공간이기 때문에 효과적인 동선을 구축할 수 있어 응결성이 높은 공간이다. 그리고 공간을 읽는 방식이 대부분 관람에 맞춰져 있기 때문에 구조적 형태 또한 비슷한 패턴이 반복되는 형태를 가진다.

한국만화박물관의 경우 입구, 통로, 일반전시실, 기획전시실, 3D 애니메이션 상영관, 체험교육실, 만화열람실, 옛날 만화가게, 판매숍, 출구로 이루어져 있다. 〈그림 2.6〉에서 볼 수 있듯이, 움직임의 단절 없이 관람이 가능한 동선을 가지고 있어 구조적 응결성이 높다. 구성요소는 다양하지만 이미 주제적 합의가 이루어져 있고, 대중적인 주제이므로 응결성을 해치지 않는다. 또한 전시물에 대한 설명, 표지판 등의 지시적 언어 텍스트가 충분히 보조 역할을 하고 있다. 단절된 공간으로 자리하고 있는 3D 애니메이션 상영관, 체험교육실

의 경우 박물관 전체의 구조적 응결
성을 방해할 수도 있는데, 방문자의
몰입을 이끌어내고 전시물 관람 외의
다른 경험을 제공해준다는 측면에서
오히려 강점으로 작용할 수도 있다.

〈그림 2.7〉 한국만화박물
관의 전시 구성요소

② 응집성

한국만화박물관의 내용 및 주제
는 한국의 만화 텍스트들이다. 박물
관의 명칭이 드러내는 이 주제를 바탕으로 해서 만화의 역사, 만화
가, 캐릭터, 만화의 제작과정 등 다양한 소주제들이 엮여 있다. 주
제성이 뚜렷하고 의미적 통일성이 매우 크기 때문에 응집성이 강한
공간이다. 이렇게 한정되고 외부와 단절된 상태에서 새롭게 구성되
는 공간은 내부적으로 강한 응집성을 가질 수 있어 텍스트로서 읽
기에 용이하다. 그러나 이 공간은 만화에 대한 정보의 전달이라는
목적성이 강하여 다층적 읽기의 가능성이 낮기 때문에, 내포적이고
심층적인 의미작용을 하기 어렵다. 이러한 약점의 보완을 위해 한
국만화박물관은 체험 프로그램과 기획전 등을 마련하고 있는데, 응
집적이면서도 지속적인 의미작용을 가능하게 해주는 노력이 이러
한 공간의 소통성을 유지해줄 수 있을 것이다.

③ 정보성

박물관은 정보의 질과 양이 매우 중요한 부분을 차지하는 공간이
다. 박물관의 기능은 자료의 수집, 보관, 진열, 조사연구이며, 공간
수용자에 대해서는 정보의 전달 및 교육에 이바지하기 위한 목적을
가지기 때문이다. 한국만화박물관은 한국 최초의 만화박물관이므

로, 한국만화에 대한 희귀한 정보를 제공하며, 만화라는 장르의 특성상 교육과 함께 흥미를 제공한다는 점이 정보성에 있어서의 강점이다.

그러나 공간의 범위가 좁아 자료가 방대하지 못하고, 만화라는 소재의 대중성으로 인해 개연성 및 예측 가능성이 높아 정보성이 낮은 공간으로 후퇴할 가능성이 높다. 즉, 한

〈그림 2.8〉 한국만화박물관 전경

번 방문한 후, 다시 말해 읽힌 후에 계속해서 재방문이 이루어지기 어렵다는 것이다. 유포가 불가능한 공간적 특성과 부천이 관광도시로서 인지도가 낮다는 점을 미루어볼 때, 한국만화박물관은 인근 지역민들의 방문이 주류를 이룰 것이므로, 이들의 재방문이 이루어져야 한다. 그러므로 수용자의 재방문 시에도 적절한 정보성을 유지하기 위해서는 전시 및 프로그램의 다양화와 지속적인 변화가 요구된다.

(2) 의사소통 층위

① 의도성

한국만화박물관의 의도성은 두 가지로 구분될 수 있는데, 박물관 자체의 의도성과 사회적 의도성이다. 전자의 경우는 한국만화의 자료를 보존하고 가치를 알리는 박물관 자체의 목적에 충실한 의도이며, 후자는 만화영상도시로서 이미지화를 위한 부천시의 사회적 목적이다. 구조적, 의미적으로는 박물관 자체의 의도를 충분히 드러내고 있으며, 한국 최초의 만화박물관이라는 점이나 도시 안의 만화 관련 기관 및 축제와 관련을 맺고 있다는 점에서 사회적 의도성도 충분히 드러나고 있다. 다만, 종합운동장이라는 외부적 환경이 이러한 의도성과 어긋난다는 점이 문제인데, 박물관은 스포츠 및 놀이시설로 둘러싸여 있으며 운동장의 입구에 만화박물관을 지시하는 구조물이 서 있지만 박물관 자체는 운동장의 통로에 막혀 잘 눈에 띄지 않는다. 예산이나 장소 물색의 사정은 우선 뒤로 하고, 이러한 위치는 박물관의 사회적 의도성을 잘 드러내지 못한다고 할 수 있다. 한국만화박물관이 만화영상도시의 랜드마크적 상징 공간으로서 역할을 하기 위해서는 이러한 외부적 상황을 개선해야 할 것이다.*

② 용인성

한국만화박물관은 박물관이라는 보편적 형태를 충실히 따르고 있으며, 만화가 갖는 대중성으로 인해 수용자의 용인을 끌어내기 쉽다. 다만 앞에서도 언급했듯이 외부 환경의 문제로 인해 기획자의 의도를 수용자 입장에서 충분히 이해하지 못할 수가 있다는 점을 고려해야 한다. 또한 한국만화박물관의 용인성은 한국사회에서 만화라는 것이 갖는 이미지에 영향을 받을 수 있다. 저급하고 유해한 대중문화라는 사회적 편견으로 인해 박물관의 취지가 훼손되어 용인성의 범위가 제한되지 않도록 수용자의 인식을 변화시키는 것에도 유의해야 할 것이다.

③ 상황성

한국만화박물관은 만화에 대한 정보와 재미를 얻기 위해 방문하는 곳이다. 방문자는 정보, 교육, 지식의 충족과 같은 박물관 본연의 목적과 만화가 주는 재미, 즐거움 등을 기대한다. 상설전시의 경우

*
한국만화박물관은 현재 부천시 상동의 영상문화 단지로 이전하였다. 이로써 한국만화박물관의 의도성은 공간의 외부 상황과 밀접하게 상호 관련됨으로써 시너지 효과를 낼 수 있을 것이다.

대중적인 소재로, 기획전시의 경우 전문적인 소재로, 체험 프로그램의 경우 이야기 캐릭터 북, 캐릭터 버튼, 비누 만들기 등의 활동으로 구성되어 있는데, 기획전시를 제외하면 방문자의 주요 대상은 아동 및 가족 단위 방문객이다. 또한 박물관이 위치한 곳이 부천 종합운동장이므로 여가 및 놀이를 목적으로 하는 방문객

〈그림 2.9〉 한국만화박물관의 수용자 모습과 전시 구성요소

이 연계되어 찾아올 가능성이 높다. 이와 같은 모든 사정들을 종합하면 한국만화박물관은 전문적인 정보나 교육보다는 재미와 즐거움을 목적으로 하는 상황성이 더 강하다고 볼 수 있다. 이것은 인근 지역민들의 흥미를 우선적으로 유도함으로써 아동을 포함한 가족 단위의 방문객을 끌어들이기 위한 의도적 전략일 수도 있다. 그러나 이러한 하나의 상황성에 매몰되지 않고 전문성을 비롯한 다양한 상황성을 포함할 수 있다면 공간 향유의 폭은 더욱 넓어질 것이다.

(3) 사회문화 층위: 상호텍스트성

한국만화박물관은 한국의 다양한 만화 콘텐츠들을 차용한 공간이다. 이를 통해 만화가 줄 수 있는 재미와 즐거움의 이미지가 더해져, 정보와 흥미를 함께 충족시킬 수 있는 공간으로서 손쉽게 인식될 수 있다. 또한 이것은 '둘리의 거리'와 마찬가지로 부천의 만화 관련 사업과 관계하며, 특히 부천만화정보센터, 만화도서관, 부천만화축제 등과 밀접하게 관련된 곳이다.

특히 한국만화박물관은 부천시 상동에 조성되는 영상문화 단지에 입주해 있다. 이 영상문화단지에는 한국만화영상산업진흥원을

비롯한 만화 관련 시설과 단체, 만화도서관, 만화창작촌 등이 입주해 있다. 이러한 위치적 조건이 갖추어지면 한국만화박물관은 다른 관련 텍스트들과 더 긴밀하게 상호작용하는 공간 텍스트로서 사회문화적 층위를 더욱 뚜렷하게 드러낸다.

3) 분석 결과

지금까지 분석한 '둘리의 거리'와 한국만화박물관의 텍스트성에 관한 특징을 정리하면 〈표 2.1〉과 같다.

두 공간의 텍스트성을 분석한 결과, '둘리의 거리'는 텍스트 층위에서 기존의 공간과 새로운 목적으로 덧붙여진 공간 사이에 존재하는 괴리를 메운다면, 새로운 의도와 기존의 의도가 자연스럽게 조화를 이루어 더 많은 수용자가 향유 가능한 공간이 될 것이다. 그리고 한국만화박물관은 사회적으로 내포되어 있는 의미를 살리지 못하는 현재의 위치에서 사회문화적 맥락과 더 밀접하게 관련 맺을 수 있는 환경으로 이전하고, 적절한 정보성과 전문적인 상황성을 지속적으로 만들어갈 수 있는 노력을 계속한다면 더욱 소통성이 높은 공간으로서 자리매김할 수 있을 것이다.

층 위	텍스트성	둘리의 거리	한국만화박물관
텍스트 층위	응결성	광장, 길, 건물, 설치물로 구성. 개방형 공간이므로 같은 주제를 가진 구조물의 근접성과 반복성이 응결성에 큰 영향을 미친다.	입구, 전시실, 통로, 출구로 구성. 폐쇄형이며 단일 주제로 새롭게 구성된 공간이므로 효과적인 동선만 구축된다면 응결성이 매우 높다.
	응집성	〈둘리〉의 캐릭터를 통해 만화적 주제를 표현하고 있으나 기존의 소비 유흥공간은 응집성을 떨어뜨린다.	만화라는 하나의 주제를 다양하게 표현하는 자료들로 구성되어 있어 의미적 통일성이 매우 크다.
	정보성	유희적 정보성이 높고 참신성이 있다. 그러나 주제를 표현하는 요소의 수적인 부족과 소비공간이 정보성을 제한한다.	개연성 및 예측가능성이 높으므로 적절한 정보성을 유지하기 위해서는 전시물의 변화와 다양한 프로그램이 필요하다.
의사소통 층위	의도성	기존의 공간과 덧붙여진 공간의 새로운 의도가 상충된다.	주제적 의도성은 충분히 드러나지만 상징적 건물로서의 사회적 의도성은 전혀 드러내지 못하고 있다.
	용인성	만화 〈둘리〉의 인지도로 인해 높은 용인성이 가능하지만, 기존의 소비공간이 공간의 대부분을 차지하여 새로운 공간을 향유하려는 수용자 층에 맞지 않다.	박물관이라는 보편적 형태를 따르고 있으며, 대중적인 소재이므로 용인성이 높다. 다만 만화의 사회적 용인 정도를 분석하여 반영해야 한다.
	상황성	공간의 기능이 소비와 유흥에 머물러 있어 부천의 대표적 공간으로서 적절한 상황성을 만들어내지 못하고 있다.	본질적으로 만화에 대한 전문 정보와 흥미를 얻기 위한 공간이나 위치와 수용자 층에 있어서 전문적 상황성이 떨어진다.
사회문화 층위	상호 텍스트성	만화 〈둘리〉, 부천의 만화 관련 공간과 상호연계된 공간으로서 사회문화적 관계성이 높다. 그러나 차용된 요소와 기존의 공간 간의 괴리가 크다.	한국만화, 부천의 만화 관련 공간과 상호연계된 공간이며, 영상단지로 이전 후에 더 긴밀한 상호작용의 효과가 있을 것으로 보인다.

〈표 2.1〉 '둘리의 거리'와 '한국만화박물관'의 텍스트성 분석 결과

도시, 우리의 삶을 채워주는 공간

지금까지 살펴본 공간의 텍스트성은 공간을 읽어내고 이해함으로써 소통하는 공간을 생산하기 위한 전제조건으로 논의되었다. 공간이 텍스트로서 자질을 갖춘다는 것은 공간이 더 이상 무의미하지 않다는 것을 말한다. 의미를 내포하는 공간은 기능적으로 단지 거기에 존재하는 물리적인 것이 아니라, 어떤 메시지를 전달할 수 있고, 생활의 일부가 되는 삶의 의미로서의 공간을 말한다.

그러나 현대도시에 살고 있는 우리들은 별다른 생각이나 느낌 없이 공간을 소비하는 경우가 많다. 우리가 머물렀다 떠나는 공간들 중에 진정으로 관심을 가지고 의미를 부여하는 곳이 과연 몇 곳이나 되는지 생각해볼 문제이다. 도시는 그곳에서 살고 있는 인간들의 삶의 방식을 그대로 드러내준다. 공간의 텍스트는 인간이 써내려가는 것이기 때문이다. 다시 말해, 우리의 도시가 현재 어떤 모습인가 하는 것은 우리의 태도에 달려 있는 것이다. 여기에 우리가 도시공간을 읽어야 하는 이유가 있다. 제대로 알고 이해해야 제대로 쓸 수 있다.

본 연구는 도시공간을 제대로 이해하고 쓰기 위한 하나의 방편으로서 도시의 텍스트성을 고찰하였고, 텍스트로서 의도된 부천의 두 공간 '둘리의 거리'와 '한국만화박물관'을 분석하였다. 그럼으로써 텍스트성을 통해 공간의 소통성을 더 높일 수 있음을 제시하였다. 소통할 수 있는 텍스트로서의 충분한 자질을 갖춘다면 현대도시의 공간들은 더 이상 무의미하지 않고 풍부한 의미로서 우리의 삶을 채워주는 공간이 될 것이다.

제3장

공간 텍스트로서
도시의 스토리텔링 과정

이 글은 2008년 한국텍스트언어학회 학술지 《텍스트언어학》 제24
권에 게재된 김영순 · 정미강의 논문 "공간 텍스트로서 도시의 스토리
텔링 과정 연구"를 수정 · 보완한 것입니다.

텍스트로서의 도시, 그다지 낯설지 않은 개념이다. 도시는 '시' (poem)라는 바르트(Barthes, 1967)의 말 속에 함축된 의미처럼, 도시가 읽힐 수 있는 대상으로서 텍스트라는 것은 이미 수많은 학자들에 의해 논의된 바 있다. 그들에게 도시는 물질적인 집합체 이상의 것이었으며, 인간의 마음이 투영된 의미의 생산물이었다.

실제로 도시는 인간에 의해 생산된 것이고, 인간의 삶의 총체성이 녹아든 문화적 양식의 덩어리이며, 인간에게 유의미한 수많은 표현체, 즉 기호들로 구성되어 있다. 그러므로 도시는 수신자에 의해 읽힐 수 있는 담화이며, 발신자에 의해 발화되는 것이기도 하다(Greimas, 1972).

이러한 의미에서, "독자들에게 특정한 의미를 전달하기 위해 어떤 맥락에서 작가가 의도하고, 배열하고, 선택한 기호들의 집합적 실체"(Garcia, 1995)인 텍스트가 그 범위를 도시로 확장시킨 것은 지극히 타당한 것이다. 즉 도시에는 다양한 의미들이 담겨 있고, 이 다양한 의미구조의 복합체로서 도시경관은 읽힐 수 있는 텍스트인 것이다(김왕배, 2000: 134).

도시공간이라는 것은 하늘과 땅 사이에 존재하는 원래 자연에 인간이 써내려간 텍스트이다. 그러므로 이것은 순수하게 인간이 창조해낸 다른 텍스트와 같이 인간과 인간이 소통하는 매개이기도 하지만, 인간과 자연, 인간의 실존적인 자아와의 소통을 위한 텍스트이기도 하다. 레비-스트로스(Lévi-Strauss)의 《슬픈 열대》(Tristes tropiques)에 나타난 보로로(Bororo) 마을의 모습은 공간이 그 거주민들의 삶과 밀착되어 서로 상호작용하는 예를 보여준다. 여기서 공간은 그들의 작은 우주를 표상하고 삶 자체를 그대로 드러내주는 것이다(Choay, 1969). 그러나 도시가 팽창하면서 양식은 혼합되고 획일화되었으며, 대부분의 도시민은 다른 사람들의 창조물 속에서 살고 있다. 이것은 도시의 불명료성을 가지고 왔다. 현대도시의 공간들이 그 나름대로의 방식으로 의미작용을 하고 있는 것은 확실하지만(Ledrut, 1973), 이것은 마치 외국어를 읽는 것과 같아서 우리가 그 글을 읽을 수 있다 해도 이해하지는 못한다(Short, 1996). 즉, 현대 도시민은 도시공간과 소통하는 방법을 잊어버린 것이다. 소통의 단절은 의미의 빈곤을 가져오고, 그것은 공간이 나의 삶을 형성하는 데 아무런 의미도 없다는 것으로 귀결된다. 내가 속한 이 장소가 나의 삶에 아무런 영향을 미치지 못한다면, 국가, 지역, 집은 과연 의미가 있는 것인가. 내가 '여기'에 존재해야 할 이유가 없다면 인간은 어디에도 뿌리내리지 못하는 유랑민이다. 그래서 우리에겐 의미 있는 공간이 필요하다.

그러나 공간의 의미는 다른 텍스트가 주는 의미작용과 다르다. 광고, 영화, 문학과 같은 텍스트에는 그것을 구성하는 구조적인 서사 장치가 존재하고 우리는 이것을 받아들이는 데 익숙하다. 그러나 공간이 주는 의미는 관념적으로 풀어낼 수 있는 것이라기보다는 공간의 본질적인 느낌이나 분위기에 더 가깝다.* 그러므로 무엇보다 공간 텍스트에서 중요한 것은 공간에 진정한 의미를 부여할 수 있는 작업과 공간의 의미를 읽어내는 감성을 길러내는 작업이 요구되어야 한다는 것이다.

이러한 의미에서 이 글은 인간과 공간이 소통하는 방법으로서 스토리텔링을 제안한다. 인간이 도시공간에 이야기를 부여하는 행위는 공간을 의미 있는 장소로 만들어주는 작업이며, 도시에게 먼저 말을 건네는 작업이다. 또한 이야기를 통해 의미를 획득한 공간은

*
바르트(Barthes, 1967)는 도시의 언어를 '은유적'이라고 표현하였으며, 슐츠(Schultz, 1980)와 같이 현상학적 관점으로 공간에 접근하는 학자들은 공간을 어떤 '성격'이나 '분위기'로서 주어지는 것으로 파악한다.

그 이야기를 통해 방문자에게 다시 말을 걸게 된다. 이렇게 하여 인간과 공간의 공동의 소통을 통한 의미작용이 일어나게 되는 것이다. 여기에서 파생하는 공간 스토리텔링의 개념과 스토리텔링 과정이 이 글에서 다루고자 하는 핵심이다. 이를 위해, 먼저 도시 읽기에 관한 기존의 연구들을 살펴보도록 한다.*

첫째, 조형적 읽기는 물리적인 형태를 기초로 하여 도시경관을 읽는 연구방법론이다. 가장 대표적인 학자로서 거론할 수 있는 학자가 린치(Lynch, 1960)이다. 그는 도시의 경관적 명료함의 중요성을 강조하기 위해 '레지빌리티'(legibility)와 '이미지 어빌리티'(imageability)의 개념을 언급한다. 전자는 사람들이 도시의 각 부분을 인지하고 그것들을 일관된 패턴으로 구성하기 쉽도록 하는 조망의 명료함을 말하며, 후자는 모든 관찰자에게 강렬한 이미지를 불러일으킬 가능성이 높은 특질을 말한다. 이 두 가지 특징이 강한 도시는 선명한 정체성과 체계를 가진 유익한 환경적 이미지를 만들어내며, 세월이 갈수록 인간과 명료한 상호관계를 맺는 특징적인 부분을 많이 가지게 되어 거주민들에게 안정감을 줄 수 있다.

이러한 과정을 통해 생성되는 도시의 이미지는 인간이 인지할 수 있는 조형적인 요소로 이루어져 있는데, 린치는 이것을 길, 경계, 구역, 결절점, 랜드마크의 다섯 가지 요소로 본다.** 그는 실제로 사람들이 도시 이미지를 어떻게 인지하는가를 파악하기 위하여 가독성 차이가 두드러진 보스턴 시와 저지 시의 이미지 구성요소를 조사하였고, 이탈리아의 플로렌스 시를 대상으로 조사된 개념을 적용하면서 이와 같은 도시의 가독성에 기여하는 물리적 이미지 구성요소를 밝혀냈다.

그러나 린치는 도시의 복잡한 의미와 형태를 연결시키는 것을 주저하면서 도시경관 읽기에서 의미의 요소를 배제시킨다.*** 그러므

* 모든 텍스트들의 의미와 형식은 고정된 것이 아니다. 이와 같이 공간 텍스트 역시 고정적이지 않다. 따라서 가변적이고 은유적이라 할 수 있는 도시의 언어를 읽어내기 위한 학자들의 시도는 도시공간의 의미를 구조화하기 위해 노력해왔다. 이 장에서는 이러한 도시 읽기의 시도들을 세 가지 관점, 조형적, 현상학적, 기호학적 관점으로 유형화할 수 있다.

** 길이란 사람들이 지나가는 통로이며, 경계는 관찰자가 길로 간주하지 않는 선 형태의 요소로서 두 국면의 사이에 있는 것이다. 구역은 넓이는 지닌 것으로, 관찰자는 마음속으로 그 속에 들어가 있으며, 또 무언가 독자적 특징이 그 내부의 각처에 공통적으로 보이며 인식되는 구역이며, 결절점은 도시 내부에 있는 주요지점을 말한다. 랜드마크 또한 점을 나타내는 것인데, 이 경우는 그 속에 들어가지 않고 외부에서 보는 점이다. 김의원 역(1984). 참조.

*** 린치(Lynch)는 환경의 이미지를 이루는 구성요소로서 정체성, 구조, 의미의 3성분을 거론하면서도, 의미의 문제는 그의 연구에서 고려하지 않겠다고 언급한다. 김의원 역(1984: 8). 참조.

로 그는 당대의 도시 연구가들 중 의미에 대한 문제에 가장 가깝게 접근하였다는 평을 듣지만(Barthes, 1986: 90), 형태적 측면이 더 강한 연구자로 남게 되는 한계를 가진다. 이후 도시의 이미지를 형태적으로 밝히고자 하는 연구들은 의미, 맥락, 인지도 등의 요소들을 보완하는 노력을 보여주고 있다(변재상, 2005: 16). 이것은 도시경관의 조형적 요소가 인간과의 관계 및 의미와 접목되지 못한 상태로는 존재할 수 없음을 보여주고 있다.

둘째, 현상학적 읽기는 현상학적 체험을 통해 장소를 경험하고 느낌으로써 장소의 본질을 읽어내는 것을 말한다. 현상학적 연구는 일반적으로 인간의 인식적 경험에 대한 철학적 탐구라고 할 수 있으며, 그것의 의미와 본질을 파악하려고 하는 학문체계라고 할 수 있다. 그리고 현상학적으로 공간을 바라본다는 것은 인간과 인간을 둘러싼 공간과의 관계 자체를 총체적인 측면에서 바라본다는 것이며, 인간과 환경을 서로 분리된 개별체로 보지 않고 상호의존적이며 유기적인 관계로 본다는 것이다(손세관, 1990: 44).

특히 현상학적 관점에서 중요하게 다루고 있는 주제는 장소와 장소성의 문제이다. 여기서 장소는 특정한 공간적 규모로 존재하는 물리적 실체와 인간 행위의 결과물이 인지되어 의미를 가지는 공간적 실체의 결합이다. 이것은 인간의 활동이 일어나는 맥락이자 인간이 경험을 통해 의미를 부여하는 상징적 대상이기도 하며, 시간의 흐름에 따라 형성되는 역동적 실체이다. 그리고 장소성이란 이러한 장소의 인지된 특성으로, 인간이 체험을 통해 애착을 느끼게 되는 한 장소의 고유한 특성을 일컫는 것이다(백선혜, 2004). 많은 예술가들과 저술가들은 이것의 구체적인 재현으로서 지방적 성격에서 영감을 찾았고, 경관과 도시환경을 빗대어 예술과 일상생활의 현상을 설명하였다.*

*
슐츠(Schulz, 1980)는 이 예로써 게오르크 트라클(Georg Trakl)의 'Winter Evening'이라는 시를 인용하고 있다. 민경호 외 역(1996: 3), 참조.

그러나 현상학적 공간 읽기는 개인과 장소의 관계에 귀의하므로, 지극히 주관적이며 상대적이며 불확실하다. 이것은 방법론으로서의 타당성의 문제를 야기하며, 특히 인간과 공간과의 사적인 관계가 극히 제한되는 현대의 도시공간에서는 그 가능성의 여부가 불투명하기까지 하다. 이러한 한계를 극복하기 위해 현상학적 연구방법론에서는 '주체 상호 간의 확인'(Lntersubjective Corroboration, Seamon, 1982)을 제시한다. 즉, 자신의 상황과 체험이 다른 이가 발견한 것과 동일한 것인가를 검토하는 것이다. 자신의 체험에 나타나는 현상에 적극적으로 관여하면서, 보다 폭넓은 실존과 의미의 영역으로 확장되는 타인과의 공감대를 찾는 것이다(이규목, 1988: 40). 이러한 방법을 통해 장소와 장소성의 개념은 현대적인 접근으로 거듭 탈바꿈하면서 소실되어가는 인간과 공간과의 관계를 회복시키기 위한 시도를 계속해 나가고 있다.

셋째, 기호학적 읽기는 기호로서 공간의 사회문화적 의미작용을 읽어내는 작업이다. 기호학은 바르트(Barthes, 1967)의 '기호론과 도시계획'(Semiology and Urbanism)에서 출발하여 도시의 의미 제안을 시도하고자 하였다. 사실 바르트(1986: 90)는 쇼이와 린치의 연구에 영감을 받아 도시에 대한 담론을 시도한 것으로 보이는데, 특히 쇼이(1986: 162-172)는 프랑스의 건축 비평가로서 도시 담론에 관한 흥미로운 기호학적 분석을 펼친 것으로 유명하다.

쇼이의 도시 기호학적 논의는 근대도시에 대한 비판에서 시작된다. 그녀는 근대 이전의 도시를 인간의 삶과 밀착된 순수 시스템(pure system)으로 본다. 이때 도시의 형태는 인간의 삶과 행위를 그대로 상징하는 형태를 띠고 있으며, 인간은 그러한 상징을 충분히 이해하고 공간과 소통한다. 반면 근대도시는 '혼합된 체계'(mixed system)와 '경제의 우월성'(the primacy of economy)의 개념으로 설명될 수 있다.

인간과의 의미작용이 빈곤한 혼돈의 체계는 과거의 순수성을 잃어버렸으며, 의미작용을 한다 해도 그것은 기능성과 효율성에 기반한다는 것이다. 결국 근대도시는 소통 가능한 명료성을 잃어버렸다는 것인데, 이러한 논의는 이후 기호학자들의 연구에서도 지속된다. 바르트(1967)는 도시의 기표들의 모호성과 통제 불가능을 언급하면서, 과학적인 도시의 언어를 구성하려는 시도를 원하지만 도시는 무한한 은유의 담론으로 남아 있다고 말한다. 그레마스(Greimas, 1974) 또한 도시는 커뮤니티의 사회적 계층과 역사적 상대성에 상응하는 수많은 변수들을 불가항력적으로 포함하기 때문에, 이러한 새로운 변수들을 항시 소개해야 하며, 도시 읽기를 다양화할 수 있어야 한다고 주장한다. 이러한 혼돈의 상황에서 기호학은 한 가지 대안을 찾는다. 그것은 바로 탈의미화와 재의미화이다.* 사회 · 경제적 이데올로기에 의해 합리화된 공간의 의미를 해체시키고, 인간은 다시 그들의 방식대로 이를 재의미화 함으로써 도시공간의 의미작용을 풍부하게 하는 가능성이다.

그러나 기호학이 주의해야 할 점은 억지로 의미를 부여하려는 시도이다. 에코(Echo, 1968)는 의미의 움직임과 시니피앙(signifiant, 기표)의 자유로운 작용을 대립시키는 것은 모든 창조적 추진력을 없애는 발상일 수도 있다고 주장하였다. 과거의 모든 도시에는 그 형태 내에서 모든 유형의 삶을 가능케 하는 구성요소들의 무한하고도 잠재적인 결합이 있었다. 그러나 현대의 건축적 시니피앙들은 이러한 결합에 한계를 설정하며, 그 자체의 수사학적 형태를 통해 이데올로기의 이미지로서 제시된다는 것이다. 그러나 이러한 수사학적 형태도 결국은 변화하게 되고, 형태가 변할수록 인간 행위라는 폭넓은 문맥 속에서 형태들을 생각하고 바라보는 방법 또한 변하게 된다. 즉, 새로운 기호들과 그 기호들이 의미를 부여받을 수 있는 맥락들을 지속

* 쇼이, 바르트, 그레마스, 에코 등에 의해 논의되었던 근대도시 기호의 불명료성이나 이데올로기적 제한은 기호학을 통해 도시 의미작용의 또다른 가능성으로 재해석된다. 레드럿(Ledrut, 1973)은 근대도시는 의미작용이 빈곤한 것이 아니라 다른 방식으로 의미작용을 하고 있는 것이라고 주장하였고, 결국 쇼이는 《Urbanism and Semiology》(1969)의 1972년 개정판에서 도시의 탈의미화와 재의미화에 대해 논의함으로써 도시의 의미작용의 회복 가능성을 이야기한다.

적으로 발견하게 해주는 것이 기호학의 과제라고 할 것이다.

위에서 살펴본 세 가지 관점은 도시를 읽기 위한 작업으로 어느 한 분야에 대한 뚜렷한 경계가 그어지는 것이 아니다. 세 영역은 공간의 본질을 탐구하고, 도시와 인간의 관계를 고찰하고 회복시키고자 하는 시도에서 분명한 공통분모를 가지고 있다. 도시를 이해하기 위한 좀 더 온전한 방법으로써 세 관점은 서로 상호연결되어 있어야 한다. 특히 본 연구에서 제안하고자 하는 공간 스토리텔링은 이러한 공간 읽기를 유도하는 방법론으로 제안되는 것이다. 스토리텔링을 통한 공간 읽기의 과정은 두 가지 단계로 이루어질 수 있는데, 이에 대한 상세한 논의를 다루어본다.

소통을 위한 선행 작업: 공간 스토리텔링

레페브레(Lefebvre, 1995: 102)는 "공간은 생산된다"고 주장하였다. 생산될 수 있는 텍스트라는 측면에서 공간은 다른 텍스트들과 같다. 생산되는 텍스트는 또한 읽힐 수 있다. 그러나 공간은 다른 텍스트와 같이 구조적으로 읽히는 것이라고 하기에는 그 읽기의 범위가 너무 폭넓은 텍스트이다. 더 정확히 말하면, 공간의 읽기는 경험되는 것이며, 몸에 의해 '살아지는'(lived) 것이다. 비슷한 맥락으로 세르토(Certeau, 1984)는 공간을 통한 이동과 체험의 기억이 우리가 공간적으로 소통하기 위해 사용하는 언어를 구성한다고 하였으며, 이러한 움직임을 통한 언어를 '보행 발화 행위'(pedestrian speech acts)라고 불렀다.

이렇게 공간은 몸의 움직임이 교차함으로써 구성된다. 즉, 공간은 사고를 통해 인지하고 관념을 통해 읽어내는 텍스트라기보다 체험적이고 감각적인 느낌을 통해 읽어내는 텍스트에 가깝다. 물론 공간을 구성하는 요소들은 너무나 다양하므로 여기에는 문자나 이미지 텍스트 등 관념적인 정보를 전달하는 존재하지만, 여기서는 이를 포함하는 총체적인 공간을 대상으로 보기로 한다. 또한 실제로 공간을 구성하는 언어적 기호들은 1차적인 기능적 정보를 제공하는 경우가 대부분이다. 그러므로 공간은 실천, 체험, 기억에 의존하여 의미를 생산한다. 이러한 공간 텍스트의 특징은 인간의 좀 더 원초적인 체험적 소통과 연결되어야 할 것이다.

스토리텔링은 이야기와 말하는 것이 합쳐진 단어이다. 이인화(2005)는 "스토리란 어떤 사건을 겪은 사람의 경험을 중심으로 한번 걸러진 지식, 알기 쉽고 느끼기 쉬운 지식이다"라고 정의하고 있다. 즉, 이야기란 전달하고자 하는 가공된 정보로서, 사건과 사물에 대한 사실에 대한 단순한 나열이 아니라 여기에 개인적인 경험, 감정 등이 뒤섞여 만들어진 것을 의미한다. 여기에 더해지는 '-텔링', 즉 '말하는 것'은 전달하고자 하는 행위이다. 행위는 인간의 의지에 의한 몸의 활동이며, 그렇기 때문에 체험과 연결된다. 그러므로 스토리텔링은 가공된 정보를 전달하기 위해 이루어지는 체험적 행위이라고도 말할 수 있다.

맥드러리(McDrury)와 알테리오(Alterio, 2001)는 스토리텔링의 이유를 감정적 표출과 사건의 이해를 위한 집중으로 요약한다. 이야기하는 사람과 듣는 사람의 감정적 표출은 재미와 공감대를 형성하며, 사건을 이해하기 위한 집중의 유도는 효과적인 정보의 전달을 가능하게 하는 자극, 즉 교육적 효과를 제공한다. 그러므로 스토리텔링은 인간의 알고자 하는 욕구와 유희적인 욕구를 동시에 만족시키는 강력한 커뮤니케이션 수단인 것이다. 이러한 소통적 기능을 바탕으로 스토리텔링은 인간이 창조성을 실험하고, 복잡한 상황을 쉽게 이해하며, 문화에 참여하는 데 도움을 주며, 경제적 가치를 창출하고 특정 조직의 문화적 삶에까지 영향을 미친다. 그리고 실제적으로 이러한 효과적인 소통의 기능은 체험과 밀접하게 연결되어 있어서, 이야기는 체험으로, 체험은 이야기로 전이될 수 있고, 이로써 스토리텔링은 지속성을 가질 수 있다(Gabriel, 2000: 1).

또한 스테이시(Stacey, 2001)는 인간의 상호작용의 관계를 통해 '사회적으로 구성된' 이야기는 개인의 마음에만 자리하는 것은 아니라고 말한다. 즉, 개인의 체험은 공공의 체험이 되고, 이로써 개인적 경험의 주관적 산물은 갇혀진 틀 밖으로 나와서 새로운 의미를 가지게 된다. 그럼으로써 스토리텔링의 기능은 사회의 구성원들의 정체성, 안정감, 확신을 제공하는 수단으로써의 범위까지 확장된다. 여기에 스토리텔링의 체험적 소통의 가치가 있으며, 공간 또한 스토리텔링을 통해 더욱 효과적으로 소통되고 체험되며, 공유될 수 있다. 그리고 이것이 반복되면 공간은 지속적으로 인간과 상호 의미를 생산하는 장소로서 그만의 본질, 즉 정체성을 가질 수 있을 것이다.

앞선 절에서 논의한 공간 텍스트의 체험적 읽기의 가능성과 스토리텔링의 체험적 소통의 가치는 도시공간에 스토리텔링이 개입할 여지를 열어준다. 실제로 신화나 전설이 깃든 특정한 장소와 같이 인간이 이야기를 통해 관계를 맺고 있는 공간들은 예부터 자연스럽게 존재해왔다. 그러나 현대도시의 '밋밋한 경관'(flatscape, Schulz, 1969)은 이러한 가능성을 약화시키고 있다.

현대도시들은, 급속한 산업화 과정을 겪으면서 본래의 자연경관을 깎아내고 비슷한 외형의 건축물을 지어 올린 탓에 특징이 없어 보인다. 이러한 경관이 인간을 무감각하게 만들게 되는데, 이는 효율성이나 기능성, 경제성에 좀 더 큰 가치를 부여한 데서 비롯된 것임도 분명하다. 인간은 타인이 만든 인공물 속에서 단지 그 기능에 맞는 행위를 함으로써 공간을 메운다. 그럼으로써 인간의 장소에 대한 애착은 점점 사라지고, 건조한 구조물만 남아 본래 장소의 의미도 점점 퇴색된다. 그러나 과거의 모습을 다시 복원하는 것이나 특수성을 가진 몇몇 건축물을 그 사이에 집어넣는 것이 모든 해결책이 될 수는 없다. 결국 밋밋한 경관은 현대도시의 정체성 중 하나인 것이다. 이것을 인정할 때 우리는 레드럿(Ledrut, 1973)이 "근대도시는 단지 다른 방법으로 의미작용을 할 뿐"이라고 한 주장을 이해할 수 있을 것이다. 그렇다면 우리는 현대의 도시와 소통하는 우리의 감각을 깨워야 할 필요가 있다.

이러한 측면에서 볼 때, 체험으로서 공간과 인간을 연결시킬 수 있는 스토리텔링은 공간 읽기를 유도하는 자극제가 될 수 있으며, 이야기를 통해 장소의 정체성 및 특징을 쉽게 이해시킬 수 있다. 또한 이야기를 통한 각인의 효과로 공간의 이미지 형성이 쉽고 지속적일 수 있으며, 이러한 특징으로 인해 공간기획을 용이하게 할 수 있다. 따라서 스토리텔링이야말로 인간과 공간의 소통을 열어주는 방법론이 될 수 있을 것이다. 그러나 문제는 그저 단순히 이야기를 공간에 대입하는 것이 일시적인 흥밋거리 이상의 생명력을 가진 의미 있는 장소로 지속될 수 있느냐 아니냐의 여부이다. 말 그대로 눈으로 관람하고 끝나는 공간의 체험이 아니라 깊이 있는 소통이 되기 위해서는 해당 공간에 알맞은 스토리텔링이 반드시 필요하다.

1) 공간 스토리텔링의 개념

공간 스토리텔링은 일반적으로 공간 생산자들이 공간을 통해 이 야기하는 것으로 이해되고 있다. 이것은 공간기획의 입장에서 주로 다루어지는 개념으로서, 도시계획자나 건축가와 같은 공간의 생산 자들이 인공적인 공간을 통해 공간의 소비자에게 말 걸기를 시도하 는 것이다. 이와 같은 접근들은 물리적인 공간을 넘어 가상적인 공 간까지 포함하기도 한다.

예를 들어, 황성윤·이경훈·김용성(2002), 김미례·박수진(2006) 등의 연구들은 가상공간을 기획하는 데 있어 스토리텔링 방법론을 사용하며, 전명숙(2007), 최고운·김명석(2005), 박지선(2007), 김영 순·임지혜(2008), 김영순·정미강(2010), 김영순(2010) 등의 연구는 실 재 공간의 스토리텔링 적용 여부를 다룬다. 이러한 연구들은 스토리 텔링을 공간 마케팅의 효과적 커뮤니케이션의 도구로써 바라보는 기획자의 관점이 강하다. 또한 김영순·김정은(2006), 김영순·오세 경(2010), 김영순·윤희진(2010, a, b)는 공간 스토리텔링과 문화교육의 상관성에 대해 논의하고 있다.

사실상 공간의 스토리텔링은 공간의 소비자에 의한 스토리텔링 이 개입하지 않으면 결코 완성되지 못한다. 공간의 소비자는 공간 속에서 움직이고 행동하고 느낌으로써 공간에 대하여 알아간다. 그 리고 공간에 대해 알게 되고 친숙해지면 공간에 의미를 부여하고 이름을 붙여 부르게 된다. 한 가지 사례로 오스트레일리아 북서부 경관에 대한 원주민과 유럽인의 관점 차이를 라포포트(1972)는 다음과 같이 설명하였다(김덕현 외 역, 2005: 50).

> "많은 유럽인들은 오스트레일리아의 경관이 획일적이고 특색이
> 없다고 말해왔다. 그러나 원주민들은 오랫동안 함께해온 그 경관의
> 모든 특색을 알고 있으며, 각 경관은 의미를 지니고 있다. 한 예로
> 에이어즈록(Ayer's Rock)의 모든 특색은 각각 의미 있는 신화, 그리고
> 그 신화를 창조한 신화적 존재와 관련이 있다. 모든 나무, 얼룩, 구
> 멍과 틈은 각기 의미를 지닌다."

그러므로 공간 스토리텔링은 두 가지 개념으로 정의할 수 있다.
첫 번째는 현대적이며 발신자적인 관점으로, 공간 생산자가 공간을
매체로 하여 공간 소비자에게 이야기를 하는 행위이며, 두 번째는
원초적이며 수신자적인 관점으로, 인간의 삶의 터전인 공간 그 자
체에 인간이 이야기를 부여하는 행위이다. 전자의 경우는 현대 공
간의 기획에 있어 적용되는 스토리텔링이며, 후자의 경우, 공간을
누리는 인간의 입장에서 공간에 어떤 의미를 부여하는 원초적인 본
능에 의한 스토리텔링인 것이다. 그러나 이러한 두 가지 공간 스토
리텔링은 서로 분리되어 있는 것이 아니라 서로 맞물려 작용한다.
공간기획자가 생산해내는 현대의 도시공간을 공간 소비자가 지속
적으로 읽어내고 의미를 만들어가야만 스토리텔링의 의의가 있기
때문이다. 그러므로 본 연구는 이러한 두 가지 공간 스토리텔링의
개념을 함께 적용할 수 있는 스토리텔링의 과정을 제안하고자 하
며, 이를 통해 공간 스토리텔링 과정 모형을 도출하고자 한다.

2) 공간 스토리텔링의 과정

이 장에서는 공간 스토리텔링의 과정을 3단계로 나누어 살펴본다. 첫 번째 단계는 공간의 수신자적 관점에서 공간 맥락을 분석하고 이를 통해 공간의 본질인 장소성을 도출하는 과정이며, 두 번째 단계는 도출된 장소성을 토대로 테마와 이야기를 부여하는 과정이다. 그리고 세 번째 단계는 공간의 기획자적 관점으로 이야기를 기반으로 공간을 구성하는 과정이다.

(1) 공간 맥락 분석을 통한 장소성 도출

공간 텍스트의 맥락의 파악이 중요한 이유는 공간의 본질을 알기 위함이다. 개체는 서로 고립적으로 존재하는 것이 아니라 항상 맥락 속에서 서로 간의 만남과 어우러짐을 통해 존재하는 것이므로, 공간의 맥락을 안다는 것은 인간이 자신의 뿌리를 잊지 않는 것이기도 하다. 그리고 이것은 인간이 수신자적 관점에서 공간 텍스트를 읽어냄으로써, 사회적, 문화적, 역사적 연속선상에서 도시를 바라보려는 거시적인 태도이기도 하다. 공간의 맥락을 파악하기 위해서는 공간의 질(quality)과 결(texture)을 파악해야 한다. 질이란 주어진 사건의 종합적 의미, 특징, 전체성을 말하며, 결이란 질을 구성하는 관계나 세부적인 조직을 말한다(이동언, 1999: 110-112, 재인용).

공간의 질과 결은 공간의 역사적, 지형적, 인간의 행위적인 특성 속에서 드러날 수 있다.* 그리고 이러한 특성들은 지형의 관찰, 현상학적 관찰, 인터뷰, 문헌조사 등을 통한 조형적, 현상학적, 기호학적 읽기의 통합을 통해 발견될 수 있다. 역사적 특성은 문헌적 고찰이나 인터뷰 등을 통해 파악이 가능하다. 지형적 특성은 자연경관 및 문화경관의 전체적인 시공간적 이미지, 린치가 제안한 공간의

공간맥락에 맞는 건축을 추구한 건축가 장 누벨(Jean Nouvel, 2001)은 공간의 맥락을 역사적, 지형적, 행위적인 것이라고 언급했다. 이찬·윤현숙(2007: 117), 재인용.

이미지를 만드는 다섯 가지 조형적 요소, 기존 문화경관의 건축적 스타일로서 분석할 수 있다. 여기서 유의해야 할 점은 지형적 분석이 원래 경관의 모습을 그대로 파악하는 것에 그치는 것이 아니라, 공간 속에서 이루어진 인간의 역사 및 행동과도 연결되어야 한다는 것이다. 인간의 행위적 특성은 현상학적 관찰이나 체험을 통해 가능하다. 특히 파우크(Fauque, 1973)는 도시 속의 행위들과 사람들의 반응을 통해 도시를 읽을 수 있는 요소들을 제안하였다. 첫 번째는 수신자 측면에서의 일련의 변수로 여행 스케줄의 질(일상적 vs. 특별한), 감정적 상태(기쁨 vs. 슬픔), 물질적 환경의 요소이며(차를 타고 있는가 vs. 걷는 중인가), 두 번째는 도시에 대한 체험적인 측면으로서 청각, 정적인 시각 이미지, 동적인 시각 이미지, 후각 이미지, 외적 수용 이미지, 내적 수용 이미지의 요소이다.

이러한 공간의 역사적, 지형적, 행위적 다양한 특성들을 관찰하고 분석함으로써 도시 연속체의 맥락을 파악하는 것은 공간을 있는 그대로 바라보기 위함이다. 이를 통해 도시공간을 제대로 이해하게 되면, 우리는 우리가 뿌리내리고 살아온 공간의 본질을 해치지 않는 방식으로 공간을 개발하고 발전시켜나갈 수 있다. 그렇기 때문에 공간 맥락의 파악은 공간 스토리텔링의 기본이 되어야 한다.

공간 맥락의 분석 후에는 이를 통해 공간의 본질적인 특성인 장소성을 파악해야 한다. 장소성 파악을 통해 흩어진 현상들이 특정한 이미지로 모이게 되면 공간의 정체성을 살릴 수 있으며, 스토리텔링을 더 효과적으로 활용할 수 있게 되기 때문이다.

투언(Tuan, 1977)은 장소성의 형성 요소를 시간과 가시성의 두 가지로 파악하였다. 인간이 오랜 시간에 걸쳐 반복적으로 가시적인 현상들을 체험함으로써 형성된다는 의미이다. 즉, 풍부한 가시적 요소들이 지속적으로 유지되어왔고, 사람들이 그러한 요소들을 끊임없이 체험할 수 있는 그러한 공간이 진정한 장소성을 가지는 것이다. 이러한 장소성이 잘 드러나고 있는 대표적인 도시로서 슐츠(Schultz, 1980)는 프라하를 예로 들었다. 슐츠가 파악한 프라하의 장소적 본질은 신비함(mystery)이다. 이것은 주어진 자연환경을 도시계획에 반영함으로써 강화된 도시경관의 본질적 신비로움, 외

〈그림 3.1〉 로댕이 '북쪽의 로마'라고 칭송했던 체코 프라하의 전경

래의 힘에 저항하면서 깊어진 지방적 정체성에 의해 역사적으로 축적된 프라하의 맥락을 분석함으로써 도출되었다. 카프카(Kafka)가 묘사한 "어두운 모퉁이, 신비스러운 샛길, 감춰진 창문, 지저분한 뜰, 시끄러운 선술집, 비밀스러운 여관들"이 이러한 프라하의 장소성을 그대로 드러내주는 가시적 요소들이다(민경호 외 역, 1996: 127-130).

그러나 이러한 장소성의 개념은 현대의 도시공간에 와서는 그 개념을 조금 확장시켜야 한다. 도시공간들에 대한 경험이 대부분 스쳐가는 방문의 개념으로 바뀌고 있기 때문이다. 그러므로 현대의 장소성은 인간이 꾸준히 그 장소를 다시 찾아옴으로써 형성되고 경험될 수 있으며, 이를 위해서는 공간이 그만의 본질적 의미작용을 할 수 있는 독특한 매력을 가져야 한다.

이러한 현대적 장소성의 개념을 살리는 실험으로 성기문·류주희(2006)는 뷰런(Buren)의 '인 시튜'(in situ) 작업을 예로 들어 설명한다. 뷰런의 작업은 일종의 전시미술로서, 공간의 맥락을 이해하고 그 특성을 재해석하여 작품에 투영시킴으로써 새로운 의미를 만들어낸다. 일례로 〈프레임의 이편과 저편〉(within and beyond the frame, 1973)은 뉴욕의 소호 거리에 위치한 존 웨버 건물 내외부의 공간적 특징을

포착하여 이루어진 작품이다. 특히 프레임 바깥쪽, 소호 거리의 두 빌딩 사이에 걸린 아홉 개의 줄무늬 천들은 소호 거리 자체를 하나의 전시공간으로 둔 회화이면서, 일종의 깃발 같기도 하고, 그 시대 그 지역에서 많이 볼 수 있었던 세탁물처럼 인식되기도 하면서 자연스럽게 본래의 공간 속에서 그 존재감을 드러낸다. 이것은 갤러리가 즐비한 소호 거리, 빌딩과 빌딩을 연결해주는 빈 공간, 하늘, 바람의 공간적 맥락을 이해함으로써 파악되는 장소성을 통해 새로운 의미 작용을 만들어낸 경우이다.

이렇게 장소성을 파악하는 것은 공간의 맥락을 하나로 모음으로써 공간에 특정한 성질을 부여하는 것이며, 이로써 공간 스토리텔링의 목표를 뚜렷이 할 수 있다. 그리고 이것은 공간의 지속적인 개발에 있어서 정체성 있는 공간을 지속 가능하게 하는 힘이다.

(2) 공간에 테마와 이야기 부여하기

테마와 이야기는 공간의 정주자 및 방문자가 장소성을 체험할 수 있는 발판을 마련해주는 역할을 한다. 그러므로 공간의 맥락 분석을 통해 도출된 장소성을 특정한 테마로 구체화시키고 이를 기반으로 알맞은 이야기를 발굴하거나 구성하는 것은 공간 스토리텔링의 가장 핵심적인 단계라 할 수 있다. 공간의 스토리텔링은 어떤 관념이나 개념적인 정보보다는 공간의 느낌을 형성하는 데 있다. 그러므로 스토리텔링에 있어 이야기의 사실 여부, 플롯의 완벽성이나 분량의 많고 적음은 크게 상관이 없다. 다만, 공간의 맥락 및 장소성과 닿아 있어서 마치 신화나 전설처럼 자연스럽게 흘러야 하며, 공간의 정체성을 효과적으로 드러낼 수 있는 것이어야 한다.

공간에 부여되는 이야기의 종류는 세 가지 유형이 가능하다. 첫 번째는 원래 공간에 존재하는 이야기이다. 이미 공간은 여러 가지

이야기를 가지고 있다. 모든 공간에
는 역사가 있고, 역사는 그 자체로
이야기이기 때문이다. 역사에 의한
이야기는 진실성을 통한 진정성을
가진다는 측면에서 매우 큰 의미를
가진다. 진정성은 지속 가능함을 의
미하기도 한다. 실제로 경주와 같은
도시는 과거의 맥락이 그대로 드러
나는 풍부한 경관적 요소의 의미작

〈그림 3.2〉 춘천을 배경으로 한 드라마 〈겨울연가〉

용을 통해 지속적인 진정성을 가진다. 도시공간의 곳곳은 인위적으로 조작하지 않아도 과거의 이야기들로 채워진다. 과거 삶과의 영속성이 끊어져 경관적으로 맥락에서 탈락해 버린 공간들도 과거의 이야기를 발굴함으로써 이러한 맥락을 다시 살릴 수 있다. 공간이 잃어버린 과거의 진정성을 회복하는 것은 인간이 공간에 대해 관심을 가지고 알아가고 돌보는 것을 의미하며, 이러한 공간에 인간은 더욱 애착을 가지게 되기 때문이다.

두 번째는 미디어를 통해 만들어진 가상의 이야기이다. 소설, 드라마, 영화 등 대중적 콘텐츠의 배경이 됨으로써 그 이야기가 그대로 공간에 투입되는 경우이다. 실제로 이러한 마케팅을 통해 장소의 소비를 유도하는 경우는 매우 흔하다. 이것은 공간이 주체가 되는 이야기라기보다 장소의 소비를 유도하기 위해 콘텐츠를 역이용하는 것이며, 콘텐츠 소비자들의 호기심 어린 수요에 의해 장소의 소비가 형성되기도 한다. 드라마 〈겨울연가〉의 배경이었던 춘천이나 남이섬 등이 그 대표적 예라 할 수 있다. 그러나 미디어에 의해 주어진 이야기의 지속성은 콘텐츠의 생명력과 비례한다. 특히 드라마와 같이 대중적 수요가 폭발적으로 증가했다가 곧 사라지는 비교적 짧은 주기를 가진 콘텐츠는 공간의 소비에서도 그 특성을 그대로 보여준다.* 이러한 현상은 대중적으로 이야기가 큰 힘을 가질 때, 그 힘에 의한 가상적인 장소성에 대중들이 몰입하다가, 그 이야기가 대중적으로 잊히면 이야기의 한 구성요소일 뿐인 장소도 함께 잊히는 현상인 것이다. 그러나 가상의 장소성이 거짓된 장소성은 아니다. 실제로 콘텐츠 제작자들은 이야기에 맞는 장소를 발굴하는 데 뛰어난 자질을 가지고 있다. 그러므로 가상의 장소성은 실제적으로 그 장소의 본질과 맞닿아 있을 가능성이 높다. 그러므로 중요한 것은 이러한 가상의 장소성을 공간 주체적인 진정한 장소성으로 전환시키는 노력이다. 공간은 이야기의 배경요소로 만족할 것이 아니라 주체적인 이야기를 가져야 한다.

세 번째는 새로운 공간을 위한 새로운 이야기의 도입이다. 이야기를 바탕으로 조성된 디즈니랜드형 테마파크가 그 예라고 할 수 있다. 이것은 풍부한 콘텐츠를 새로운 미디어인 공간 속으로 옮겨 지속적인 소비활동을 유도하는 것에 그 목적이 있다. 영화, 애니메이션과 같이 시간과 체험에 제한을 받는 콘텐츠에 비해 공간의 콘텐츠는 항상 존재하며, 직접적으로 체험될 수 있어 더 흥미롭다는 강점을 지닌다. 이러한 공간은 이야기를 위해 존재하는 공간이다. 그러므로 지극히 상업적이며 주변 공간을 완전히 해체시키면서 등장하는 가상의 세계라는 측면에서 장소성이 부재하다는 비판을 받아왔다(김덕현·김현주·심승희 역, 2005: 205-216). 그러나 테마파크가 새로운 세계를 보여준다는 매력을 가지고 있음은 분명하다. 그렇다면 이러한 공간은 어떤 장소적 본질을 가지는가.

디즈니랜드는 로스앤젤레스에 있든, 동경에 있든, 파리에 있든 디즈니랜드이다. 왜냐하면 그것은 디즈니만의 맥락에 의해 탄생한 공간이기 때문이다. 그러므로 인공장소지만 인간이 이러한 맥락을

강원일보 2008년 3월 24일자는 〈겨울연가〉의 대표적인 한류관광도시인 춘천의 관광지 중, 소양로 2가 '준상이네 집'의 관광객 감소를 기사로 다루었다. 이곳은 2004년 6월 하루 평균 600~700명이 찾던 곳이었지만, 최근엔 하루 평균 방문객이 10여 명에 불과한 실정이다. 기자는 입장료의 가치에 비례하는 콘텐츠를 생산해내지 못하는 것을 관광객 감소의 이유로 분석하고 있다.

이해하고 새로운 의미작용을 할 수 있다면 현대적 개념의 장소성이 도출될 수 있다. 이러한 공간은 이야기 그 자체를 위해 존재하므로, 이야기의 힘이 공간이 힘이며, 이야기의 정체성이 곧 공간의 정체성이다. 즉, 메마르지 않는 대중적 힘을 가진 독창적 이야기를 통해 공간은 지속적으로 생명력을 이어가는 것이다. 이

〈그림 3.3〉 디즈니랜드

것이 영화 제작사가 테마파크에 있어 가장 유리한 위치를 선점하는 이유이기도 하다.

지금까지 살펴본 공간의 세 가지 이야기 유형은 공간의 개발이나 기획의 목적에 따라 적절히 적용될 수 있을 것이다. 중요한 것은 이러한 이야기의 부여가공간의 장소성과 연결되어 새로운 의미작용을 도출할 수 있어야 한다는 것이다. 그로 인해 이야기가 진정성을 획득해야만 공간과 이야기는 함께 생명력을 유지할 수 있다.

공간 스토리텔링 과정 모형과 무한한 해석

스토리텔링을 이용하여 공간을 구성하는 단계는 이야기를 현실로서 구현하는 기획자적 입장의 단계이다. 공간 스토리텔링은 반드시 이야기를 표현하는 인공공간을 창조하는 것을 필요로 하지는 않는다. 이것은 공간과 인간의 소통, 즉 공간의 의미작용을 목적으로

하기 때문이다. 만약 장소성을 강화함으로써 기존 공간의 정체성을 살리기 위한 목적으로 이야기를 발굴하고, 그로써 공간이 정주민들에게 새로운 의미를 가지게 되었다면 인공적인 공간을 조성하는 것은 크게 의미가 없을 것이며, 그 자체로 공간 스토리텔링은 완성된다. 반면, 소비되는 공간을 위해서는 공간의 방문자를 위해 비교적 즉각적인 커뮤니케이션이 필요하다.

이러한 스토리텔링을 위한 공간구성은 세 가지 유형이 가능하다. 동선을 따라 관람되는 박물관이나 미술관과 같은 전시 관람형 유형, 공원과 같이 여러 가지 계열체적 요소들로 구성된 통합체적 유형, 하나의 기념비적 장소와 같이 하나의 장소로만 이루어진 개체적 유형이 바로 그것이다. 어떤 유형에 중점을 두느냐에 따라 이야기의 압축 및 표현방식이 달라질 수 있다. 예를 들어, 전시 관람형 유형은 동선을 따라 텍스트, 이미지, 전시물을 효과적으로 구성함으로써 서사적인 이야기의 표현이 가능하며, 통합체적 유형은 캐릭터, 소품 등과 같은 특징적이면서 개별적인 요소들로써 이야기를 표현할 수 있다. 개체적 유형은 기념비, 건축물과 같은 하나의 상징물로써 이야기를 압축하여 표현할 수 있다. 이 공간들은 서로 융합되어 나타나기도 하며, 또한 이야기의 특성에 따라 세밀하게 복원된 구조물이 효과적인가, 귀여운 캐릭터가 효과적인가 하는 표현적인 적합성 문제가 있기 때문에, 공간과 이야기의 주제, 유형, 목적 등 다양한 기획 조건을 고려하여 구성되어야 할 것이다.

지속적인 의미작용을 위해 공간 스토리텔링에서 염두에 두어야 할 것은 적절한 변형과 체험, 그리고 맥락을 유지하는 주체적인 변화이다. 공간구성은 구조물, 캐릭터, 영상, 소리, 게시판, 기념비, 복원되거나 보존된 건축물 등 다양한 매체로 이루어질 수 있다. 그리고 이야기는 매체에 따라 무한하게 가공될 수 있기 때문에, 하나의 이야기는 큰 공간과도 공간 내의 작은 요소와도 관계할 수 있다. 또한 공간은 다른 텍스트에 비해 그 표현 요소의 범위가 무한히 넓기 때문에 이야기는 서사적으로도 압축적으로도 표현이 가능하다. 동일한 이야기를 다양한 매체를 통해 효과적으로 '변형'(translation)시키고 제시하는 것이 공간의 스토리텔링을 풍부하게 하는 방법이 될 것이다(버킹엄, 기선정·김아미 역, 2004: 133-134). 또한 공간의 구성에 있어 특히 스토리텔링을 강화시킬 수 있는 전략은 체험이다. 공간의 의미작용은 체험과 맞닿아 있고 몸으로 체화되는 것이므로, 단지 눈으로만 관람하고 끝나버리는 것이 아닌 방문자의 행위를 유도하는 공간구성이 반드시 필요하다. 실제적으로 디즈니랜드의 경우, 마법의 성으로 가는 경로를 약간 경사진 보도로 처리해 놓음으로써 성이 나타났을 즈음 방문자들은 심장이 두근거리는 경험을 하게 되는데, 이를 통해 방문자는 마법의 성을 더 인상 깊게 느끼게 된다. 이렇게 스토리텔링이 다른 미디어가 아닌 공간 속에서 진정으로 이해되려면 적절한 공간적 매체를 통한 변형과 장소 체험을 바탕으로 해야 한다.

또한 소비되는 공간의 이야기들은 한 번의 구성으로 끝나버리는 것이 아니라 계속해서 시대에 맞춰 변화할 수밖에 없다. 그러나 이것은 맥락을 유지하는 변화여야 하며, 유행에 따르는 것이 아니라 공간이 주체가 되는 변화여야 한다. 이러한 과정들을 통해서 현대의 소비공간도 진정한 본질로서 인간과 소통하는 공간으로 거듭나게 될 것이다. 지금까지 논의한 공간 스토리텔링의 과정을 하나의 모형으로 제시하면 〈그림 3.4〉와 같다.

공간 스토리텔링 과정을 요약하면, 첫 번째, 공간의 맥락을 통해 장소성을 파악하는 단계는 공간을 있는 그대로 읽어내는 공간 수신자의 입장이자 공간 스토리텔링의 기본적인 단계이며, 두 번째, 공

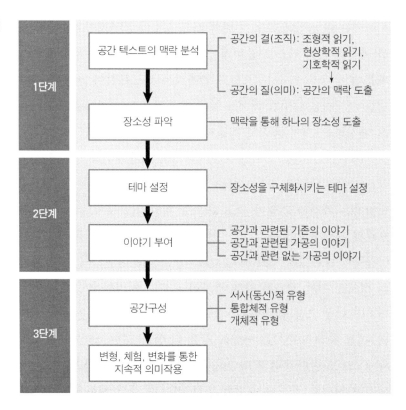

〈그림 3.4〉 공간 스토리텔링 과정 모형

1단계

공간 텍스트의 맥락 분석 ── 공간의 결(조직): 조형적 읽기,
현상학적 읽기,
기호학적 읽기

공간의 질(의미): 공간의 맥락 도출

장소성 파악 ── 맥락을 통해 하나의 장소성 도출

2단계

테마 설정 ── 장소성을 구체화시키는 테마 설정

이야기 부여 ── 공간과 관련된 기존의 이야기
공간과 관련된 가공의 이야기
공간과 관련 없는 가공의 이야기

3단계

공간구성 ── 서사(동선)적 유형
통합체적 유형
개체적 유형

변형, 체험, 변화를 통한
지속적 의미작용

간에 테마와 이야기를 부여하는 단계는 장소성을 구체화하고 이야기로써 공간 소통의 길을 터주는 단계이고, 세 번째, 공간구성의 단계는 공간 발신자의 입장에서 공간을 기획하고 생산하는 단계이다. 이 글에서 제안하는 공간 스토리텔링의 과정은 이렇게 공간의 수신자와 발신자의 단계를 모두 거침으로써, 공간의 본질을 이해하고 공간을 기획하는 모형으로서 의의를 가진다. 공간 스토리텔링 과정을 통해 공간과 인간이 같은 이야기를 공유함으로써 시작되는 의미작용은 공간과 인간의 진정한 소통의 첫걸음이 될 것이다.

지금까지 이 글에서 논의한 공간 스토리텔링은 공간의 텍스트 읽기를 유도함으로써 도시공간과의 소통을 가능하게 하기 위한 모형으로서 제안되었다. 사실 공간이란 체험의 산물이므로 공간을 읽는 행위의 맥락은 항상 다양성과 열림을 내포하고 있다. 특히 무한히 다양한 요소로 구성 가능한 도시공간은 텍스트의 구조 안에 함몰될 가능성이 매우 적은 텍스트이다. 여기에는 개인의 신체를 관통하면서 생기는 무한한 변수, 즉, 무한한 해석의 여지가 존재하는 것이다. 그러나 무한한 읽기의 가능성이라는 것에는 에코가 두려워한 '무책임한 극단적 상대주의'(박상진, 2003: 243)라는 함정이 기다리고 있을 수 있다. 즉, 이 모든 읽기가 진정한 읽기인 것인지, 텍스트의 본질은 무엇인지 모호해짐으로써 소통이 오히려 단절되는 것이다. 이러한 무한한 열림에 의해 공간의 읽기 또한 무한한 변수를 가진다면, 한 사회 내의 역사적, 문화적 산물인 공간의 공공적 가치와 정체성을 찾으려 하는 시도는 무의미한 것이 되고 만다.

무한한 의미작용의 가능성, 그러면서도 사회 구성원들 간의 합의되는 일치점은 공간과 인간, 두 주체의 공통 지점을 찾아내는 작업이다. 이 합의점에 우리는 이야기를 놓을 수 있다. 어느 주체에도 종속되지 않으면서, 동시에 두 주체에 함께 관계할 수 있는 하나의 맥락으로서의 이야기 말이다. 공간 스토리텔링은 마치 인간들이 하나의 주제를 놓고 대화를 하듯이 공간과 인간이 서로 소통하기 위한 공통의 주제인 것이다. 그리고 소통의 문이 열리는 순간, 그 공간 내에서 서로 간에 이야기 나눔을 통해 무한하면서도 진정한 의미작용이 가능해질 것이다. 그리고 이 이야기가 공간의 본질과 닿아 있고, 효과적인 공간적 매체로 드러날 때, 공간 스토리텔링은 공간의 진정성에 기여하는 방법으로서 기여할 수 있을 것이다.

제4장

텍스트로서 '춘천'의
공간 스토리텔링 전략

이 글은 언어과학회 학술지 《언어과학연구》 제44집에 실린 김영순·임지혜(2008)의 "텍스트로서 '춘천'의 공간 스토리텔링 전략: 여가도시로의 의미화를 중심으로"를 보완한 것입니다.

이 글의 목적은 '춘천'을 여가적 자질을 내포하고 있는 공간 텍스트인 '여가도시'로 의미화하는 데 있으며, 나아가 여가공간 춘천을 위하여 '스토리가 있는' 도시를 넘어서 '스토리를 만들어내는' 도시 즉 도시의 '스토리텔링' 전략을 제시하는 데 있다.

세계의 모든 도시들은 스토리를 가지고 있다. 도시에는 도시의 생성과 성립에 관련된 역사적 사건들과 그 이전에 전승되었던 설화와 신화 그리고 건축물에서 상징에 이르기까지 다양하고 흥미로운 이야깃거리로 도시들을 가득 채운다. 그러나 정작 도시를 방문하는 방문자, 도시에 거주하고 있는 정주자들에 의해 만들어지는 이야기들을 생산해낼 수 있는 도시들은 그렇게 많지 않다. 이 글은 도시의 정주자들과 방문자들이 도시가 지니고 있는 스토리를 체험하고 그 스토리를 통해 또 다른 스토리를 만드는, 즉 스토리텔링이 가능한 도시를 구성하는 것은 '전략적 차원'의 문제를 다루고자 한다.

이를 위해 공간기호학에서 행하는 몇 가지 작업이 진행될 것이다. 공간기호학은 산업혁명과 아울러 성립된 근대도시의 탄생과 함께 출발하였다. 공간기호학은 문화연구의 학문적 갈래인 문화기호학의 범주에 속한다. 문화기호학에서는 '공간'을 "도시와 농촌의 정주, 경관 및 구성요소들의 복합체"(Brunet 1974: 123, Imazato 2007: 2, 박여성 2007: 185 재인용)로 간주해왔다. 도시구성요소의 복합체란 기호학의 연구대상인 '텍스트'의 범주에 속하는 것이다. 따라서 도시를 일종의 공간 텍스트로 놓고 보면, 이 텍스트는 문화기호학에서 의미하는 세 가지 문화 층위, 즉 물질문화, 규범문화, 정신문화 층위에 관련을 짓고 있다. 물질문화 층위로 보면, 건물, 가로, 광장 등의 공

〈그림 4.1〉 문화기호학의
세 가지 문화 층위

간을 따라 배열된 인공적인 피조물들의 행렬이 있으며, 규범문화 층위로는 도시공간 속의 인간들의 행태와 제도 그리고 규범들이 있고, 정신문화 층위는 도시가 인간의 삶을 조직하고 삶의 코드*와 개념을 성립하는 데 기여하는 것으로 이해된다.

문화기호학에서 의미하는 도시는 일종의 텍스트인 셈인데, 일찍이 도시에 대해 "공간 속에서 시간을 읽는다"라고 언급했던 발터 벤야민의 '공간주의적 전환'(spatial turn)과 인식적 맥락을 함께한다. 뿐만 아니라 롤랑 바르트도 도시가 의미를 생산하고 저장하는 모종의 담론의 장소이고, 그 담론의 바탕은 언어이어야 한다고 주장했다. 도시는 도시민에게 말을 걸고 우리는 도시에 대해 말한다(Barthes, 1985: 265, 김동윤 2007: 162 재인용). 바르트도 도시를 인문학의 영역으로 끌어들인 중요한 언명이라고 단정 지을 수 있다. 이 언명은 도시가 기호학과 텍스트 서사학은 물론 인문학의 주요학문인 문사철의 영역으로의 귀환을 의미하는 것이다. 벤야민과 바르트의 견해는 이 글에서 추구하려는 공간을 텍스트로 놓고 보는 동시에 공간에 스토리텔링 개념을 접맥시키는 데 '단서'를 제공한다. 그 이유는 도시는 의미를 생산하고 저장하는 텍스트이며, 이를 집적하는 공간일 뿐만 아니라 살아있는 유기체와 같은 것이기 때문이다. 따라서 공간이 의미를 생산하고 유통하는 텍스트와 이 텍스트를 구성하는 스토리를 연결 짓는다는 것은 그렇게 어색한 일은 아닐 것이다.

공간과 스토리텔링의 결합은 공간을 사회적 구조와 행위의 산물로 이해하는 시각, 지각, 행위들은 공간과 관련하여 역사적 변천에 종속하는 문화적 상상력에서 유도되었다는 시각으로부터 파생되었

*
코드 code
어떤 정보를 나타내기 위한 기호체계

다. 이러한 시도는 공간기호학 분야에서 낯설지 않은 연구이다. 공간기호학은 공간이 사회적 과정으로 코드화되어 문화적 관념을 재생산할 수 있음을 의미한다. 그렇기 때문에 기존 공간에 새로운 공간을 창출하는 것은 공간 속의 물질적 층위만을 변화시키거나 새로 구성하는 것이 아니다. 이는 그러한 규범 층위와 정신 층위의 변화를 시도하는 것이기에 매우 중요하다. 이런 의미에서 공간기호학을 적용해 춘천을 여가도시로 규정하는 것, 즉 춘천을 여가적 의미를 배태한 공간 텍스트로 만드는 전략은 춘천의 물질문화 층위들을 변화시키는 것만은 아니다.

이와 같이 이 글에서는 문화기호학적으로 공간을 접근하는 공간에 대한 기호학적 분석, 즉 공간기호학의 기제를 통해 춘천이란 공간을 여가공간 텍스트로 의미화하기 위해 스토리텔링 전략을 세우게 된다. 이를 위해 이 글에서는 공간에 대한 담론 지형을 사회과학적 접근과 인문과학적 접근을 대비시켜 살펴보고, 공간 텍스트로서 춘천의 의미자질을 추출하고 여가공간의 포지셔닝 매핑(positioning mapping)을 시도할 것이다. 또한 추출된 자질과 매핑을 바탕으로 스토리텔링 전략을 제안할 것이다.

공간에 관한 담론 지형

공간에 대한 사회과학적 접근의 방향은, 도시가 발전하고 확장된 배경으로 공간구조를 형성하는 일정한 기능적 원리를 밝히는 데 있었다. 따라서 도시는 인간활동에 필요한 기능들이 복합적으로 담겨

〈표 4.1〉 공간에 대한 사회
과학적 연구성과 개요

구 분	생태학적 요인	경제적 요인	정책적 요인
중점요인	상업·업무 지구	도시 중심부	도시계획
지역구분	상업지역의 영향으로 도시 내의 여러 사회적 집단이 분포됨	− 상업지역 − 경공업·도매업지역 − 주거지역 − 근교농업지역	− 주거지역 − 상업지역 − 공업지역 − 녹지지역
형성원칙	자연생태계에서 서식지가 분리되어 나타나고, 공생적 균형을 통해 종간의 질서가 유지되는 것과 같음	토지경쟁이 가장 활발한 지역은 도시 중심부로서 도심에서 거리가 멀어질수록 토지가격이 하락함	생태학적 요인과 경제적 요인에 의해 발생하게 되는 과열경쟁을 조정하여 도시공간구조의 질서를 수립함

있는 공간으로서 주거활동이 이루어지는 주거공간, 노동과 업무, 서비스 활동으로 이루어지는 산업의 공간, 위락 및 문화생활 등이 이루어지는 여가공간, 그리고 이러한 활동들을 지탱하고 유지하기 위한 도시기반시설이 차지하는 보조공간 등으로 구성되어 있다고 보았다. 이러한 도시의 공간구조를 형성하는 요인을 연구한 기존의 사회과학적 연구성과들을 정리하면 다음과 같이 크게 생태학적, 경제적, 정책적 요인으로 나눌 수 있다(경실련도시개혁센터, 2006 참조).

생태학적 요인에 따르면 자연계에서 동식물들이 적자생존(適者生存)의 원칙에 의해 살아가듯 도시의 구성요인들(기능, 소득계층, 인종 등) 간에 상호경쟁을 통하여 환경에 적응력이 높은 것은 해당 지역을 점유하고 그렇지 않은 종은 소멸되거나 타 지역으로 이전하여 살아간다고 설명한다. 그리고 경제적 요인에 의하면 토지경쟁이 가장 활발하고 토지가격이 가장 높은 지역은 도시 중심부로서, 도심에서 멀어질수록 도심으로 향하는 접근비용이 증가하게 되고 토지가격은 하락하게 된다.

경제적 관점에서 볼 때 단위면적당 수익성이 높은 기능의 순으로 도심으로부터 상업지역, 경공업·도매지역, 주거지역, 근교농업지역이 나타나고 이에 따라 토지이용이 결정됨으로써 도시의 공간구조는 동심원 형태의 구조를 형성하게 된다. 이 두 가지 요인이 사회·경제적 활동에 의한 자연적인 요인인 반면, 정책적 요인은 도시계획이라는 인위적 정책활동을 통하여 도시공간구조의 질서를 수립해나가는 것이다. 우리나라 역시 도시의 안녕과 질서를 보장하고 공공복리를 증진시키기 위해 토지이용 행위를 규제하고 있는데 대표적으로는 〈국토의 계획 및 이용에 관한 법률〉이 규정하고 있는 용도지역으로 위의 표와 같이 크게 네 종류로 구분된다. 이와 같은 요인들에 의해서 방사형 팽창이론(R. D. Mckenzie, 1925), 동심원 이론(E. W. Burgess, 1925), 부채꼴 이론(Homer hoyt, 1939), 다핵심 이론(C. E. Harris & E. L. Ullman, 1945) 등의 연구들이 도시공간구조를 이해하는데 기여해왔다(국토연구원, 2001, 2005 참조). 하지만 이와 같은 연구들은 도시공간을 변화시키는 교통수단, 건축기술, 정보통신의 발달과 같은 기술적, 기능적 측면만을 설명하는 데 그치고 있다. 도시 내에 거주하는 사람들의 가치관에 따라서도 도시공간은 변태를 거듭했다는 것을 간과하고 있는 것이다. 즉 사회과학적 접근에서는 공간과 인간의 관계에 대해 간과하고 있었다는 사실이다.

인문학적 접근은 인문지리학과 미술사, 철학과 사회학, 도시문화론(G.Simmel)과 역사지리유물론(D.Harvey)으로 이어진다. 공간과 도시를 다양한 의미체계, 즉 일종의 텍스트로서 구상하는 가운데, 도시경관론의 의제들이 경관(경관의 수사학), 회화, 석판화, 부조물, 건축(건축형태와 문화적 헤게모니, 건축과 권력), 문학작품(문학지리학), 광고(기업 메세지와 공공공간의 사유화, 장소 이미지와 장소 마케팅), 영화(영화 속에 깃든 공간 저항 담론), 사진이나 저널, 음악(음악의 장소, 개인과 일대기의 추적) 등을 망라하는 것만 보아도, 도시(공간)의 기호학과의 공분모를 어렵지 않게 짐작할 수 있다.

〈표 4.2〉 기호학과 인접학
문의 연구영역

학문적 차원	공간의 정치경제학	공간의 문화정치학	공간의 문화기호학
실천목표	공간의 지배와 통제	공간의 전유와 활용	장소의 해석과 재생산
주요쟁점	− 공간의 소비상품화 − 도시 스펙터클 − 장소 마케팅 − 공적−사적 공간 − 역(閾)공간−가상공간	− 공간과 장소의 정체성 − 경관 텍스트: 도시, 거리, 광장, 광고, 회 화, 건축, 문학, 영화, 음악, 사진, 저널, 사 이버공간)	− 장소형태론 − 장소의미론 − 장소통사론 − 장소화용론

　　인문학적 접근에서 공간은 대개 두 가지 상반적 시각에서 정의된다. 첫째, 공간은 자체 내에서 발견되거나 다른 사람을 통한 자신의 지각에서 발견되는 신체와는 무관하게 절대적으로 실존한다. 둘째, 공간은 관계들의 생성을 통해 나타난다(Damir-Gelisdorf & Hendrich, 2005: 27). 상대적 공간은 인간의 행위와 지각에 앞 서 정렬된 것이 아니라 그것에 후속하여 정렬된 (문화적−사회적) 구성체이다. 절대공간과 상대공간의 시각에서 보자면, 공간이란 문화적−사회적 또는 정치적 협상과정의 (불안정한) 결과이다. 영토 위주의 장소에 바탕을 두고 형성된 정체성은 민족, 인종, 사회적 성, 종교, 계급 등의 차별화와 서로 겹치면서 장소 정체성이 다층적으로 형성된다. 인문지리학과 공간의 문화정치학이 상징적 의미와 코드화, 사회적 관계의 생산과 재생산, 인간의 장소 설정과 사회문화적 정체성의 구축에 비추어 공간을 관찰하는 반면, 기호학은 장소라는 그림과 그것에서 배태된 이미지, 자연과 문화를 상동계로 취하는 절대공간과 상대공간 사이의 대립, 기호학적 구조를 기준으로 공간과 장소 사이의 대립에 관심을 둔다. 〈표 4.2〉는 기호학과 인접학문들이 어떻게 공간 연구에 관여했는가를 정리한 것이다.

　　〈표 4.2〉에서 '공간의 문화기호학'은 인간의 기억과 환경이란 공간적 상호작용과 관련이 있다. 즉 인간의 기억이란 환경과의 공간

적 상호작용은 물론이고 신체기관에서 일어나는 부단한 적용변화에 종속된 역동적이며 복합적인 구성과정이다(Hartmann, 2005: 9 참조). 기억은 개체의 '커뮤니카트'(kommunikat) 속에만 존재하지만, 기억과 회상을 발현시키고 그것을 커뮤니케이션에 연동시키는 구조적 심급(매체)은 바로 공간과 장소이다. 이를 위해 기억장소들은 매질적*, 사회적 그리고 가상적 회상을 투영하는 회상발전소로서 작용한다. 따라서 장소들은 실체로서 매체보관소에 저장된 파편들이다.

<그림 4.2> 기호학의 창시자 찰스 샌더스 퍼스

공간의 지각과 묘사는 문화적으로도 매개되었고 코드화되었다. 영토, 경관 및 장소들은 인위적 피조물 또는 그 피조물들의 복합체, 다양한 행위 맥락으로 통합된 어떤 방식으로든 형성된 문화적 의미의 물질적 운반자로 간주될 수 있다. 이때 도시기호학의 구상을 위해 매력적인 통찰은 퍼스(Charles Sanders Peirce)의 해석체(interpretant) 모델이다. "공간이 기호체계들에 호소할 필요가 있다면, 그것은 브랜드 도구 없이는 공간이 자신의 주체성을 의미할 수 없기 때문이다. 공간은 이때 지시체(referent)의 자리를 차지한다. 도시는 하나의 기의가 도래하는 기표로서 작동하지 않는다. 그것은 달리 말해서, 도시는 외시하는 것이 아니라, 그 정반대의 행로 속에 각인된다. 도시는 기표가 아니라 지시체이다(김성도, 2007 참조)." 그 결과 도시는 관람자와의 기호학적 연관관계를 성립시키기 위하여 다양한 기표들을 동원하는 지시체로서 작용한다. 즉 지시체로서의 도시나 경관은 브랜드 도구들의 기표로 구상할 수 있다. 따라서 공간은 정체성의 구축에 개입하는 의미체계들에 비추어 판독되어야 한다. 지리적 장소뿐만 아니라, 동상, 건물, 지도, 가로, 예술작품 및 유물, 역사상의 인물까지도 포함되어야 한다. 그런

* **매질적**
어떤 파동 또는 물리적 작용을 한곳에서 다른 곳으로 옮겨주는 매개물적 속성

〈그림 4.2〉 퍼스의 모형과
기호체로서 '춘천'

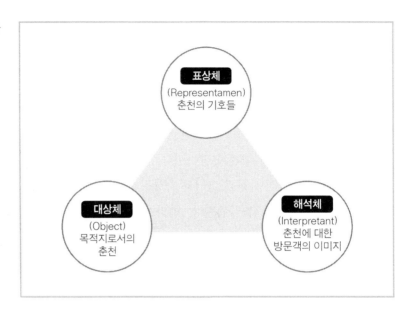

데 언어체계나 기호체계와 달리 조경된 공간 자체에는 랑그(languge, 개개인의 머릿속에 저장된 사회관습적인 언어의 체계)가 없다. 이 점에서 퍼스의 기호모델을 텍스트 '춘천'에 적용하면 〈그림 4.2〉와 같다.

공간이 장소 설정과 개념 및 집단의 정체성 구축에 결정적인 의미를 가진다면, 그것은 물질적 공간 자체의 작용에 근거해서가 아니라, 공간의 상징적 의미 때문에 그러한 것이다. 변천될 수 있는 물질적 공간은 특수한 의미들로 장전되어 코드화되는데, 이때 재차 판독되고 입력되는 자신의 개별 요소들의 선택과 위계화 및 가치평가가 취해진다.

이와 같이 기호학 이론을 배경으로 도시공간을 다룬 국내 연구로는 2000년 이후 들어 괄목할 만한 성과를 보이고 있다. 김영순(2004)에서 기호학 이론을 토대로 도시공간의 외시경 및 내시경적 접근을 시도했으며, 김성도·박상우(2006)에서는 서울의 공간적 의미작용을 다루었고, 김영순·백승국(2006)의 도시공간의 대형마트를 공간기호학으로 분석하였다. 또한 김동윤(2007)은 도시공간의 인문학적 담론의 시발점을 제공하였고, 박여성(2007)은 베를린 슈프레 보겐을 통시적 공간기호학으로 분석하였다. 이와 더불어 생산적인 담론으로 오장근(2007)은 텍스트기호학 이론을 통해 도시공간 리터러시(literasy) 방법을 제안했으며, 김영순 · 신규리(2007)은 기호학적 방법을 활용한 춘천의 여가공간 마케팅 전략을 수립하였다. 아울러 백승국 · 유동환(2007)에서는 공간 텍스트로서 테마파크 기획에 관한 공간기호학적 방법을 적용하였다. 이 글에서는 기호학을 중심으로 접근한 공간 텍스트 분석방법론을 스토리텔링과 결부하기 위해 시도하게 된다. 그러한 시도를 거쳐 텍스트로서 도시공간의 스토리텔링 전략을 구안할 것이다.

춘천의 여가-문화적 의미와 스토리텔링 전략

1) 여가- 문화적 의미도출

도시공간은 현대를 살아가는 인간들의 다양한 삶의 모습을 담는 그릇과도 같다. 기본적으로 필요한 의식주를 포함해서 인간의 다양한 욕구를 풀어내는 기호들의 총체적인 집합체로서 인간의 역사와 그 맥을 같이하고 있는 것이다. 따라서 도시는 삶의 토대가 되는 기본적인 기능적 역할뿐만이 아니라 인간의 이념과 사고를 담고 있는 의미공간으로서 그 가치가 확장될 수 있다.

도시의 의미공간을 도출함에 있어서 기호사각형은 의미작용의

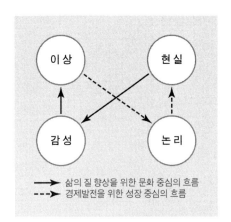

이상

현실

감성

논리

→ 삶의 질 향상을 위한 문화 중심의 흐름
⤍ 경제발전을 위한 성장 중심의 흐름

〈그림 4.4〉 도시 의미도출을 위한 기호사각형(1)

기본 구조인 이항대립과 이분법적 사고의 한계를 뛰어넘어 의미생성의 새로운 사고체계를 논리적으로 보여주기 때문에 매우 유용한 도구로 활용된다(기호사각형은 그레마스의 의미추출 방법을 바탕으로 한 것이다). 즉 이항대립이나 흑백논리와 같은 이분법적 사고로 해석자의 의미작용 활동을 제한하는 것이 아니라 새로운 의미작용이 창출될 수 있도록 영역을 제공해주는 것이다.

〈그림 4.4〉의 기호사각형은 도시의 의미공간을 이상적인 공간과 현실적인 공간의 대립각을 중심으로 비(非)이상적인 '논리'(이성)의 공간과 비(非)현실적인 '감성'의 공간으로 그 영역을 확장시키고 있다.

도시는 현실과 이상의 대립적인 의미공간을 양 끝점으로 두고 화살표의 방향에 따라 서로 다른 발전양태를 보이게 된다. 이상에서 현실로 진행되는 점선 화살표의 방향은 경제성장을 중요시했던 과거의 획일적인 도시 발전양태를 설명하고 있는데, 경제발전을 위한 성장과 노동이 윤리화되었던 과거의 도시공간이 바로 그것이다. 반면에 현실에서 이상으로 진행되는 실선 화살표의 방향은 문화와 소통이 중심이 되는 현재와 미래 도시의 모습을 말해준다. 이것은 사용가치보다 교환가치를 우위에 두는 사회, 실용적인 것보다 감성적인 것을 선택하는 사회가 존재하는 지금의 도시공간을 설명하고 있는 것이다. 이와 같은 의미공간을 바탕으로 해서 가장 현실적인 '노동'의 공간과 가장 이상적인 '여가'의 공간의 대립쌍을 중심으로 〈그림 4.5〉와 같은 기호사각형을 구성할 수 있다.

여가공간과 노동공간은 반대되는 개념으로서 위에서 설명한 이상과 현실의 축을 중심으로 구성한 기호사각형에서와 마찬가지로 도시공간에 대해 중요한 함축적 의미를 갖는다. 화살표 방향은 도시공간이 지향하는 가치의 방향으로 과거의 도시공간이 성장논리에 의해 '노동' 중심의 의미소들로 구성되었었다면, 현재의 도시공간은 삶의 질 향상을 목적으로 하는 '여가' 중심의 의미소들로 구성되고 있다. 즉, 과거의 도시공간은 노동지향의 공간으로서 공업과 상업의 업무지구가 도시의 구심점이 되어 생산적인 가치를 우선으로 여겼었다면, 현재의 도시공간은 여가지향

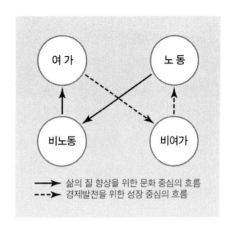

〈그림 4.5〉 도시 의미도출을 위한 기호사각형(2)

의 공간으로서 친환경적이고 문화중심적인 재생산적인 가치를 보다 더 중요하게 여기고 있는 것이다.

현재 우리나라의 법정 노동시간은 주 40시간으로 하루에 평균 8시간, 일주일에 5일 동안 일을 하고 나머지 이틀은 쉬도록 되어있다. 2004년부터 단계적으로 주 5일제를 시행한 결과로서 노동시간의 단축은 도시공간을 획기적으로 변화시키고 있다. 상대적인 비노동시간의 증가로 인해 레저·문화·관광 활동을 위한 공간이 증가하였다. 그럼으로써 노동이 중심이 되는, 즉 생산적 가치가 중요시되었던 시대에서 삶의 질이 중심이 되는 가치관의 전향은 건강을 위한 공간, 교육을 위한 공간, 놀이를 위한 공간, 가족을 위한 공간 등을 새롭게 창조하고 확장시키고 있다. 과도한 업무로 인한 스트레스로 많은 사회적 비용을 치러야 했던 과거와는 달리 노동시간의 단축으로 늘어난 시간 활용에 대한 선택권은 다양한 분야에서 시너지 효과를 내고 있는 것이다. 이는 점차적으로 노동의 공간은 줄어들고 있는 반면 비노동과 감성의 공간영역은 점점 늘어나고 있는 추세임을 설명한다.

또한 전통적인 노동의 공간은 그 영역이 축소되어 점점 비노동의

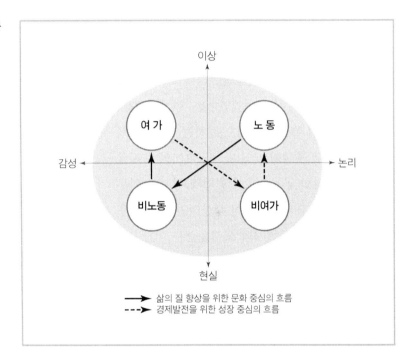

공간 속으로 흡수되어가고 있는 것이다. 즉, 일상적 여가생활의 확
장된 형태로서 도시공간은 점차 여가적인 의미소들로 재배치되고
있다.

　앞서 논의된 내용들을 정리하면 두 개의 기호사각형은 서로 중첩
되고 영향을 미치면서 〈그림 4.5〉와 같이 두 개의 축과 네 개의 의
미공간을 생성하게 된다.

　현실과 이상의 축이 감성과 논리의 축과 교차점을 이루면서 생성
하고 있는 네 개의 공간은 여가와 노동을 대립쌍으로 하여 기호사각
형으로 인해 확장된 영역인 비노동과 비여가의 공간을 포함한다.

　비여가의 공간은 논리와 현실의 축 사이에 위치하면서 여가에서
노동으로 향하는 쾌락의 속성을 가지게 된다. 대표적인 형태로 직장
중심의 음주문화를 예로 들 수 있다. 동료들과의 화합의 장을 마련

한다는 취지는 좋지만, 결과적으로 과음을 강요하고, 의식이 혼미한 상태로 비이성적인 모습을 보이고 또 그것을 즐기는 행태는 배설적이고 원초적인 문화를 양산하는 것이다. 따라서 비여가의 공간은 여가의 공간과는 모순적인 위치에 있으면서 노동의 공간과 함축적인 관계를 맺고 있다고 볼 수 있다. 즉, 비여가의 공간은 쾌락을 갈구하면서 노동의 공간을 벗어나려고 하지만 벗어날 수 없는 일시적인 일탈의 공간으로서만 위치하게 되는 것이다.

반면, 비노동의 공간은 감성과 현실의 축 사이에 위치하면서 노동에서 여가로 향하는 '평안'의 속성을 가지게 된다. 현 사회에서 조명 받고 있는 여성 · 예술 · 생태 중심의 문화를 끌어안은 공간으로 대표되며 '테인먼트'(-tainment) 붐과 그 맥락을 같이하고 있다고 볼 수 있다.*

감성과 논리의 축을 기준으로 보면 여가와 비노동의 공간은 감성의 영역에 위치해 있고, 노동과 비여가의 공간은 논리의 영역에 위치해 있다. 여가와 비노동은 함축적인 관계로서 정신적인 안정감을 중심으로 심미적 공간에 함께 포지셔닝되며, 노동과 비여가 역시 함축적인 관계로서 경제적인 효율성을 중심으로 실용적 공간에 함께 포지셔닝되는 것이다.

이상과 현실의 축을 기준으로 보면 여가의 공간과 노동의 공간은 이상의 영역에 위치해 있고, 비여가와 비노동의 공간은 현실의 영역에 위치해 있다. 이는 인간이 살고 있는 실존적인 공간은 현실의 공간으로서 비여가와 비노동의 공간에 위치하고, 인간이 원하고 갈구하는 공간은 이상의 공간으로서 여가와 노동의 공간임을 설명한다. 다시 말하면 인간이 가진 가치관이 지향하는 바에 따라 현실의 공간은 여가의 공간으로 진행하는 비노동의 공간과 노동의 공간으로 진행하는 비여가의 공간에 속해있는 것이다. 따라서 현실에 존

* '-tainment'는 원래 'entertainment'를 의미하는 것으로서 다른 명사 뒤에 붙는 접미사로 무엇인가의 행위에 '즐거움'을 더하는 기능을 한다. 현재 사용되는 용어는 space-tainment, edu-tainment, art-tainment, retail-tainment, fashion-tainment 등으로 다양한 행위 뒤에 붙어서 노동과 여가의 경계를 모호하게 하는 즐거움의 속성을 부여하고 있다.

재하는 여가공간의 의미자질들을 살펴봄에 있어서 여가의 공간과 비노동의 공간은 중요한 영역임에 틀림없다.

이 글에서는 여가의 공간이 관건이 된다. 따라서 대표적인 여가도시 춘천의 의미를 만들어내는 의미자질들을 밝히고 이것들이 다른 도시유형들과 어떤 차이를 지니는가에 대해 이어서 논의할 것이다.

2) 춘천의 문화적 의미 포지셔닝

춘천은 강원도 중서부에 있는 도시로 북쪽으로는 화천군, 서쪽으로는 경기도 가평군, 남쪽으로는 홍천군, 동쪽으로는 인제군·양구군과 접하며, 북동~남서 방향으로 뻗어있는 해발고도 1,000m 이상의 태백산맥 지맥들 사이 사방으로 병풍처럼 솟은 작은 산줄기 가운데 움푹 파인 분지의 모양을 하고 있다. 금강산에서 발원하여 내려오는 북한강 본류와 설악산에서부터 내려오는 소양강이 삼천동 남쪽에서 합류, 신영강이 되어 가평, 청평으로 흘러들어 수도권 주민들의 식수원이 되고, 댐으로 만들어진 인공호수(소양호, 춘천호, 의암호)는 주변의 산과 어우러져 낚시, 보트, 윈드서핑을 즐길 수 있는 천연의 휴양지를 이룬다.

또한 이중환의 《택리지》에 평양의 외성 다음으로 우리나라에서 사람 살기에 가장 좋은 곳으로 기록되어 있을 만큼 오염과 공해가 적은 쾌적한 주거지역으로서 이름나 있는 곳이 춘천이다. 전체 면적(1,116.35km²)의 76% 이상이 산악지대에 속하며 평지가 극소한 관계로 면적은 서울시의 1.8배이지만, 인구는 25만 8,896명으로 서울시(1,038만 1,711명)의 0.025배이다. 춘천은 적은 인구에도 불구하고 여섯 개의 대학(교)이 있고, 전체 시 인구의 37%가 학생으로 전국 평균보다 10% 정도 높고 선사시대부터의 유적과 유물이 많아 교육도시로서의 위상을 지니고 있다. 또한 애니메이션박물관을 포함한 30여 개의 문화시설을 보유하고 있고 20여 개의 다양한 문화예술 축제가 개최되는 문화·예술도시이기도 하다.

춘천을 구성하고 있는 공간들을 분류한 결과로부터 도출한 공간의 속성은 건강, 자연, 포용, 역사, 전통, 안정, 생태, 문학, 예술, 유희, 창조, 교육, 활기, 젊음, 지역 등으로 나타나고 있는데, 이는 춘천의 여가도시로서의 정체성을 도출하기 위한 근거자료로서 활용될 것이다.

〈그림 4.7〉 춘천 애니메이션 박물관

앞서 분석한 춘천의 공간적 의미자질과 도상적인 이미지 맵을 통하여 우리는 춘천이 여가도시로서 가지는 문화적 의미가치를 도출해낼 수 있었다. 〈표 4.3〉은 춘천의 의미가치를 제주, 서울, 경주의 세 도시의 대표적인 의미가치들과 비교하여 나타낸 것이다.

〈표 4.3〉 춘천의 문화의미자질

공 간	명 칭	자 질
산	마적산, 삼악산, 오봉산, 검봉산, 용화산, 부용산, 봉화산, 옥광산, 봉의산, 연엽산, 문배마을, 소양예술농원, 추곡 약수터	건강함, 자연적, (기)충전, 생태적
섬, 호수	춘천호, 의암호, 소양호, 구곡폭포, 구성폭포, 등선폭포	포용적, 감성적, 여성적, 자연적, 포근함, 생태적
사찰	석왕사, 청평사, 흥국사, 삼운사, 상원사, 보광사, 법화사, 지암사, 봉덕사, 원흥사, 보문사, 소양사, 송원사, 동천사, 반야선원, 용궁법사, 부흥사, 보타사, 명도암, 영천사, 봉현선원, 대원사	역사적, 종교적, 편안함, 전통적, 안정적

(계속)

공 간	명 칭	자 질
역사적 장소	혈거유지, 춘천향교, 한덕리 유적, 칠층석탑, 김유정 문학촌, 위봉문, 방동리 고구려 고분, 월송리 유적, 의암 류인석 묘역, 당간지주(사찰 내), 소양정, 신 장절공 묘역, 지석군묘, 추곡리 불상, 서상리 삼층석탑, 삼악산 성지, 최재근 전통가옥, 민성기 전통가옥, 김정은 전통가옥, 김정표역 문인석, 한백록 묘역 및 정문, 중도 적석총, 청풍 부원군 묘역, 봉의산성, 만천리 백로왜가리 번식지, 증리 고분군, 신매리 석실 고분	역사적, 전통적, 종교적, 생태적, 문학적
문화시설	− 박물관: 국립춘천박물관, 강원대학교 중앙박물관, 애니메이션 박물관, 강원경찰박물관, 한림대학교 박물관, 현암민속박물관 − 미술관: 춘천미술관, 예림화방, 갤러리소나무 − 극장: 봄내극장, 아카데미, 피카디리 극장, 춘천인형극장, 마임의 집, 시네춘천 자동차 극장 − 체육시설: 춘천종합운동장 − 도서관: 평생정보도서관, 춘천시립도서관, 춘성도서관 − 그 외 시설: 국악예술회관, 어린이회관, 시민회관, 컨벤션홀, 춘천문화예술회관, 백령문화회관, 일송아트홀	예술적, 문화적, 대중적, 유희적, 건강함, 창조적, 이상적, 교육적, 가정, 전통적
놀이공원	고슴도치섬(위도), 중도, 육림랜드, 남이섬	유희적, 대중적
교육기관	유치원(40), 초등학교(41), 중학교(17), 고등학교(13), 전문대학(3), 교육대학(1), 대학교(2), 대학원(12), 기타학교(5)	교육적, 전문적, 젊음, 창조적
그 외 명소 (밤거리)	강원대학교 후문, 춘천 명동, 명동 닭갈비 골목, 애막골 먹자골목	유희적, 젊음, 대중적, 활기참
축제	− 문화축제: 춘천마임축제, 춘천인형극제, 춘천국제연극제, 춘천애니타운 페스티벌, 김유정문학제, 의암제, 춘천아트페스티벌, 춘천古음악축제 − 향토축제: 닭갈비축제, 막국수축제, 소양강문화제 − 레저·스포츠 축제: 조선일보 춘천마라톤대회, 춘천호반 마라톤축제, 춘천오픈국제태권도대회, 춘천전국인라인마라톤대회, 함기용 세계제패기념 춘천호반 마라톤대회, 춘천첼리MTB대회, 2010 월드레저총회 및 경기대회	활기참, 유희적, 젊음, 세계적, 예술적, 지역적, 건강함, 감성적, 문화적, 창조적
기타	− 별미음식: 닭갈비, 막국수, 총떡, 칡국수, 민물회, 민물매운탕, 모래무지찜, 약수산채백반 − 특산품: 옥가공 제품, 춘천잣, 상황버섯, 아가리쿠스버섯, 동충하초 − 재래시장: 중앙시장, 동부시장, 제일시장, 서부시장	유희적, 상업적, 건강함, 지역적, 건강함, 희소성, 활기참, 서민적, 편안함

현대의/첨단의
전통적/역사적
예술적/문화적
친환경적
감성적
활기찬
이성적
세계적
포용적
남성적
여성적
욕구지향적
만족지향적
대중적
전문적
상업적
유동적
유희적
교육적
차가운

제주

서울

경주

춘천

〈그림 4.8〉에서와 같이, 제주, 서울, 경주, 춘천의 네 도시는 현대 도시의 여가적 속성들을 가지고 있지만 각각의 차별적인 자질들로 인하여 〈그림 4.9〉과 같은 네 공간에 포지셔닝이 가능하다.

대부분의 도시는 상업의 공간에 위치하고 있는데 이것은 궁극적으로는 공공성을 띠어야 하는 여가의 본질적인 속성과는 상대적으로 대립적인 위치를 가지게 된다. 자연적−상업공간은 자연을 경제

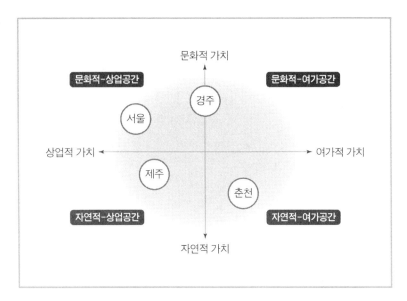

적 부가가치를 창출하기 위한 도구로 활용하는 것을 목표로 환경적 요소들을 분할하고 배치하는 공간이다. 따라서 이 공간에 있는 자연은 휴양지나 여행지와 같은 굴뚝 없는 관광산업의 핵심으로 기능하며 경제력이 바탕이 되어야 접근성이 생기는 특징을 가진다. 그럼으로써 제주도는 경제적 대가를 지불해야만 즐길 수 있는 친자연적 여가공간의 대표적인 예라고 할 수 있다.

문화적−상업공간은 자연이 아닌 공연예술산업의 진흥으로 경제적 부가가치를 창출하는 공간이다. 즉 문화생활을 즐길 수 있는 인프라 시설이 충분히 설치되어 있는 공간으로 미술, 음악, 공연 등 인간이 생산할 수 있는 모든 유무형의 문화적 창조물들을 즐길 수 있다. 이 공간 역시 경제력이 부재한 상태에서는 접근하기 어려운 형태로 정책이나 행정적으로 일정정도 공공성의 책임부여를 필요로 하는 공간이다. 서울은 많은 문화 인프라 시설들이 설치되어 있고, 지역주민들의 경제력 역시 뒷받침되어 문화예술산업이 다른 지역에 비해 상대적으로 크게 발전한 양태를 띠고 있으므로 문화적—상업공간에 위치하게 된다.

앞서 논의된 상업적인 두 공간과는 달리 상대적 공공성의 공간에 위치하고 있는 춘천의 포지션은 자연적—여가공간이다. 이 공간은 자연경관이 수려하고 개발되지 않은 공간으로서 훼손되지 않은 원형의 자연에 매력을 느끼는 관광객들의 방문이 주 수입원이 된다. 있는 그대로의 자연을 체험하는 것을 중심으로 낚시, 사이클링, 윈드서핑 등의 레저 스포츠나 등산, 고구마 캐기 체험, 템플 스테이 등의 활동을 즐길 수 있는 공간이다. 춘천은 빼어난 자연환경을 바탕으로 이미 여가공간으로서의 필요조건을 만족하고 있다. 병풍과 같은 산지로 둘러싸인 분지에 중심을 관통하는 강줄기, 그리고 호수와 섬의 수변들은 천연의 여가공간으로서 빠지지 않을 자원들임에 틀림없다. 하지만 현대의 여가는 자연적 요소만으로는 부족하다. 여가생활을 계획하는 다양한 욕구들을 총체적으로 해소시키기 위해서는 인간의 손길이, 문화적 요소가 묻어나는 공간이 필요한 것이다. 그것은 나무를 자르고, 산을 깎아서 문화시설을 건설해서는 안 된다. 공간이 스스로 이야기하는 것, 방문객들이 매력적으로 느끼는 공간의 상징소를 발굴하고 개발하는 것, 그래서 춘천을 경험한 방문객의 감동이 타자를 향한 담론을 만들어 소통의 공간을 확장하여 다시금 텍스트를 재생산하는 역할을 하는 것, 그것이 바로 공간의 스토리텔링 전략인 것이다. 춘천은 스토리텔링 전략을 통해 다음 〈그림 4.9〉과 같이 포지셔닝을 재배치할 것을 제안한다.

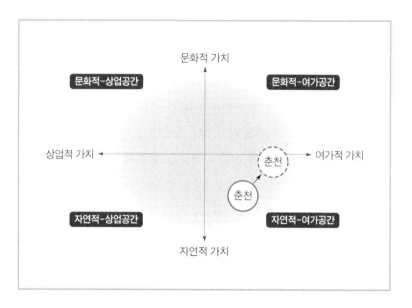

〈그림 4.10〉 여가도시로서 춘천의 포지셔닝 재배치

춘천의 공간 스토리텔링 전략

앞선 장에서 논의한 춘천의 문화자질 추출과 이를 통한 춘천의 도시공간 포지셔닝을 통해 춘천이 '자연적 여가공간'에서 '문화적 여가공간'으로 전환되어야 함을 제안하였다. 이런 제안의 첫 행보로서 이번 장에서는 '스토리'를 중심으로 춘천의 공간을 구획 짓고, 스토리텔링을 중심으로 실제로 춘천을 하나의 스토리가 있는 테마파크로 간주하고 스토리텔링 전략을 구축할 것이다. 스토리텔링 전략을 통해 춘천의 '일일 여가체험 코스'를 세 개만 선정할 것이다. 이를 위해 네 가지 유형의 공간을 구분할 것이다. 먼저 설화, 전설, 역사적 유물에 이야깃거리가 있는 '서사적 공간'들이다.

위치	장소	콘텐츠	스토리
H7	김유정 문학촌	봄봄, 동백꽃의 저자 김유정의 정취	○
C11	소양호	'소양강 처녀' 설화의 배경	○
B11	구성폭포	당나라 공주와 뱀과의 사랑 이야기	○
F5	등선폭포	선녀와 나무꾼 전설	○
A8	용화산	주전자바위, 마귀할멈바위, 장수바위 등 갖가지의 전설을 간직한 기묘한 바위	○
A13	추곡약수터	김원보 씨가 꿈에 산신령의 계시를 받고 1812년 발견한 탄산수	○

위치	장소	콘텐츠	스토리
F9	국립춘천박물관	1,000여 점의 유물, 강당, 독서실, 세미나실, 야외 공연장, 카페테리아, 뮤지엄 숍	×
E9	강원대학교 중앙박물관	선사시대부터 최근에 이르기까지의 다양한 유물들을 전시	×
D5	애니메이션 박물관	1만여 점의 국내외 애니메이션 관련 소장품과 체험 시설	×
D8	춘천미술관	미술품 전시 및 기획 미술작품 창작발표지원 미술교육 지원	×
D9	한림대학교 박물관	역사, 고고, 민속, 미술, 공예 및 인류학 분야에 속하는 자료의 수집	×
E5	현암민속박물관	삼국시대부터 조선시대에 이르기까지의 토기, 도자기 등과 다양한 민화, 돌탑, 움막, 독특한 옹기 등 전시	×
E9	예림화방	미술전시회	×
F9	갤러리소나무	한류미술전 등의 미술전시회	×
C9	강원경찰박물관	경찰의 발자취 및 변천과정 등 경찰유물 전시	×

춘천은 도시의 크기나 인구에 비해 교육 시설이 다양하게 산재해 있다. 4년제 대학으로서 강원대와 한림대, 춘천교대, 한림전문대, 강원도립대 등이 있으며, 다양한 박물관과 미술관을 비롯한 에듀테인먼트 공간이 집결해 있다. 춘천의 교육적 공간들은 〈표 4.5〉와 같다.

〈표 4.6〉 공간 텍스트 춘천
의 생태적 공간

위 치	장 소	콘텐츠	스토리
B11	소양예술농원	전기도 안 들어오는 외진 곳. 자가발전으로 전기를 얻어 쓰고 있고 오랜만에 흙을 밟을 수 있는 곳	×
A13	추곡약수터	톡 쏘는 맛이 강한 탄산수로, 이 약수를 장기 복용하면 위장병, 빈혈, 신경통, 고혈압 등에 치료 효과가 있음	○
C10	옥광산	전국의 옥생산품 중 좋은 품질로 인정받는 춘천의 옥, 옥광산의 기 체험	×
G3	문배마을	10여 가구의 농가에서 음식점을 운영, 잣나무 숲 사이로 오르는 한나절 등반로	×
B6	춘천호	춘천댐의 건설로 탄생한 아기자기한 호수	×
D6	의암호	신현강 협곡을 막아 의암댐을 건설함으로써 이루어진 인공호수로 쉽게 보지 못할 풍광	×
C11	소양호	매우 큰 댐으로 이루어진 소양호는 따로 선착장이 있어서 유람선을 타고 주변의 풍경을 즐길 수 있음	○
춘천 주변	10개 산군, 20개 등반 코스	춘천시를 둘레로 여러 갈래의 등반 코스가 즐비함	

　　춘천은 '봄내'라는 지명과 걸맞게 산과 강이 수려하고 아름답다. 이런 자연환경은 타 지역과는 차별적인 생태적 공간이며, 이는 여가의 중요한 기능인 '치유'와 관련될 수 있을 것이다. 〈표 4.6〉은 춘천의 대표적인 생태적 공간들이다.

　　또한 춘천에는 다수의 공연장과 극장들이 산재해 있다. 그중에 춘천 인형극장, 마임의 집 등이 있으며, 호수로 형성된 춘천 주변에는 작은 섬들도 존재한다. 대표적인 것으로는 중도(넓은 잔디밭), 남이섬 등이 있으며, 육림랜드 등의 놀이공원이 있다. 특히 고슴도치섬이라고 불리는 위도에는 모터보트 및 수상스키 유선장, 낚시터, 옥외수영장 등의 레포츠 공간이 유희적 공간으로 자리매김하고 있다.

　　이상에서 제시한 네 가지 공간들을 스토리텔링 구성도를 통해 스토리텔링에 근거한 체험 코스를 개발할 수 있다. 〈표 4.7〉을 기준으로 하여 5단계로 구분된 스토리텔링에 의거한 세 가지 코스는 네

공간구분	스토리텔링 구성도
서 막	하나의 전이공간으로 여가 이야기가 시작될 것이라는 것을 알리기 위한 것으로 외부공간에 간단한 건축적 장치를 하여 형성된다. 사람들의 관심을 주목시키고 여가공간의 질서를 암시한다.
발 단	외부에서 내부로 문턱을 넘으면서 시작된다. 발단의 공간에서는 앞으로 전개될 이야기에 대한 암시를 주는 것이 중요하다.
전 개	방문자들의 동선을 따라 규칙적인 리듬을 반복하면서 펼쳐진다. 기둥, 계단, 빛, 볼륨의 규칙적인 배열에 따라 압축과 팽창 같은 두 가지 다른 분위기의 순환이 이러한 리듬을 창출한다. 방문자들은 멈추지 않고 앞으로 진행해나가면서 여가공간의 질서가 전개되는 것을 보게 된다.
전 환	방문자들은 탁 트인 공간을 만나게 되고 거기에서 공간의 커다란 역동성을 발견하게 된다. 관람자들은 그들을 다른 곳으로 유도할 공간의 운동을 좇게 되고, 공간의 급격한 변화는 그들을 다시 출발시킨다.
가 속	속도감 있고 압축된 전개공간이다. 이 공간에서 방문자들은 접근이 용이함에도 결코 목표지점을 볼 수 없다. 그들은 단지 불연속적인 리듬만을 느낄 것이다.
절 정	절정공간은 완전히 비어있고 조용히 진동하는 공간으로서 여가의 공간 중에서 가장 중요한 곳에 독립하여 위치하는 하나의 볼륨으로 구성된다. 절정의 공간에서는 공간의 즉각적 진동과 비어있는 공간의 웅장함을 느끼면서 휴식을 취한다.
결 말	결말공간은 절정공간의 끝에서 시작된다. 방문자들은 내부 벽에 열린 창이나 발코니 같은 장치를 통해 자신이 지나온 공간을 다시 한 번 전체적으로 조망할 수 있다. 이러한 방식으로 공간의 이야기는 끝을 맺는다.

개의 체험공간들을 특성에 맞추어 배치한 것이다. 제1코스는 김유정 문학촌 → 국립춘천박물관 → 소양호 → 마임의 집이며, 제2코스는 사명산 추곡약수터 → 소양호 유람선의 절경 → 막국수 체험 박물관 → 소양예술농원 → 명동 닭갈비 골목이다. 그리고 제3코스는 삼악산 등선 폭포 → 어린이 회관 → 춘천호 → 육림랜드 등이다. 여기서 제안한 코스들의 개요 〈표 4.8〉과 같으며, 이를 도상적으로 기술한 것은 〈그림 4.10〉이다.

물론 〈그림 4.10〉과 같은 코스의 개발은 춘천의 공간 텍스트 체험자(방문객)들을 테마공간으로서 춘천에 대해 몰입할 수 있는 스토리텔링 원칙을 적용하여 구상한 것이다. 따라서 그 효율성에 대한 입증은 추후 과제가 될 것이다. 또한 이 코스는 일일 코스를 기준으

〈표 4.8〉 일일 여가체험 코스(안) 개요

단계	내 용	1코스	2코스	3코스	공간
1	서막 · 발단	김유정 문학촌 (H7)	사명산 추곡약수터 (A13)	삼악산 등선폭포 (F5)	서사
2	전개	강을 따라 이어지는 절경	소양호 유람선의 절경	강을 따라 이어지는 절경	생태
3	전환 · 가속	국립춘천박물관 (F9)	막국수 체험박물관 (C10)	어린이회관 (E6)	교육
4	절정	소양호 (C11)	소양 예술농원 (B11)	춘천호 (B6)	생태
5	결말	마임의 집 (D9)	명동 닭갈비 골목 (E8)	육림랜드 (C7)	유회

〈그림 4.11〉 춘천의 일일 여가체험 코스

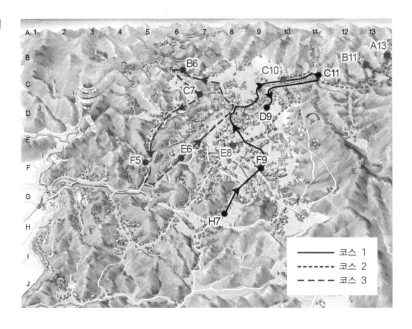

로 한 것이다. 춘천에서 개최되는 축제나 행사를 염두에 두고 춘천의 숙박시설 등을 고려한다면 1박 2일 혹은 2박 3일 등의 주말 여가체험 코스를 개발할 수 있을 것이다.

제5장

공간 텍스트의
사회적 구성과 스토리텔링

이 글은 《인문콘텐츠》 제19집에 게재된 김영순(2010a) "공간 텍스트의 사회문화적 재구성과 공간 스토리텔링"을 일부 수정한 것입니다.

현대의 많은 공간은 합리적이고 논리적으로 구성되었다. 그것은 소비를 위한 경제 가치에 의해 분할되어 있으며 인간의 편의를 위한 기능(교통, 운송, 무역 등)과 관련이 있다. 아우게(Augé, 1994)는 이러한 공간이 '비장소'로서 특별한 정체성을 창출하지 않으며 특별한 관계도 만들지 못한다고 한다.* 그 공간에서 인간은 늘 떠날 준비를 해야 하는데, 그곳에 남아있기 위해서는 반드시 비용을 지불해야 하기 때문이다. 비장소에는 인간의 '의미'가 머무를 겨를이 없다. 하지만 내가 '여기'에 존재해야 할 이유가 없다면 인간은 어디에도 뿌리내리지 못하는 유랑민이다. 그래서 우리에겐 의미 있는 공간인 장소가 필요하다. 즉 자신이 몸담고 있는 공간에 의미를 부여하는 것은 자신의 삶과 직결되는 문제이다(김영순, 2008: 104). 공간의 의미화란 장소를 만들어내는 것과 관련이 있다. 이는 '장소'가 정지(머무름)이며, 인간이 부여하는 가치들의 안식처(의미의 저장소)이기 때문이다.

쇼이(Choay, 1969)에 의하면 근대 이전의 공간의 형태는 인간의 삶과 행위를 그대로 상징하는 형태를 띠고 있었다. 그래서 인간은 그러한 상징을 충분히 이해하고 공간과 소통할 수 있었는데, 이런 공간을 인간의 삶과 밀착된 순수 시스템이라고 했다. 이는 '장소'의 원형이다. 하지만 현대의 공간에 다시 근대 이전의 공간을 옮겨다 놓을 수는 없는 일이다. 그렇다면 현대의 공간에서 '장소'를 어떻게 만들어낼 것인가 라는 질문에 대한 해답을 찾아야 하는데, 이는 바로 '공간 스토리텔링'과 관련이 있다. 인간은 공간을 체험하고 기억하며, 공간 속에서 이야기를 만들어낸다. 공간 없이는 이야기가 생겨날 수 없다. 모든 이야기의 기본적 구성요소(인물, 사건, 배경) 중에서

*
비장소의 사용자는 부단히 자신의 무죄를 입증하도록 강요당한다. 사전에 또는 추후에 요구되는 신원 확인이나 "계약의 검증은 근대적 소비공간을 비장소의 기호로 전락시킨다. 비장소들의 통과객들은 오직 국경/입국장이나 슈퍼마켓의 계산대에 크레딧 카드 제시를 통해서만 자신의 신원을 발견한다." Aug, 1994: 121; 박여성, 2007: 133 재인용.

배경은 인물이 존재하고 사건을 경험하는 공간이다. 즉, 인간이 어떤 공간 속에서 특정한 체험을 함으로써 이야기는 탄생하게 된다. 또한 이야기를 듣는 것과 더불어 이야기를 말하는 것 자체가 체험이기도 하다. 이야기를 함으로써 인간은 공간을 소재로, 또는 매개로 하여 다른 인간과 소통할 수 있다. 이처럼 공간과 인간 사이에 이야기가 자리함으로써 인간은 자신을 둘러싼 세계와의 소통을 확인할 수 있는 것이다. 이때 '공간 스토리텔링'은 공간과 인간 사이에 이야기를 연결하는 교량이자, 그 이야기의 생성을 촉진하는 촉매와 같은 역할을 한다.

뿐만 아니라 공간을 인간의 의미로 전환하고 장소화하기 위해서는 스토리텔링이 필요하다. 스토리텔링은 부유하는 공간을 인간의 인식 속에 가두어 기억의 재생장소로 치환시킬 수 있기 때문이다. 공간 스토리텔링의 구체적인 대상은 특정 지역이 되어야 하며 인간의 거주지, 즉 '지역' 단위를 기본으로 해야 한다. 이처럼 지역문화를 전제로 한 공간 스토리텔링은 공감의 폭을 넓힐 수 있기 때문에 실효성이 높아진다. 또한 이는 지역주민들의 애향심을 자극함과 동시에 적극적인 참여를 격려할 수 있으며, 그렇기 때문에 스토리텔링에 의한 공간체험의 밀도도 깊어질 수 있다. 이 같은 과정은 지역문화를 기반으로 한 공간 스토리텔링의 지속 가능성을 약속하며 해당 지역의 장소성을 극대화할 수 있다.

공간 스토리텔링의 적용에 대한 기존의 연구를 살펴보면 다음의 두 가지 방향으로 수행되었음을 알 수 있다. 첫 번째는 공간의 구조를 특정한 '이야기'가 담고 있는 서사의 형태로 변환시키는 것, '공간 구조의 서사화'이다(안승범·최혜실, 2010; 김광욱, 2010; 박한식 외, 2009; 안상욱 외, 2009). 이는 문화콘텐츠, 관광학, 텍스트언어학 등의 분야에서 연구되고 있는 것으로 특정한 이야기를 통해 공간을 재구성하는 방법이다. 이와 같은 시도는 이미 공간적인 실천으로도 구현되고 있는데, 드라마 〈겨울연가〉의 촬영지로 알려진 남이섬 같은 관광지, 소나기마을과 같은 테마파크 등의 스토리텔링의 경우이다.

두 번째는 공간을 스토리텔링적인 요소를 활용하여 디자인하는 것, '스토리텔링적인 공간의 연출'이다(박선자, 2007; 전현주, 2008; 구성욱, 2006; 안현정, 2008). 이는 공간 디자인, 건축공간, 조형학 등의 분야에서 연구되고 있는 것으로 스토리텔링의 특징적 요소들을 공간구성에 활용하는 것이다. 예컨대 유도된 체험, 연속성, 하이퍼텍스트성, 상호작용성, 다중심성 등을 중심으로 정서적이고 감각적인 공간 접근방법을 고안하고 있다.

앞선 연구들은 대부분 공간 스토리텔링을 특정 공간에 적용한 구체적인 사례들을 제시하고 있다. 하지만 개별적인 사례에 치우쳐 있기 때문에, 각 공간의 특성들을 아우르는 공간 스토리텔링의 보편적인 과정에 대한 검토가 미흡하다. 다시 말해 거시적이고 총체적인 공간 스토리텔링의 과정을 상정하고, 하나의 공간 스토리텔링 모형을 제시하고 이에 대한 실효성을 사례를 통해 검토하는 연구가 필요하다. 따라서 본 연구에서는 지역문화를 기반으로 한 공간 스토리텔링 과정을 이론적으로 검토하고, 실제 지역 공간에 적용한 두 가지 사례를 제시할 것이다. 우선적으로 김영순·정미강(2008)은 공간 스토리텔링 과정 모형에 대해 텍스트 소통학적 접근방법으로 공간 텍스트의 연쇄적인 확장 과정을 제안하였다. 이를 바탕으로 검단과 춘천의 두 지역에 공간 스토리텔링의 과정을 적용하고, 이를 비교·분석하여 공간 스토리텔링의 방법을 제시하고자 한다.

이를 위해 지역문화를 기반으로 한 공간 스토리텔링의 필요성과 의의에 대해서 논의하고, 텍스트의 소통적 공간 스토리텔링의 과정을 이론적으로 검토할 것이다. 앞선 논의의 연장선으로써 실제 두 지역, 검단과 춘천에 공간 스토리텔링의 과정을 적용한 사례를 제시할 것이다. 지역문화를 기반으로 한 공간 스토리텔링 과정과 이를 실제 지역에 적용하여 비교한 결과를 요약하고, 향후 공간 스토리텔링의 연구를 위한 제언으로 마무리할 것이다.

공간 텍스트의 사회적 구성

1) 사회적 소통과 공간 텍스트의 확장

공간은 인문학적인 관점에서 보통 두 가지 방향으로 접근될 수 있다. 하나는 물리적으로 실존하는 자체로서의 절대적 공간이고, 다른 하나는 인간들 간의 관계 생성을 통해 나타나는 상대적 공간이다(Damir-Gelisdorf & Hendrich, 2005: 27). 여기에서 상대적 공간은 인간의 행위와 지각에 의해 인지되고 정렬(整列)된 사회문화적 구성체와 같다. 따라서 공간은 인간이 만들어낸 수많은 일련의 기호들에 의해 구성되어 있으며, 한 단위의 공간은 기호들의 총체인 '텍스트'로 간주될 수 있다.* 같은 맥락에서 레페브레(Lefebvre, 1991)는 "공간은 생산된다"고 주장하였다. 공간의 생산이란 '공간 자체가 갖는 물질적 특성'(things in spaces)과 '그 공간에 관한 담론'(discourses on space) 사이의 상호관계 속에서 이루어지는 역동적 과정이다(전종한 외, 2008: 306). 이에 대해 소자(Soja, 1996)는 전자의 개념을 공간 자체의 물질적 특성을 통해 공간을 인식한 제1의 공간인 '지각공간'으로, 후자의 개념을 특정한 담론 세계, 즉 사회문화적으로 형성된 코드를 통해 재현된 제2

*
가르시아(Garcia, 1995)에 의하면 공간은 "독자들에게 특정한 의미를 전달하기 위해 특정 맥락하에서 작가가 의도하고, 정렬하고, 선택한 기호들의 집합적 실체"인 '텍스트'로 간주된다. 또한 그것은 의미를 생산하고 저장하는 텍스트이며, 이를 집적할 뿐만 아니라 유통하고 새롭게 구성한다는 측면에서 살아있는 유기체와도 같다. 이처럼 공간은 문화적, 사회적 또는 정치적인 의미가 협상된 결과로 나타난다.

의 공간인 '인지공간'으로 보았다. 이때 이 두 공간의 관계는 상호 파괴적이며 해체적으로 재구성된 열린 공간을 지향하게 되는데, 이것은 레페브레(1991)에 의하면 재현된 공간(space of representation) 혹은 삶의 공간(lived space, espace vecu)이고 소자(1996)에 의하면 제3의 공간(Thirdspace)이다. 제3의 공간은 거주자의 관점에서 바라보는 공간으로서 사회문화적 변화에 대해 개방되어 있는 역동적 관계망을 뜻한다. 그리고 그 공간은 그것을 몸으로 직접 경험하는 거주자에 의해 다양한 이미지와 상징들로 채워진다. 이처럼 거주자 스스로가 그 공간 재현의 주체가 된다는 점에서 제3의 공간, 즉 재현된 공간은 해당 사회의 정치적 헤게모니*와 지배적 질서에 저항하는 성격을 지닌다고 볼 수 있다. 특히 매체의 발달로 인해 무한 네트워크의 시대를 살고 있는 현대에서 제3의 공간의 주체는 특정한 담론에 의해 개념화된 공간을 그대로 수용하지 않고 비판하고 전용(轉用)하며 재구성하는 다양한 주체의 모습으로 나타난다. 기존의 공간 텍스트의 의미 생산 소유권을 독점했던 고정된 권력은 해체된 것이다.

이 글에서 주목하는 공간의 개념은 상대적 공간이자, 제3의 공간이고, 또한 인간들의 다중적인 이해관계가 교차하는 네트워크 속에서 끊임없이 사회적으로 재구성되고 확장되는 공간 텍스트이다. 특히 공간은 에쿠메네**로서의 의미가 가장 본질적인 것으로 거주민을 제외하고 논의할 수 없다. 그렇기 때문에 공간 텍스트의 확장 과정은 거주민과 해당 지역 공간의 상호작용의 결과로서 생성된 지역 문화를 기반으로 한다. 또한 공간 텍스트의 재구성은 그것의 과정상 사회적 소통이 전제가 되어야 한다. 본 논문에서 공간을 텍스트로 간주함으로써 공간은 읽을 수 있는 대상이 되었다. 이때 공간의 읽기는 경험되는 것이며, 몸에 의해 '살아지는'(lived) 것이다(Lefebvre, 1995: 102). 이는 다르게 표현하면 공간을 경험하는 주체가 환경에 대

*
헤게모니 hegemonie
우두머리의 자리에서 전체를 이끌거나 주동할 수 있는 권력, 즉 주도권

**
에쿠메네 oecumene
오이코스(oikos, 서식처)에서 유래한 말이다. 이는 '인간의 존재 공간'으로서의 지구, 더 나아가 '인간 삶의 거주지로서의 공간'을 의미한다. 이에 대해 베르크(Berque, 2001)는 인간이 실제로 살고 있을 지라도 그곳이 더 이상 인간답게 살 수 없는 환경의 장소라면 그곳은 에쿠메네가 아니라고 했다.

해 "주관적이며 내적인 공간영상"(Hartmann, 2005: 8)의 인지지도를 그려내는 과정이라고 할 수 있다. 그것은 공동체의 개개인에게 사회적 질서로 체험될 수 있어야만 언급될 수 있는 인지지도로써, 이때 그 체험은 공간에 대한 객체화되고 일반화될 수 있는 사회적 해석의 틀, 즉 집단지식에 근거한다(Langenogl, 2005: 55 참조; 박여성, 2007 재인용). 공간에 대한 경험은 각 개인에게는 개별적이지만, 사회적으로 구성된 체험의 틀에 밀접하게 관련되어 있다는 것이다. 같은 맥락에서 스테이시(Stacey, 2001)은 인간의 상호작용적 관계로서 '사회적으로 구성된' 이야기는 개인의 마음에만 존재하는 것은 아니라고 말했다. 즉, 개인의 체험은 공공의 체험이 되고, 이로써 개인적 경험의 주관적 산물은 사회적인 의미를 가지게 된다. 따라서 공간 텍스트가 재구성되고 확장되는 것의 의미에는 사회 구성원 간의 소통, 즉 사회적인 공감대 형성 과정이 포함되어 있다고 보아야 한다.

2) 열린 텍스트로의 전환, 텍스트 소통적 공간 스토리텔링

최초의 공간을 가정했을 때, 인간과 공간의 관계는 종속적이었음을 어렵지 않게 추론할 수 있다. 최초의 공간은 물리적이고 객관적인 절대적 공간으로 간주된다. 이때 인간은 자연의 공간에서 경외감을 느끼고 생존하기 위해서 환경에 적응하는 방법을 찾는데 주력했을 것이다. 레비-스트로스의 《슬픈 열대》(Tristes tropiques)에 나타난 보로로 마을의 모습은 공간이 그 거주민들의 삶과 밀착되어 서로 상호작용하는 예를 보여준다. 공간은 그들의 작은 우주를 표상하고 삶 자체를 그대로 드러내주는 것이다(Choay, 1969). 이와 같은 순수 시스템의 공간을 이 글에서는 '닫힌 공간 텍스트'라고 지칭한다. 〈그림 5.1〉에서 최초의 화자(話者)가 최초의 공간 텍스트를 만들어

T^0

D^1　　D^2

S^0　　R^0

D^3

- T^0: 최초의 공간 텍스트
- S^0: 최초의 발신자, 화자(話者)
- R^0: 최초의 수신자, 청자(聽者)

- D^1: 공간 텍스트 전략적 차원
- D^2: 공간 텍스트 수용적 차원
- D^3: 공간 텍스트 해석적 차원

전하고, 최초의 청자(聽者)가 그 공간 텍스트를 받아서 수용하는 과정을 살펴볼 수 있다.

이때 세 가지 차원의 영역이 생성되는데, 우선 D^1은 공간 텍스트의 전략적 차원으로 공간 텍스트의 화자와 공간 텍스트 간에 형성되는 영역이다. 공간 텍스트의 화자는 어떤 관념(觀念)을 가지고 T^0라는 공간 텍스트를 생산해낸다. 다시 말하면 T^0의 공간 텍스트는 화자의 특정한 의도를 내포하고 있다고 할 수 있다. 이 영역에서는 공간 텍스트의 정체성을 시각적으로 표출하기 위해 기호(記號)를 배치하고 이 기호들에게 공간을 할당하게 된다. 예컨대 우리나라 조상들이 서낭당 나무에 새끼줄을 매어놓거나 울긋불긋하게 천을 매달아 마을의 터를 지켜주는 신(神)을 모시는 나무임을 표시한 것과 같다. 그리고 이러한 전략적 차원을 통해 형성된 공간 텍스트는 D^2의 공간 텍스트 수용적 차원을 거쳐 청자에게 전달된다. 이 영역에서는 청자의 감각─인지적 활동이 수행되는데, T^0의 공간 텍스트의 의미를 수용하여 해당 공간과 청자 간의 관계가 설정된다. 여기에서 사람들은 서낭당 나무 앞을 지날 때 서낭신에게 행운을 빌며 돌을 하나씩 쌓아놓고 가는 행동을 보인다. 이때 사람들은 그 공간 텍스트가 전하는 의미를 긍정적으로 수용한 것이고, 자신의 태도를 결정(當)했다.

마지막으로 D^3의 공간 텍스트 해석적 차원은 공간 텍스트의 화자와 공간 텍스트의 청자 간에 형성되는 영역이다. 청자는 화자가 전하는 가치를 공간 텍스트를 매개로 하여 이해하고자 한다. 공간 텍스트의 청자가 화자가 의도한 이해의 영역에 들어온다는 것은 공간 텍스트가 전달하는 의미를 긍정적으로 수용하고, 또한 그것을 인정한 결과이다. 이로써 화자와 청자는 같은 공간 텍스트에 대해 같은 의미를 공유하게 되면서 일련의 사회적 질서를 구조화하게 된다. 다시 말해서, 서낭당 나무는 마을의 수호신을 모시는 성스러운 장소임이 사회적으로 인정되고, 그 공간에서의 종교적인 의식(儀式)이나 일련의 행위는 사회적으로 약속한 규범이 되는 것이다. 여기서 공간 텍스트의 의미는 끊임없이 같은 방향으로 순환됨을 볼 수 있다($S^0 \rightarrow T^0 \rightarrow R^0 \rightarrow S^0{}' \rightarrow T^0{}' \rightarrow R^0{}' \rightarrow S^0{}'' \rightarrow \cdots$). 이는 공간 텍스트 커뮤니케이션의 협력적 순환구조이다. 여기에서 공간 텍스트가 함의(含意)하는 의미의 축은 변하지 않고, 다양한 방식으로 의미의 층위가 깊어지며 그것의 내적 구조는 더욱 강화된다. 이와 같이 구조성이 강조되는 공간 텍스트는 그 구조의 내적 일관성으로 연결되면서, 공간 텍스트의 청자는 자동적으로 어떤 총체성에 의지하여 세계를 해석하고 판단하게 된다. 내적 일관성을 지닌 구조와 그것에 충실한 해석은 그 구조의 일관성, 즉 공간 텍스트의 폐쇄적 의미순환의 질서가 가치판단의 기준이 되는 것이다(박상진, 2001: 327). 다시 말하면 서낭당 나무의 의미는 아버지에서 아들에게, 아들에게서 또 그의 아들에게 같은 의미를 축으로 하지만 의미의 층위를 다양하게 생성하며 전달된다. 서낭당 나무를 예우(禮遇)하는 의식(儀式)의 방법은 다

- T^n: 현재 공간 텍스트
- S^n: 현재 발신자, 화자
- R^n: 현재 수신자, 청자

- T^{n+1}: 새로운 공간 텍스트
- S^{n+1}: 전환된 발신자, 화자
- R^{n+1}: 새로운 수신자, 청자

- D^4: 공간 텍스트의 소통적 차원

를 수 있지만 서낭당 나무를 신성하게 생각하는 중심 생각은 변하지 않는다. 이때 서낭당 나무를 신성하게 여기지 않는 행동에 대해서는 엄격한 사회적 제재(制裁)가 가해진다. 이는 공간 텍스트가 형성하는 폐쇄적 의미구조를 벗어나는 해석에 대한 반발적 조치이다. 즉 공간 텍스트의 청자가 해당 공간 텍스트를 해석할 수 있는 한계가 뚜렷이 존재하는 시스템이다. 이처럼 닫힌 공간의 커뮤니케이션은 지배적 사회규범 내에 존재하고, 폐쇄적인 의미순환의 구조를 가지고 있다.

반면 현대의 공간은 앞서 설명한 닫힌 공간과는 달리 끊임없이 재생산되고 다양하게 해석되는 공간이다. 근대 이전의 공간은 거주민이 그 공간의 유일한 화자이며, 동시에 청자였다. 하지만 현대의 공간은 거주민을 포함한 다양한 사람들이 해당 공간에 대해 이야기하고, 듣는다. 이와 같이 개방적인 현대의 공간을 이 글에서는 '열린 공간 텍스트'*라고 지칭한다. 〈그림 5.2〉에서 유동적인 화자와 청자의 관계, 닫힌 텍스트가 열리는 과정, 그리고 '열린 공간 텍스트'의 의미확장 과정을 살펴볼 수 있다.

* '열림'의 의미에 대해서는 다음의 논문을 참조함. 박상진. "희망의 공간을 향하여: 인의 윤리적 실천과 공동체", 국제언어인문학회, 《인문언어》 제1권, 2001, 323-345쪽.

*
김영순, "드라마를 통한 미적 체험", 《문화와 기호: 문화기호학의 이념과 실천》, 인하대학교 출판부, 2004, 406–412쪽에서 '미적 체험 모델'의 내용을 참조하여 발전시킴.

**
스토리텔링
어떤 사건의 이야기와 그것을 말하는 행위가 합쳐진 말이다. 즉, 사건의 진술 내용을 '스토리'라 하고, 사건 진술의 형식을 '담화'라 할 때, 스토리텔링은 스토리와 담화, 그리고 스토리가 담화로 변화는 과정의 세 가지를 모두 포괄하는 개념이다(허만욱, 2008). 특히 본 논문에서 거론하는 지역문화를 기반으로 한 공간 스토리텔링의 경우, 해당 지역의 이야기(지역의 정체성을 포함하는 진술)를 여러 가지 진술의 형식(화자의 관점과 청자의 관심 분야를 가로지를 수 있는 이야기 전달의 도구적 측면)으로 전달하고 해석하고 재구성하는 연쇄적인 의미작용의 과정을 뜻한다.

닫힌 공간 텍스트에서의 의미순환 구조는 폐쇄적이었다. 이전의 닫힌 공간 텍스트에서 화자와 청자는 고정되어 있었지만, 현대의 열린 공간 텍스트에서 화자와 청자는 매우 유동적이다. 청자의 다양한 해석을 제한하고 공간 텍스트의 의미순환 구조를 조정(調整)했던 규범 체계는 전(前) 공간 텍스트의 청자가 새로운 공간 텍스트의 화자로 바뀌는 과정을 통해 해체된다. 바로 닫힌 공간 텍스트가 열리는 순간이다. 이때 전(前) 공간 텍스트는 그 폐쇄적 구조를 개방하고 새로운 의미의 공간 텍스트로 재구성된다. 여기서 공간 텍스트의 의미는 지속적으로 다른 방향으로 확장됨을 볼 수 있다$(\cdots \rightarrow S^n \rightarrow T^n \rightarrow R^n \rightarrow S^{n+1} \rightarrow T^{n+1} \rightarrow R^{n+1} \rightarrow \cdots)$. 이는 공간 텍스트 커뮤니케이션의 갈등적 전환 구조로서 기존에 공간 텍스트를 지배했던 체계적 지식(닫힌 공간의 의미)에 대한 비판적인 해석이다. 또한 기존 공간의 폐쇄적인 질서에 대하여 대체적이고 대항적인 의미의 재생산을 가능하게 하며 그것의 구조는 역동적인 변화를 경험하게 된다. 이와 같이 공간 텍스트의 의미가 비판적으로 확장되며 끊임없이 소통되는 연쇄작용을 이 글에서는 '텍스트 소통적 공간 스토리텔링'*이라고 정의한다. '공간 스토리텔링'**은 어떤 공간의 이야기(story)가 계속(ing)해서 말해진다(tell)는 의미로서 텍스트가 소통되는 원리를 공간에 적용했을 때 공간 텍스트의 이야기가 끊임없이 재구성, 재생산되는 전 과정을 설명할 수 있다. 이는 공간 텍스트가 지속적으로 재생산되는 과정에서 세 가지 '소통'의 차원으로 다음과 같이 구분할 수 있다.

첫째는, 전(前) 공간 텍스트들과 공간 텍스트의 청자 간 '맥락적' 소통이다. 〈그림 5.2〉에서 R^n은 T^n을 대상으로 해당 공간 텍스트를 이해하게 된다. 여기서 T^n은 S^n이 생성한 공간 텍스트이지만, 그 이전에 S^n의 전신(前身)인 R^0가 이해한 T^0의 의미가 내포되어 있음을 고려해야 한다. 따라서 R^n은 T^n이 유래하게 된 전(前) 공간 텍스트들을 이해하는 과정을 거치게 된다. 이는 공간의 '장소성'을 파악하는 과정과 비슷한 맥락에 있다.

둘째는, 공간 텍스트를 매개로 한 공간 텍스트의 화자와 청자 간 '비판적' 소통이다. 〈그림 5.2〉에서 R^n은 T^n을 보다 적극적으로 이해하기 위해서 S^n의 의도를 추론하게 된다. 그리고 R^n은 S^n의 생각과 자신의 생각을 비판적으로 비교·평가하여 T^n을 선택적으로 받아들인다. R^n에 의해 선별된 T^n의 의미들은 새롭게 해석, 재구성, 전용(轉用)되어 새로운 공간 텍스트인 T^{n+1}의 가능성을 가지게 된다. 그리고 R^n은 청자에서 새로운 공간 텍스트의 화자인 S^{n+1}로 위치를 전환하게 되는 것이다. 이때 만약 R^n이 S^n의 의도를 무비판적으로 수용한다면 T^n을 전적으로 받아들이게 되고, 〈그림 5.1〉에서 살펴보았던 닫힌 공간 텍스트의 의미순환 구조가 형성된다.

셋째는, 전(前) 공간 텍스트와 새로운 공간 텍스트 간 '의미적' 소통이다. 최초의 공간 텍스트는 앞서 많은 사람들(청자와 화자들)에 의해 해석 및 재구성되었기 때문에 우리가 현재 인지하는 공간 텍스트의 의미는 이미 수차례 전용되고 재생산된 결과라고 볼 수 있다. 따라서 〈그림 5.2〉에서의 공간 텍스트 T^{n+1}은 홀로 존재하는 것이 아니라 앞선 과정에서 T^n과 의미적으로 연결된다. 마찬가지로 T^n은 그 전(前)의 공간 텍스트와 연결되어 있다. 이때 공간 텍스트 간의 소통과정은 위에 설명한 첫째와 둘째의 소통과정을 포괄하는 것이다.

이와 같은 세 가지 소통의 과정으로 〈그림 5.2〉에서 D^4의 공간 텍스트 소통적 차원의 영역이 생성된다. 이 영역은 지역 공간 텍스트의 의미와 가치를 타자(사회 구성원)와 소통할 수 있는 가장 중요한 공간이다. 공간 텍스트가 재생산되는 과정은 공간 텍스트를 둘러싼 사회 구성원 간의 협력적 지식창출*의 과정으로 볼 수 있다. R^n은 T^n의 의미를 파악함에 있어서 자신의 상황과 체험이 다른 이(타자)가

* 스탈(Stahl, 1999)에 의하면 협력적 지식창출의 과정은 개인의 이해뿐만 아니라 사회적 지식창출과의 변증법적인 결합을 통해 이루어진다. 다시 말해서 협력적 지식은 사회 구성원 간 사회, 문화, 역사와의 지속적인 상호작용을 통한 공동의 이해, 즉 상호주관성을 형성해 가는 사회적 과정인 것이다.

발견한 것과 동일한 것인가를 검토하게 된다. 자신의 체험에 나타나는 현상에 적극적으로 관여하면서, 기존에 지배적이었던 질서의 경계를 허물고 폭넓은 실존과 의미의 영역으로 확장되는 타인과의 공감대를 찾는 것이다(이규목, 1988: 40). 이때 협력적 지식은 닫힌 텍스트의 순환적 지식과는 본질적으로 다르다. '순환적 지식'은 사회의 질서와 체계를 유지하는 범위 내에서 의미가 순환되는 것이고, '협력적 지식'은 사회의 질서와 체계를 유지하는 틀을 해체하는 비판적이고 생산적인 의미로의 전환을 뜻한다. 공간 텍스트는 사회적으로 구성되는 것이며, 늘 끊임없는 비판적 해석과 의미 재생산의 과정이 존재하는 것이다.

공간 스토리텔링 사례 연구

1) 공간 스토리텔링 과정 3단계*

앞에서 논의한 공간 텍스트가 사회적으로 재구성되고 그것의 의미가 확장되는 과정은 공간의 장소성을 도출하고, 그것을 바탕으로 공간에 이야기를 부여하여 최종적으로 공간을 구성하는 단계를 거치게 된다. 〈그림 5.3〉은 이를 도식화하여 나타낸 이미지이다.

첫 번째 단계는 공간 텍스트의 청자의 관점에서 공간의 의미적 맥락을 분석하고, 이를 통해 그것의 장소성을 도출하는 과정이다. 이것은 공간 텍스트의 청자가 현재의 공간을 포함하여 전(前) 공간 텍스트들의 의미적 연결을 읽어냄으로써, 사회적, 문화적, 역사적

* 김영순 · 정미강. "공간 텍스트로서 '도시'의 스토리텔링 과정 연구", 한국텍스트언어학회, 《텍스트언어학》 제24권, 2008, 167-192쪽 내용을 참조하여 발전시킴.

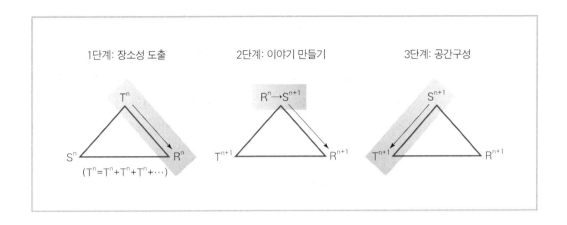

1단계: 장소성 도출 $\qquad$ 2단계: 이야기 만들기 $\qquad$ 3단계: 공간구성

T^n $\quad$ S^n $\quad$ R^n $\quad$ ($T^n = T^n + T^n + T^n + \cdots$)

$R^n \rightarrow S^{n+1}$ $\quad$ T^{n+1} $\quad$ R^{n+1}

S^{n+1} $\quad$ T^{n+1} $\quad$ R^{n+1}

연속선상에서 공간을 바라보려는 거시적인 태도이다. 공간의 의미적 맥락을 파악하기 위해서는 공간의 질(quality)과 결(texture)을 파악해야 한다.*

〈그림 5.3〉 열린 공간 텍스트의 의미의 확장

공간의 질과 결은 공간의 역사적, 지형적, 인간의 행위적인 특성 속에서 드러날 수 있다. 이러한 특성들은 지리적인 관찰, 현상학적 관찰, 인터뷰, 문헌조사 등을 통한 조형적, 현상학적, 기호학적 읽기의 통합을 통해 발견될 수 있다(김영순·정미강, 2008: 179). 그리고 공간의 의미적 맥락을 분석한 후에는 이를 바탕으로 하여 공간의 장소성을 도출해내야 한다. 이는 다음의 두 가지 방법을 활용할 수 있다. 하나는 공간 텍스트가 역사적으로 배태(胚胎)하고 있는 본질적인 의미를 찾는 것이고, 다른 하나는 특정한 목적에 의해서 의도적으로 계획된 의미를 새롭게 만들어내는 것이다.

전자는 해당 공간에 밀접하게 관련된 거주민들이 느끼는 생활의 질과 삶의 양태(樣態) 속에서 찾을 수 있다. 반면 후자는 해당 공간의 텍스트를 재구성하려는 화자의 목적과 의도에 따라 달라진다. 현대의 '장소성'은 인간이 꾸준히 그 장소를 다시 찾아옴으로써 형성되고 경험될 수 있으며, 이를 위해서는 공간이 그만의 본질적 의미작

* 공간의 질이란 주어진 사건의 종합적 의미, 특징, 전체성을 말하며, 공간의 결이란 질을 구성하는 관계나 세부적인 조직을 말한다. Pepper, 1961; 이동언, 1999: 11 재인용.

용을 할 수 있는 독특한 매력을 가져야 한다(김영순·정미강, 2008: 181). 즉 공간 텍스트는 화자의 의도에 따라 본래의 것과는 다른 새로운 의미를 창출할 수 있으며, 그 의미가 지속적으로 공간의 거주민과 이용자들에게 호소(號召)되고 인정받게 되면 새로운 장소성이 만들어질 수 있다는 것이다. 이러한 '장소만들기'는 어떤 대상에 대하여 의도적으로 변화를 가하고자 할 경우 그 변화대상에 새로이 긍정적인 장소성을 삽입·창출하고자 할 때 시행하게 된다(최강림, 2006: 27). 이것은 주로 도시계획, 건축, 행정 등의 분야에서 관심을 가지는 주제이다. 이렇게 장소성을 도출하는 것은 공간에 특정한 성질(정체성)을 부여하고 강화하는 것이며, 이것은 공간 텍스트 재생산의 과정을 지속 가능케 하는 힘의 원천이 될 수 있다.

두 번째 단계는 도출된 장소성을 토대로 공간에 테마와 이야기를 부여하는 과정으로, 이는 공간 텍스트의 청자의 관점에서 새로운 공간 텍스트의 화자의 관점으로 전환되는 단계에서 발생한다. 테마와 이야기는 거주자 및 방문자가 공간의 장소성을 체험할 수 있는 발판을 마련해주는 역할을 한다. 공간의 이야기는 공간의 맥락 및 장소성과 닿아 있어서 마치 신화나 전설처럼 자연스럽게 흘러야 하며, 공간의 정체성을 효과적으로 드러낼 수 있어야 한다(김영순·정미강, 2008: 182). 따라서 공간에 부여할 수 있는 이야기는 다음의 세 가지 유형이 가능하다.

첫 번째는 원래 공간에 존재하는 이야기, 즉 공간이 역사적으로 배태한 이야기이다. 공간의 역사에 의한 이야기는 진실성을 통한 진정성을 가진다는 측면에서 매우 큰 의미를 가진다. 이러한 진정성은 지속 가능함을 의미하기도 한다.

두 번째는 공간과 관련한 이야기이다. 다르게 표현하면 해당 공간에 오랫동안 살아온 거주민들이 공간과 소통하며 생성한 이야기를 의미하며 생태적 환경을 비롯해서 인문·사회적 환경까지도 포함한다.

세 번째는 인간에 의해 만들어진 이야기이다. 여기에서 공간은 이야기를 위해 존재하는 공간이다. 이것은 인공장소지만 인간이 이러한 맥락을 이해하고 새로운 의미작용을 할 수 있다면 현대적 개념의 장소성이 도출될 수 있다. 이러한 공간은 이야기 그 자체를 위해 존재하므로, 이야기의 힘이 공간의 힘이며, 이야기의 정체성이 곧 공간의 정체성이 된다(김영순·정미강, 2008: 184).

세 번째 단계는 공간 텍스트의 화자적 관점으로 두 번째 단계에서의 이야기를 바탕으로 공간을 구성하는 과정이다. 공간 스토리텔링의 마지막 결과로서 최종적으로 공간 텍스트가 완성되는 단계이다. 하지만 공간 스토리텔링이 반드시 이야기를 표현하는 물리적 공간을 창조하는 것을 필요로 하지는 않는다. 이것은 공간과 인간의 소통, 즉 공간의 의미작용을 목적으로 하기 때문이다. 만약 장소성을 강화함으로써 기존 공간의 정체성을 살리기 위한 목적으로 이야기를 발굴하고, 그로써 공간이 정주민들에게 새로운 의미를 가지게 되었다면 물리적인 인공공간을 새롭게 조성하는 것은 크게 의미가 없을 것이다. 그 자체로 공간 스토리텔링은 완성되었다고 볼 수 있다(김영순·정미강, 2008: 185).

이러한 공간 스토리텔링의 결과로서 나타나는 공간구성에는 다음의 세 가지 유형이 있다. 첫 번째는 개체적 유형으로 '점'적인 공간이다. 이는 이야기를 실천하는 새로운 물리적 공간의 조성(예를 들면, 테마파크)일 수도 있고, 기존의 공간에 대한 이야기를 발굴함으로써 다시금 새롭게 이미지화 된 공간으로서의 재발견일수도 있다. 두 번째는 서사적 유형으로 '선'적인 공간이다. 주로 '점'적인 공간을 연결하여 공간 텍스트를 읽어내는 청자에게 이야기의 동선을 부여하는 방법으로 활용된다. 세 번째는 통합체적 유형으로 '면'적인 공간이다. 앞의 개체적 유형과 서사적 유형의 공간이 혼합적으로 나타나며, 각각의 작은 공간들은 일련(一連)의 큰 정체성을 구성하는 데 필요한 요소로써 작용한다.

2) 인천 검단의 공간 스토리텔링 적용 사례*

본 연구**의 대상인 검단 지역은 인천광역시 북부에 위치하며 김포시와 맞닿은 지역이다. 최근까지 유지되는 여러 집성촌과 동제(洞祭) 등이 검단 지역을 전통 향촌마을이라 부르지만 2009년 검단 신도시 개발계획이 승인된 이후 현대 주거공간으로의 대대적인 공간 혁신이 진행되고 있다. 신도시 개발과 같은 급진적인 혁신은 전통적으로 이어져오던 공간, 주민의 삶, 지역문화 등을 완전히 바꾸어서 새롭게 창조하는 경우가 많다. 검단의 공간 스토리텔링 연구는 신도시 개발사업으로 기억의 공간을 잃은 원주민들을 위한 정서적인 대안공간을 창출하기 위한 목적에서 기획되었다. 따라서 공간에 담긴 이야기뿐만 아니라, 공간을 살고 있는 지역주민들이 그것에 대해 느끼는 정서적 맥락을 파악하는 것이 필요했다. 이를 위해 본 연구는 〈그림 5.4〉와 같은 절차로 진행되었다.

〈그림 5.4〉에서 연구의 중심이 되는 두 축은 연구기간과 공간에 대한 접근성이다. 본 연구에서는 공간의 장소성을 도출하기 위한 주된 방법으로 '참여관찰'***을 선택했다. 검단 공간 스토리텔링의 본 목적이 원주민들을 위한 정서적인 대안공간을 창출하는 것이었고, 전체 기간을 통틀어 거의 모든 단계에서의 연구가 실제 공간에 아주 밀접하게 접근하여 진행되었기 때문이다. 따라서 본 연구에서의 '참여관찰'은 장소성을 도출하고, 이야기를 만들며, 공간을 재구성하는

*
검단 연구 사례에서는 다음의 논문들을 참조함. 김영순·오세경, "지역문화교육을 위한 지명유래 전설의 스토리텔링 사례연구: 인천 검단 여래마을을 중심으로", 한국문화교육학회, 《문화예술교육연구》 제5권 제1호, 2010, 149-169쪽; 김영순·윤희진, "향토문화자원의 스토리텔링 과정에 관한 연구", 인문콘텐츠학회, 《인문콘텐츠》 제17권, 2010, 327-343쪽; 김영순·임지혜, "디지털 마을지 제작 절차에 관한 연구: 인천 서구 검단을 중심으로", 한국학중앙연구원, 《제5회 세계한국학대회 발표자료집》, 2010.

**
본 연구는 2009년 3월부터 2010년 2월까지 검단 지역 내 200여 개의 자연마을들을 현지 조사 하면서 거주민들을 인터뷰하고 수집한 자료들을 바탕으로 검단 지역에 공간 스토리텔링 작업을 한 결과를 요약한 것이다.

***
참여관찰법은 연구대상자들이 주어진 여건에서 어떻게 삶을 영위하고 환경과 상호작용하는가를 서술하는 방법론으로 연구자가 향토민들의 경험세계를 이해하는 데 유용한 방법이다 (James, 2006).

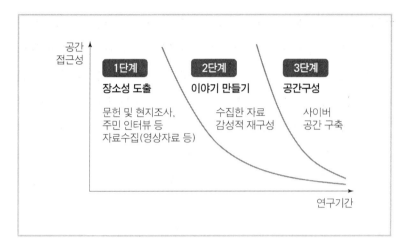

공간
접근성

1단계	2단계	3단계
장소성 도출	이야기 만들기	공간구성

문헌 및 현지조사,
주민 인터뷰 등
자료수집(영상자료 등)

수집한 자료
감성적 재구성

사이버
공간 구축

연구기간

스토리텔링의 전 과정을 통틀어 가장 중요한 연구도구가 되었다.

첫 번째 단계에서 검단의 장소성 도출을 위해 선행한 작업은 크게 문헌조사와 현지조사였다. 문헌조사 시에는 일반서적 이외에도 각 지방의 군지(郡誌)나 시지(市誌), 향토사(鄕土史), 그리고 공·사 기관의 통계자료, 연구보고서를 참고한다. 그리고 현지조사는 직접 답사를 통해 검단의 자연환경을 조사하고, 지역 거주민들을 인터뷰하고 동시에 그들의 삶에 일부분 참여하면서 진행한다. 이는 다음의 절차로 구체화될 수 있다. 우선 지역의 문화원이나 박물관, 학교, 교회 등 마을 사람들이 모이는 장소, 공적 커뮤니티의 대표적인 지점을 방문하여 마을에 대한 정보를 수집한다. 이를 통해 마을에 대해 잘 알고 있고, 본 연구에 관심을 보이는 유력한 정보제공자를 확보한다.

이때 확보한 정보제공자와 함께 지역사회의 네트워크에 합류하여 거주민들에게 친화감(親和感)을 조성한다. 연구 지역에 좋은 인상을 심어주게 되면 거주민들의 내적인 자원(인터뷰를 통한 개인적인 이야기)을 보다 원활하게 수집할 수 있는 환경이 조성될 수 있다(김영순·임지혜, 2010). 그리고 수집한 자료들을 분석하면서 연구의 범위를 좁

혀나간다. 더불어 공간의 이야기 구성에 필요한 가능한 모든 자료를 수집하고, 관련한 거주민들과 인터뷰를 거듭하여 이야기의 윤곽을 그려낼 수 있도록 한다. 이와 같은 일련의 작업을 통해 도출된 검단 지역의 장소성은 '가족적인 공동체 의식'이었다. 집성촌을 이루고 살았던 검단의 거주민들에게 '효'와 '예'는 마을 공동체의 유대감을 형성하는 데 중요한 기준이 되는 가치관이었던 것이다. 이를 바탕으로 검단 공간 스토리텔링의 방향은 '검단의 가족 이야기'로 결정되었다.

두 번째 단계는 검단의 이야기를 만들기 위해 수집한 자료들을 감성적으로 재구성하는 작업이다. 이를 위해서 우선적으로 선행되어야 하는 것이 수집한 자료들을 체계적으로 정리하는 것이다. 잘 정리된 자료는 추후에 데스크 작업을 하면서 원고 집필 및 자료 정리를 위해 방대한 자료를 찾으면서 소비하는 많은 시간과 노력을 최소화하는데 기초가 되는 작업이다(김현 외, 2008: 284). 이처럼 정리된 자료들은 "검단의 가족 이야기"를 위해 의미적으로 분류된다. 이는 '의미체계의 구조화'라고 하는데, 객관적인 틀로 정리된 자료들 속에서 의미론적 관계를 살펴 유사한 것들을 분류해내는 것이다. 그리고 난 후 〈표 5.1〉과 같이 검단 이야기의 개요표를 구성한다(김영순 · 임지혜, 2010).

〈표 5.1〉과 같은 개요표를 바탕으로 검단의 이야기는 완성된다. 이때 이야기는 현장조사 결과 만들어진 전사자료와 답사일지, 이미지 등과 함께 이에 관한 기존 문헌들을 참고하여 구성한다. 여기에서 고민해야 하는 과정이 하나 더 있다면 이야기의 성격을 규정하는 것이다. 지역문화를 기반으로 한 공간의 스토리텔링은 '정보적 가치'와 '정서적 가치' 모두를 중심 가치로 두고 있다(김영순 · 윤희진, 2010: 336). 이때 정보적 가치의 발현(發顯)은 공간이 역사적으로 배태한 의

6. 검단 愛, 슬프도록 아름다운 이야기: 마을 사람들

- 어려웠던 시절임에도 꿈과 희망을 잃지 않고 살았던 검단 사람들에 대한 묘사
  (일제식민지시대, 6·25전쟁 후의 빈곤함 등)
- 모자 간, 부부 간, 부자 간, 사랑에서 피어나는 검단의 아름다운 이야기를 예찬함
  (서로를 배려하고 존중하는 마음을 강조)
- 마을 공동체에 대한 애정, 에피소드, 마을을 떠나고 싶지 않은 마음, 과거 기억 속의 고향
  (검단)에 대한 그리움을 정서적으로 표현함

– 아파트를 지키는 절구: 박선녀(여, 93), 마전동, 가현마을	생애사	모자 간 사랑(절구에 담긴 어머니에 대한 사랑)
– 恨(한)을 벗삼아 살아온 40년: 김귀분(여, 70), 마전동, 여래마을		모자 간, 부부(고부) 간, 사랑(아들의 사고, 장애를 가진 남편을 부양하는 며느리에 대한 사랑)
– 고문서를 읽어주는 남자: 신상철(남, 55), 대곡동, 태정마을		문중의 내력, 조상과 마을에 대한 애정
– 고이 간직해둔 아버지의 마음: 정호슬(남, 84), 불로동, 목지마을		부자 간 사랑(아들을 믿고 의지하는 사랑)
– 역사를 기록하는 광명마을회관: 심오섭(남, 73), 당하동, 광명마을		광명마을회관을 중심으로 한 마을에 대한 사랑
– 선비의 절개, 계승되는 의지: 김병학(남, 81), 원당동, 원당마을		마을에 대한 애정과 문중(조상)에 대한 긍지(김안정 묘역 공원화, 문화재를 중심으로 서술)

7. 검단의 기억을 품은 공간: 특별한 장소

- 검단의 시간, 기억, 추억을 담은 특별한 장소로서 주민들의 향토애가 묻어나는 공간을 설명함
- 검단 지역의 역사적 정체성을 설명할 수 있는 장소, 검단의 미래를 이끌어갈 문화콘텐츠로서의 활용 가능성

검단 교육의 근간: 검단초등학교	검단초등학교의 과거~현재에 이르는 이미지 컬렉션(설명)
촌장님의 큰 마을: 대곡동 고인돌, 원당동 고인돌	고인돌에 얽힌 이야기, 고인돌로 알 수 있는 검단의 과거
검단의 옛날 옛적: 검단선사박물관	역사문화체험콘텐츠의 중요성, 에피소드, 이미지텔링

미가 중심이 되는 이야기이고, 정서적 가치의 경우에는 스토리텔링의 주체가 가진 의도에 따라 선별되고 재구성된, 즉 만들어진(새로운) 맥락이 중심이 된다. 다음의 "목지마을 토담집에 피어난 사랑, 6남매 이야기"는 검단의 완성된 이야기들 중 하나의 예시이다.

목지마을 토담집에 피어난 사랑, 6남매 이야기

50년 전에만 해도 목지마을은 인적이 드문 한적한 마을이었다. 새벽닭이 울지 않아도 햇살이 비추는 소리에 잠이 깰 정도였다고 하니 조금 과장한 표현이라 치더라도 참 평화로운 마을이었던 듯하다. 지금은 목지마을의 큰 어르신인 정○○ 할아버지께 이곳으로 이사를 와서 가장 좋았던 것을 꼽으라고 했더니 조용한 마을 분위기라고 하셨다. 게다가 마을 인심도 워낙 좋아서 당시에 외지에서 이사를 온 정○○ 할아버지가 농기구를 빌릴 걱정을 하지 않아도 될 정도였다고 한다.

〈그림 1〉 불로동 목지마을 정○○ 할아버지

- 코드 번호: 431-8c00300
- 사진 정보: 정○○ 씨 집주소. 불로동, 2009년 00월 00일 직접촬영
- 사진 내용: "어떻게 찾아가나요?"라고 여쭈었더니 김포 금정산 쪽으로 목지 양지말 길을 쭉 올라오면 보인다고 하셨다. 음지말에서 한참을 헤매다 간신히 찾은 문패라서 그런지 반갑기 그지없다.

정○○ 할아버지는 50년 전에 강화도에서 이곳으로 이사를 오게 됐다. 김포로 가고 싶었지만 김포 땅 한 평 값이면 여기 땅 두세 평을 살 수 있었다고 하니 당시 어려운 살림에 어림도 없는 일이었

다. 하지만 이곳으로 이사를 와서 후회한 적은 한 번도 없었다고 했다.

〈그림 2〉 정○○ 할아버지 댁의 옛 모습

- 코드 번호: 536-8c00300
- 사진 정보: 정○○ 할아버지 댁의 옛 모습 사진. 오래된 앨범 속에서, 촬영일시 부재
- 사진 내용: 옛날 불로동 탱개기 양지말이라고 하면 금정산과 장릉산 사이에 안겨 햇볕이 잘 들고 바람이 잘 통해 살기 좋은 마을이라고 소문난 곳이었다고 한다. 그래서 고추농사가 늘 풍년이었는가 보다.

햇볕 잘 들고, 바람 좋고, 물 좋고 게다가 인심까지 좋았으니 농사꾼에게 이곳만큼 매력적인 땅이 어디 있겠냐는 것이다. 정○○ 할아버지는 지금 살고 있는 집에서 50년이 넘는 동안을 지내면서 6남매 모두를 키워서 내보냈다고 한다.

원래는 7남매였다고 했다. 강화에 있을 때 맏이가 하나 있었는데, 별거 아닌 감기라고 생각했던 것이 큰 병이 돼서 그만 아들을 잃어버렸다. 그래서 큰 아들 하나, 작은 딸들 넷 해서 6남매이다. 이 6남매는 특히 우애가 깊어 마을에서도 소문이 자자했다. 떡 하나가 생기면 자신은 먹지 않고 동생을 갖다 준다. 동생은 더 아래 동생에게, 더 아래

동생은 더 아래 동생에게, 결국은 그 떡 하나가 오빠에게 돌아올 만큼 서로 생각하는 마음이 기특했던 아이들이었단다. 참 작은 집이었고, 늘 부족했지만 웃음이 끊이지 않았던 옛날을 회상하는 할아버지의 미소가 행복해보였다.

〈그림 3〉 정○○ 할아버지와 조○○ 할머니의 인터뷰

- 코드 번호: 420-8c00300
- 사진 정보: 정○○(남, 00세), 조○○(여, 00세). 2009년 00월 00일 직접 촬영
- 사진 내용: 정○○ 할아버지와 조○○ 할머니 부부는 꾸밈없는 모습으로 손님을 맞았다. 우리는 그곳에서 다시 찾고 싶은 정다운 고향의 마음을 만날 수 있었다.

"우리가 고추 심은 거 김포 장에 내다 팔아서 우리 애들 가르쳤어요."

정○○ 할아버지는 바로 앞에 텃밭에서 고추농사를 지었다. 고추는 어느 정도 자라면 곁순을 따줘야 한다. 그리고 바람에 쓰러지지 않도록 말짱(지지대)을 박아 서너 번의 줄을 띄워 매줘야 한다. 이것뿐인가. 약통을 짊어지고 살 정도로 일주일이 멀다 하고 농약을 뿌려줘야 한다. 그래서 고추농사만큼 힘든 농사도 없다고 했다. 감자나 고구마와 같은 작물은 병해충이 많이 달려들지 않기 때문에 실패할 확률이 작지만 고추는 조금이라도 한 눈을 팔면 바로 탄저병에 걸려버린다. 하지만 정○○ 할아버지의 고추농사는 목지마을에서 따라갈 사람이 없었다. 성실함과 부지런함은 기본이었고, 6남매가 매달려 고추 묘목을 보살피니 정호실 할아버지의 고추밭에는 잡초 이파리 하나 날리는 날이 없었다고 한다. 고추농사를 지어야 농사일을 안다. 고추농사는 아내와 아들과 딸이 함께 어울려야 하는 가족농사라고 했다.

세 번째 단계는 앞의 완성된 이야기를 바탕으로 검단의 공간을 재구성하는 과정이다. 본 연구에서 구성하고자 하는 검단의 정서적 대안공간은 물리적인 공간을 대상으로 하지 않는다. 검단의 사진, 영상, 음성 자료 등을 이야기와 함께 디지털화하여 검단을 회상하고 그리워할 수 있는 사이버 공간을 구축하는 것이다. 이는 지역문화자료의 '아카이브'(Archives)로써 자료를 디지털 정보로 보존하고 데이터베이스화하여 자료가 퇴화, 변색, 변질되는 것을 예방할 수 있다. 또한 공간의 제약을 받지 않고 어디서든 사이버 검단에 접근할 수 있으며, 거시적인 관점에서 본다면 지역 간 문화교류와 상호이해의 촉진에 기여한다는 장점이 있다. 이처럼 검단의 공간 스토리텔링은 물리적으로 새로운 공간을 재현하는 것이 아닌, 기존의 공간이 지닌 장소성을 발굴·강화함으로써 지역의 정체성을 심화시킨 공간구성에 속한다. 특히 사이버 공간을 활용한 검단의 공간 스토리텔링은 향후 신도시의 이주민과 현재 원주민들과의 정서적 연대를 형성해주는 감성적 대안이 될 수 있다는 점에서 의미가 있다.

3) 강원 춘천의 공간 스토리텔링 적용 사례*

본 연구**의 대상인 춘천 지역은 이중환의 택리지에 평양 외성 다음으로 우리나라에서 사람 살기에 가장 좋은 곳으로 기록되어 있을 만큼 오염과 공해가 적은 쾌적한 곳이다. 또한 댐으로 만들어진 인공호수(소양호, 춘천호, 의암호)가 주변의 산과 어우러져 낚시, 보트, 윈드서핑을 즐길 수 있는 휴양지가 곳곳에 분포되어 있다. 이처럼 천연(天然)의 아름다운 자연을 보유한 춘천의 공간 스토리텔링 연구는 춘천을 여가공간 텍스트로 의미화하기 위한 목적으로 기획되었다. 따라서 공간 텍스트로서 춘천의 의미자질을 추출하고 여가공간의 포지셔닝 매핑을 시도했으며, 이와 같은 결과를 바탕으로 춘천의 공간 스토리텔링 전략을 제시하고자 했다. 이를 위해 본 연구는 다음의 〈그림 5.5〉와 같은 절차로 진행되었다.

첫 번째 단계에서는 춘천의 장소성 도출을 위해 공간의 의미자질을 분석하고, 그 결과를 바탕으로 한 포지셔닝 매핑을 시도하고 있다. 위의 그림에는 나타나 있지는 않지만 공간의 의미자질을 분석한다는 것은 공간에 대한 면밀(綿密)한 문헌조사와 현지조사가 선행

* 춘천 연구 사례에서는 다음의 논문을 참조함. 김영순·임지혜, "텍스트로서 '춘천'의 공간 스토리텔링 전략: 여가도시로의 의미화를 중심으로", 언어과학회, 《언어과학연구》 제44권, 2008, 233-256쪽.

** 본 연구는 지난 2007년 2개월 (2007.10~2007.11) 춘천 지역에 대한 다양한 접근(문헌조사, 현장조사, 전문가인터뷰 등)을 통해 조사·수집하고 정리한 자료들을 바탕으로 춘천 지역에 공간 스토리텔링 작업을 한 결과를 요약한 것이다.

1단계: 장소성 도출	2단계: 이야기 만들기	3단계: 공간구성
• 의미자질 분석 • 포지셔닝 매핑 • 여가공간 텍스트로의 의미화	• 공간의 성격 분류 • 생태적 공간(유형 1) • 서사적 공간(유형 2) • 교육적 공간(유형 3) • 유희적 공간(유형 4)	• 개체공간 간 연결 • 서사적 동선 구축 • 의미관계 형성

되어야 함을 뜻한다. 이와 같이 조사한 결과는 4장의 2절 '춘천의 문화적 의미 포지셔닝'에 기술되어 있다. 춘천이 가진 공간적 요소들은 산, 섬, 호수, 사찰, 역사적 장소, 문화시설(박물관, 미술관, 극장, 체육시설, 도서관), 놀이공원, 교육기관, 그 외 명소(밤거리), 축제(문화축제, 향토축제, 레저·스포츠축제), 기타(별미음식, 특산물, 재래시장) 등을 기준으로 살펴볼 수 있다.* 이처럼 춘천의 특징적인 공간요소들을 분류하고 각각의 의미자질들을 분석하여 나타낸 결과는 〈그림 5.6〉과 같이 나타난다.

춘천을 구성하고 있는 공간들로부터 도출한 공간의 속성은 건강, 자연, 포용, 역사, 전통, 안정, 생태, 문학, 예술, 유희, 창조, 교육, 활기, 젊음 등으로 나타났다. 이 속성들은 〈그림 5.6〉에 나타난 바와 같이 공통의 의미자질 목록으로 전환될 수 있는데, 이들은 각각이 춘천의 정체성을 구성하는 요소라고 볼 수 있다. 이와 같은 춘천 공간의 의미자질들은 〈그림 5.7〉이 표현하고 있는 춘천의 여가도시로의 포지셔닝을 위한 근거자료로써 활용되었다.

〈그림 5.7〉의 네 가지 공간은 상업적 가치와 여가적 가치를 대립쌍으로 하는 축과 문화적 가치와 자연적 가치를 대립쌍으로 하는 축이 교차되어 생성되는 공간이다. 이때 춘천의 포지션은 '자연적-

*
이에 대한 자세한 내용은 위의 논문 김영순·임지혜(2008: 244-246)를 참조.

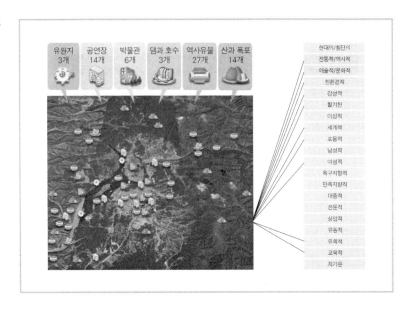

여가공간'이다. 이 공간은 자연경관이 수려하고 개발되지 않은 공간으로서 훼손되지 않은 원형의 자연에 매력을 느끼는 관광객들의 방문이 주 수입원이 된다.

춘천은 이미 빼어난 자연환경을 바탕으로 여가공간으로서의 필요조건을 만족하고 있지만 현대의 여가는 자연적 요소들만으로는 부족하다. 여가생활을 계획하는 현대인의 다양한 욕구들을 총체적으로 해소시키기 위해서는 문화적 요소가 묻어나는 공간이 필요한 것이다. 따라서 춘천의 포지셔닝은 〈그림 5.7〉에서와 같이 '자연적 여가공간'에서 '문화적 여가공간'으로 재배치할 것으로 제안되었다.

두 번째 단계는 춘천 여가체험의 이야기를 만들기 위해 춘천의 공간들을 의미 있는 범주로 분류하는 작업이다. 앞의 첫 번째 단계에서 분석한 춘천의 공간들은 다음의 네 가지 체험적 성격(생태적, 서사적, 교육적, 유희적)으로 재분류될 수 있다. 또한 이들은 공간과 인간

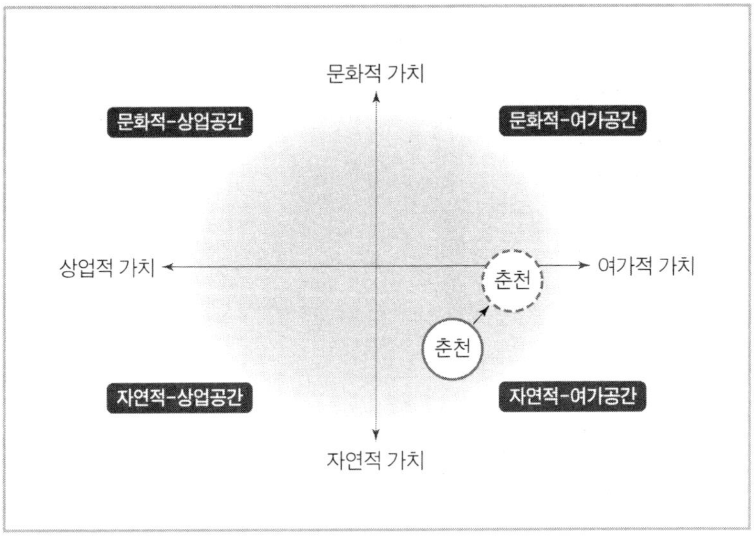

〈그림 5.7〉 강원 춘천의 여 가도시공간 포지셔닝

의 상호작용의 정도에 따라 세 가지 유형의 이야기를 가지고 있었고, 이를 바탕으로 〈표 5.2〉에서 나타난 바와 같이 춘천을 구성하고 있는 각각의 공간 콘텐츠를 정리할 수 있었다.

세 번째 단계는 앞에서의 작업을 바탕으로 춘천의 공간을 재구성하는 과정이다. 본 연구의 결과로서 구성하고자 하는 춘천의 공간은 여가공간 텍스트로서의 각 개체공간들을 연결하여 일련의 여가체험

공간성격	공간 콘텐츠	이야기 유형
생태적 공간	소양예술농원, 옥광산, 문배마을, 춘천호, 의암호, 소양호, 10개 산군, 20개 등반 코스 등	공간이 배태한 이야기
서사적 공간	김유정 문학촌, 소양호, 구성폭포, 등선폭포, 용화산, 추곡약수터 등	공간에 관련한 이야기
교육적 공간	국립춘천박물관, 강원대학교 중앙박물관, Ani-박물관, 예림화방, 갤러리소나무, 강원경찰박물관 등	인간에 의해 만들어진 이야기 → 소비공간
유희적 공간	춘천 인형극장, 마임의 집, 중도, 남이섬, 육림랜드, 고슴도치섬(모터보트, 수상스키 유선장, 낚시터) 등	

〈표 5.2〉 강원 춘천의 공간 성격에 따른 이야기 유형

〈그림 5.10〉 공간 스토리텔링이 적용된 춘천의 여가 체험 코스

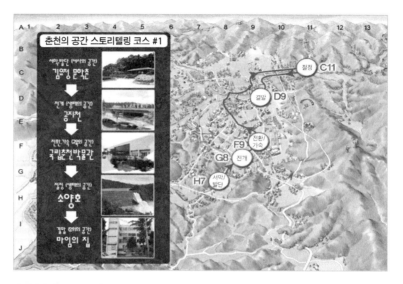

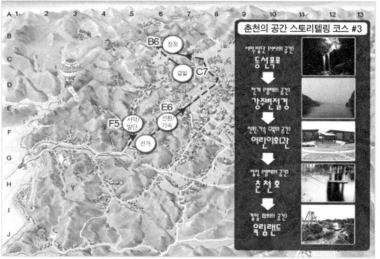

테마파크와 같은 특수한 공간의 스토리텔링 구성은 5단계 플롯을 선호하는 전통 서사단계와 달리 완충 지대를 설정하여 서막－발단－전개－전환－가속－절정－결말의 7단계로 구성된다. 이는 공간을 스토리 전개에 따라 구축하여, 그것의 정체성과 이미지를 각인시키는 전략이다. 김현철, 1996: 24-27; 백승국·유동환, 2008: 401.

코스를 개발하는 것이다. 이를 구체화하기 위해 스토리텔링 구성도* 를 활용하여 앞에서 분류하고 정리한 각각의 체험공간들을 특성에 맞추어 배치했다. 〈그림 5.9〉는 본 연구의 완성된 결과로 '일일 여가 체험 동선'의 예시이다.

공간 스토리텔링은 사회적인 소통과정을 함의하고 있다. 이는 공간의 의미가 고정된 것이 아님을 뜻한다. 공간에 대한 경험은 개별적이지만, 공간을 살고 있는 구성원 간의 끊임없는 소통과정은 각각의 경험을 상호주관적인 사회적 경험으로 응집시킨다. 그리고 구조화된 사회적 경험은 다르게 구조화된 사회적 경험에 의해 해체된다. 이는 닫힌 공간 텍스트가 열리는 과정으로 설명될 수 있었다. 공간 텍스트를 이야기하는 사람, 화자와 듣는 사람, 청자 간에 위치는 유동적이다. 그렇기 때문에 공간은 끊임없이 재생산되는 과정을 거쳐 지속적인 의미확장이 가능한 것이다. 여기에서 스토리텔링의 주체는 늘 기존의 공간 텍스트가 말하는 의미에 대해 비판적으로 검토하는 사람이다. 공간 스토리텔링의 과정은 기존의 공간 텍스트에 대한 대체적이고 대항적인 의미의 재생산이 전제가 되기 때문이다.

공간 스토리텔링의 과정은 실제 지역의 공간을 대상으로 하여 세 단계로 설명될 수 있었다. 첫 번째는 지역문화를 기반으로 한 장소성의 도출이고, 두 번째는 공간에서 도출한 장소성과 기획자의 의도된 관점의 간극을 조율하여 이야기를 만드는 것이다. 세 번째는 앞서 구성한 이야기를 바탕으로 대상공간을 구성하는 것이다. 그리고 이 같은 과정은 실제로 검단과 춘천에 적용되었다. 검단에 적용한 공간 스토리텔링은 해당 지역 거주민들의 삶의 이야기에 기반을 둔 대안적인 공간을 창출할 수 있었다. 그리고 춘천에 적용한 공간 스토리텔링은 문화적인 여가공간의 구축을 위해 해당 지역의 네 가지 유형의 체험공간들을 스토리 구성도를 바탕으로 한 일일 여가체험 동선으로 개발할 수 있었다.

검단과 춘천의 두 사례 연구를 비교했을 때 '공간의 특성'과 '화자의 의도'에 따라 공간 스토리텔링의 적용 방식에 차이가 있음을 알수 있다. 우선 '공간의 특성'으로 본다면 검단에서 연구대상으로 삼았던 공간들은 자연마을 위주로 구성되어 있었기 때문에 거주민들의 삶의 양태를 조사한 자료들을 바탕으로 장소성을 도출하고 이야기의 소재를 찾았다. 반면 춘천에서 연구대상으로 삼았던 공간들의 경우 인공적으로 의미가 형성된 공간들(박물관, 소양댐, 남이섬 등)이 대부분이었기 때문에 물리적인 공간 자체의 의미자질을 분석하여 장소성을 도출하고 몇 가지 체험공간의 유형을 분류하여 이야기를 도출하였다. 이를 또 다른 관점에서 '화자의 의도'로 본다면 검단의 공간 스토리텔링은 '정서적 대안공간 창출'을 목적으로 했기 때문에 해당 공간 거주민의 삶에 밀접하게 접근하여 연구하는 참여관찰과 감성적인 이야기 구성의 과정이 중심이 되었다. 반면 춘천의 공간 스토리텔링은 문화적인 부가가치 창출을 목적으로 공간의 정체성에 변화(자연여가 → 문화여가)를 주고자 했기 때문에 해당 공간이 가진 이미지와 보유 자원들의 속성을 분석하고 각 개체공간들을 의미적으로 연결하는 과정이 중심이 되었다.

　　이 글에서는 공간 텍스트의 사회적 구성에 초점을 두어 텍스트 소통적 공간 스토리텔링 과정에 대해 이론적으로 검토하고 이를 실제 사례에 적용해보았다. 이는 일정한 지역을 대상으로 장소성 및 문화적 요소를 추출하여 정책적 가치로 승화시키는 것으로 향후 지역의 문화콘텐츠 개발과 지속 가능한 공간기획 및 공간구성에 기여할 수 있을 것으로 본다.

제6장

향토문화자원의
스토리텔링 과정

이 글은 인문콘텐츠학회지인 《인문콘텐츠》 제17호에 실린 김영순·
윤희진(2010a)의 공동 집필 논문 "향토문화자원의 스토리텔링 과정
에 관한 연구: 인천시 서구 검단의 황곡마을을 중심으로"를 일부 보완
한 것입니다.

이 글의 목적은 향토문화자원을 문화콘텐츠로 활용하기 위한 스토리텔링의 방식과 그 과정을 밝히는 데 있다. 특히 원천 소스 (source)를 개발하는 단계에 초점을 맞추어 진행할 것이다. 이를 위해 구체적인 활용사례로 인천광역시 서구 검단 지역의 황곡마을을 대상으로 한다.

우리가 살고 있는 지금의 세기는 문화의 시대를 넘어 문화를 개발하여 산업화하고 있는 시대이다. 미래의 고부가가치 산업으로 각광 받고 있는 문화산업은 해마다 엄청난 속도로 성장하고 있다. 해외의 선진국들은 문화산업을 초국가산업으로 정하고 다양한 문화산업 진흥정책을 펼치고 있다.

이에 우리나라에서도 2001년에 들어 한국문화콘텐츠진흥원을 설립하여 디지털 문화원형사업, CT 관련 학과 지원을 통한 인력양성 사업을 지원해왔다. 이어 방송과 통신의 융합에 따라 기존의 한국문화콘텐츠진흥원, 한국방송영상산업진흥원, 한국게임산업진흥원이 2009년에 이르러 단일 기관으로 통합하여 한국콘텐츠진흥원이 되었다. 이와 같은 기관의 변혁은 다양한 매체에 담긴 의미 있는 내용물인 콘텐츠가 지식과 창의력을 요구하는 지식기반산업을 선도하는 주체로 부상했기 때문이다. 현재 세계시장에서 한국의 콘텐츠산업이 차지하는 비중은 2.4%로 세계 8위 수준이다. 한국콘텐츠진흥원은 2010년 올해 안에 이 비중을 3%대로 끌어올리려는 목표를 가지고 있다.

지식정보화 사회를 향한 발걸음인 문화산업의 성장은 고객들에게 꿈과 감성을 전달히고 소구하기 위한 방법의 개발 여하에 달려 있다고 해도 과언이 아니다. 콘텐츠를 통해 고객의 감수성을 자극하고 아름다운 꿈을 꾸게 함으로써 그들을 만족시키는 것이 궁극적으로 문화산업의 목적이라 할 수 있다. 이러한 목적을 달성하기 위해서는 우리의 전통문화 속에서 문화원형을 발굴하고 이를 문화콘텐츠로 가공하여야 하는데, 여기에 가장 적절하고 효과적인 방법이 바로 스토리텔링이다. 이 글은 전통문화와 맥을 같이하는 전통마을의 향토문화자원(鄕土文化資源)을 원천 소스로 하여 스토리텔링 과정을 연구할 것이다.

전통마을의 향토문화자원은 해당 지역에서 살아왔던 사람들의 지식과 지혜가 투영된 물질적·비물질적 실체로서 공간의 역사성을 지니고 있으며, 동일 공간에 흐른 시간의 흔적으로서도 경제적으로 환원할 수 없는 문화적 가치를 가지고 있다. 선인(先人)들의 삶과 우리의 삶을 물리적·정서적으로 연결해주고, 개인의 정체성 및 향토 주민들의 정서에 구심점 역할을 하고 있는 향토문화자원은 정서적 가치보다 경제적 가치를 더 우월하게 여기는 세태와 함께 점차 사라져가고 있다. 이러한 향토문화자원의 상실은 향토 주민들의 정체성을 해체시킬 뿐만 아니라 향토 역사의 소실을 야기하기도 한다.

원천자료를 보존하는 하나의 방법으로 문화콘텐츠로의 전환을 들 수 있다. 원천자료가 문화콘텐츠로 변용되면 원천자료를 보존할 수 있음과 동시에 이를 실제로 활용할 수 있다는 장점이 있다. 이 글에서는 원천자료가 이야기를 만드는 기본 단위가 되고 이를 문화콘텐츠로 전환시키는 유용한 방법으로 스토리텔링이 사용되고 있음을 강조할 것이다.

이번 장은 향토문화자원과 스토리텔링의 관계를 살펴보고, 향토문화자원의 스토리텔링 과정과 구체적인 사례를 제시할 것이다. 이 연구를 통해 얻어낸 결과를 정리하고 맺음말을 제시한다.

향토(鄕土)의 사전적 정의를 보면 자신이 태어나서 자란 땅 또는 시골이나 고장을 말한다. 즉, '향토'란 개인의 정서와 생활체험이 가미된 주관적 의미를 지니는 용어라고 할 수 있다(한국지방행정연구원, 2004). 따라서 '향토문화'는 고향이나 시골의 정취가 담긴 정서적인 의미를 내포하고 있다. 한국학중앙연구원(2004)에서는 향토문화를 인간이 일정한 지역에서 오랫동안 정착하여 사회를 이루고 역사를 가지면서 살아가는 동안에 형성된 그 지역의 고유한 문화로 정의하였으며 역사, 전통, 생활, 예술, 유적 등의 모든 문화유산과 현대의 모습을 향토문화의 범주로 두었다.

다시 말해 향토문화자원은 한 향토의 특성을 지니고 있으며 일정한 지역사회에 사는 사람들이 정신적·물질적으로 이루어놓은 일체의 성과물을 의미한다(정삼철, 2006). 따라서 '향토문화자원'이란 '향토'를 구성하는 물질적·비물질적(고향이나 시골의 정취를 연상시키는 정서) 실체로서, 인간생활 및 생산에 활용될 수 있는 가능성을 가진 유·무형자원의 총체라고 볼 수 있다. 향토문화자원은 향토라는 의미가 내포하듯이 무엇보다 자원의 역사적 전통성과 지역적 차별성을 강조하는 개념이다. 또한 지역의 배타성(排他性)이 내재되어 있는 자원이어야 한다.

향토문화자원은 일반자원과 비교하여 다음과 같은 변별성을 지닌다(김미희 외, 2008). 첫째, 향토성 및 전통성을 지니고 있어 산업적 활용과 개발의 잠재력이 풍부하다. 둘째, 지역 대체성이 없는 역사성, 전통성, 고유성을 기반으로 한 지역의 독특한 문화자원이다. 셋째, 다채로운 형태의 가치를 부과할 수 있는 다차원적인 측면이 있다. 넷째, 다양한 측면의 활용이 가능하기 때문에 지역의 여러 추진 주체들의 협력체제 구축 및 역할이 중요하다. 다섯째, 지역의 정체성, 차별성, 지역경제 활성화 가능성 측면에서 중요한 정책수단으로 활용할 수 있다. 즉, 향토문화자원은 지역 대체성이 없는 역사성, 전통성, 고유성을 기반으로 한다는 점에서 다른 자원과의 차별성을 가진다. 또한 다양한 형태의 가치를 부과할 수 있고, 다양한 측면의 활용이 가능하다. 이는 향토문화자원이 지역의 정체성, 차별성, 지역경제 활성화 가능성 측면에서 중요한 정책수단으로 활용되어 변별성을 가지는 것으로 볼 수 있다.

향토문화자원은 그 자체로서는 보존 가치(문화재로서 역사적인 보존 가치)를 지닐 뿐이지만 스토리텔링을 통하여 가공되고 재구성되는 과정을 거치면서 교육적인 동시에 감성적인 만족을 충족시킬 수 있는 문화콘텐츠로서의 가치도 지니게 된다. 즉, 스토리텔링이란 가치가 없었던 원석을 세공하여 보석으로 만드는 기술에 비유할 수 있다. 가공되지 않은 각종 금속과 희귀한 원석을 가지고서 무한한 부가가치의 아름다운 장신구를 만들듯이, 각 지역 향토문화자원의 특성(역사성, 전통성, 고유성)을 문화적으로 가공하여 다양한 사용가치를 창출하는 것이다. 바로 이러한 작업에 스토리텔링이 필요하다.

스토리텔링은 '스토리'(story)와 '텔링'(telling)이라는 동사성 명사가 부가된 합성어로 어떤 이야기를 만들거나 이야기를 남들에게 표현하고 전달하는 행위를 지칭하는 말이다. 아울러 최혜실(2008: 18)은 스토리텔링이 디지털 매체를 기반으로 하는 이야기 장르에서 흔히 쓰이는 말로 '이야기하기'로 번역할 수 있으며, 이는 이야기에 참여하는 현재성과 현장성을 강조한 말이라고 했다. 이와 같은 맥락에서 스토리텔링은 일종의 의사소통 행위로 볼 수 있으며, 사건이나 사물에 대한 물리적 속성이나 사실에 대한 단순한 보도가 아닌, 화자가 그것이 전해주는 의미를 부여하여 전한다는 특징을 가진다(류수열 외, 2007; 송정란, 2006). 또한 스토리텔링은 이야기를 통해 자신의 경험을 기록하거나 발화하는 것이다. 이러한 이야기는 이성보다는 감성에 호소하는 특징이 있기 때문에 엄격한 인과론을 기반으로 하는 과학적 진리의 기준에 큰 영향을 받지 않는다. 인간은 이야기를 통해 자신이 호소하는 특정한 타인의 체험, 생각, 느낌 등을 공유하면서 정서적인 공감과 카타르시스를 경험하게 된다(송정란, 2006).

스토리텔링의 이러한 점이 바로 향토문화자원을 문화콘텐츠로 전환·구성하는 데 중요한 역할을 하게 한다. 그 이유는 바로 향토문화자원 역시 마을 향토민들의 정서적인 경험 혹은 실천적인 감성에 기반을 두고 있기 때문이다. 임재해(2007: 93)는 앞으로 진행될 어떤 마을에 대한 향토문화연구의 결과를 하이퍼텍스트*를 이용하여 효과적으로 정보제공을 할 것을 주장한다. 이는 마을 향토문화의 조사 결과가 길고 지루한 논문의 형식이 아니라 스토리텔링을 활용하여 흥미롭고 생산적인 에듀테인먼트로 발전해야 함을 요구하는 것으로 이해할 수 있다.

이런 맥락에서 향토문화자원을 활용한 스토리텔링은 몇 가지 특징을 지니는 것으로 볼 수 있다. 첫째, 대체성이 없는 역사성·전통성·고유성을 기반으로 한다. 이는 향토문화자원을 활용한 스토리텔링의 향유적 가치와 함께 향토문화자원 본연의 정보적 가치가 우위를 차지한다는 것을 뜻한다. 둘째, 향토민들의 정서적인 경험 혹은 실천적인 감성을 기반으로 한다. 이는 향토와 향토민의 시간적 경과를 의미 있는 구조로 변환함으로써 이야기라는 행위 속에서 향토문화의 정체성을 확보하는 것을 의미한다. 셋째, 다양한 학문적 지식이 필요하다. 이는 학제 간 연구, 열린 연구를 뜻하는 것으로 향토문화자원을 활용한 스토리텔링은 다양한 학문을 바탕으로 진

*하이퍼텍스트 hypertext
문자, 그래픽, 음성 및 영상을 하나의 복잡한 비연속적인 연상의 거미집과 같이 서로 연결시켜, 제목의 제시 순서에 관계없이 이용자가 어떤 제목과 관련된 정보를 검색할 수 있도록 하는 정보제공 방법

행해야 한다는 것이다. 향토문화자원은 지리·역사·문학·민속·정치·사회·경제·자원·예술 등의 다양한 분야에 걸쳐 있기 때문에 하나의 프로세스로 진행되어야 한다.

향토문화자원은 아직 의미 부여가 되지 않은 원천자료로 역사적·정보적·정서적인 가치를 지닌 자료이다. 향토문화자원 조사를 통해 얻어진 결과물은 스토리텔링을 통해 문화적인 가치를 지닌 콘텐츠로 개발될 수 있다. 향토문화자원은 향토민들의 역사와 정서 위에 존재하기 때문에, 이를 활용한 스토리텔링에서는 그들의 선험적 의미를 파악하는 것이 매우 중요하다. 향토문화자원에 투영된 향토민들의 경험은 오랜 기간 내부자의 시각으로 접근했을 때야 비로소 그 의미를 이해할 수 있다. 따라서 스토리텔링 생산은 비교적 장기적인 연구와 원천자료의 성격에 해당하는 여러 학제간의 연구가 필요한 단계라고 볼 수 있다. 장기적이고 전문적인 연구가 전체 프로세스의 전제가 된다면 향후 기술·향유 스토리텔링의 탄탄한 초석을 마련할 수 있을 것이다.

이 글에서 그동안 스토리텔링 연구에서 소외되었던 인류학적·사회학적 현장조사 연구방법을 인문학을 기반으로 한 스토리텔링 프로세스에 적용하였다.

향토문화자원 스토리텔링의 과정과 사례

향토문화자원 스토리텔링은 향토문화자원이 지닌 지역적인 특수성을 바탕으로 향토민들의 정서를 보편적으로 풀어내는 것이다. 이를 위해서는 향토문화자원에 대한 많은 지식을 가지고 있는 향토인과 이의 문화적 가치를 이끌어내고 가공할 수 있는 연구자의 공동연구가 필요하다. 따라서 연구자는 향토민의 관점에서 향토문화자원을 이해해야 하며, 이를 바탕으로 향토민들이 학습해온 향토문화자원과 향토민들이 만들어낸 세계를 이해할 수 있다. 이 장에서는 향토문화 스토리텔링의 과정과, 인천광역시 서구 검단의 황곡마을을 그 사례로 제시하려고 한다.

1) 향토문화자원을 활용한 스토리텔링 과정

향토문화자원을 활용한 스토리텔링 과정은 크게 자료조사, 자료가공, 스토리텔링의 유형 결정단계로 구성된다. 자료로만 존재하던 향토문화자원을 조사하여 문화적·활용적 가치가 창출되도록 가공하고 제작될 콘텐츠의 성격과 부합하는 스토리텔링 유형을 결정하는 것이 향토문화자원을 활용한 스토리텔링의 과정이다. 스토리텔링의 전(全) 과정을 도표로 나타내면 〈그림 6.1〉과 같다.

조사단계는 향토문화자원의 대상이 되는 지역적 범위(향토)를 선정했다는 것을 전제로 하며 문헌조사, 이미지 조사, 현장조사로 나누어진다. 조사단계에서는 참여관찰법을 바탕으로 연구가 진행된다. 참여관찰법은 연구대상자들이 주어진 여건에서 어떻게 삶을 영위하고 환경과 상호작용하는가를 서술하는 방법론으로 연구자가 향토민들의 경험세계를 이해하는 데 유용한 방법이다.* 향토문화자원을 활용한 스토리텔링의 조사단계에서는 참여관찰을 통해 향토문화자원에 관한 향토민들의 지식과 정서를 이끌어낼 것이다.

문헌조사 시에는 일반서적 이외에도 각 지방자치단체의 군지(郡誌)나 시지(市誌), 그리고 공·사 기관의 통계자료나 연구보고서를 참

* James P. Shpradley, Participant Observation, Macalester college, 1980.

〈그림 6.1〉 스토리텔링의 과정

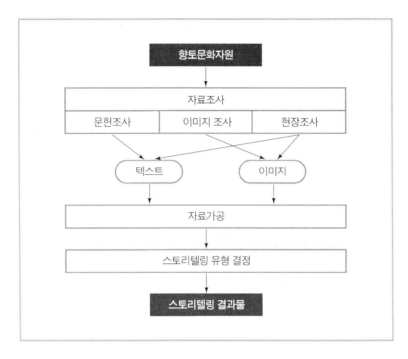

고한다. 또한 그 범주를 대상 향토라는 지역으로 한정시키지 않고 일반론 혹은 주변 지역의 향토사(鄕土史)를 조사하여 현재 전해지지 않는 이야기를 발굴한다. 이미지 조사는 대상지의 지도나 사진 등의 이미지를 수집·활용하는 조사이다. 이미지 조사를 통해 연구자는 문헌에서 습득한 지식을 도상적으로 이해할 수 있다. 특히 지도는 공간에 대한 위치 정보를 얻는 1차적인 자료로, 마을의 입지를 비롯하여 내부구조, 경관, 토지이용 등의 자료를 수집하는 데 용이하다.*

현장조사는 연구자가 향토에 나가 향토문화자원을 직접 확인하고 이에 관한 이야기를 조사하는 단계이다. 현장조사는 향토에 오랜 기간 동안(최소한 3대) 거주한 토박이나 애향심을 가진 제보자를 선정하여 향토문화자원에 대한 이야기를 채록하는 인터뷰와 동제

* 김기혁, "마을연구에서의 지도의 활용", 《마을 연구조사 방법론과 마을지 제작》, 한국학중앙연구원 제3기 향토문화아카데미 자료집, 2009.

(洞祭), 축제, 마을회의 등 지역의 문화행사에 참여하는 문화행위 참여, 현장에서 직접 사진과 동영상을 촬영하는 이미지 촬영 등으로 구성된다.

연구자에 대한 향토인의 신뢰가 구축된 이후에야 향토인의 정서를 온전히 조사할 수 있기 때문에 현장조사는 단발적 조사가 아닌 장기적인 계획을 가지고 수행해야 한다. 현장조사 실시 이전에 문헌조사와 이미지 조사가 진행되면 효율적이고 효과적인 현장조사 결과를 얻을 수 있다.

연구자는 현장조사를 통해 향토문화자원에 대한 두 가지 시각, 즉 연구자의 시각인 외부자의 시각과 향토인의 시각인 내부적인 시각을 획득할 수 있다. 이렇게 획득된 관점은 연구자로 하여금 다른 의미체계 속에서 살고 있는 향토민의 관점에서 향토문화자원을 이해하게 하고 연구자의 객관적인 시각으로 향토문화의 사회적·학술적인 의미를 밝히는데 도움을 줄 것이다.

문헌조사, 이미지 조사, 현장조사의 결과물의 대부분은 텍스트와 이미지 형태로 정리된다. 이러한 결과물을 정보로 가공시키는 과정을 자료 가공단계라 한다. 조사단계의 기간이 길고 그 폭이 넓을수록 생성되는 결과물의 양은 방대해진다. 이러한 자료를 효과적으로 정리하지 못한다면 자료에 대한 공간적인 장벽이 발생할 수 있다. 공간적인 장벽이란 연구자가 확보한 정보를 찾지 못해 재조사하거나 활용하지 못하는 상황을 뜻한다. 결과물의 양이 아무리 많을지라도 연구자가 그것을 한눈에 꿰고 있지 않으면 효율적인 연구는 불가능하다. 따라서 연구과정이 진행되고 있는 동안에도 필요한 정보는 일정한 체계로서 하나의 집합인 데이터베이스*로 가공하여 결과물의 유용성을 높여주는 것이 중요하다. 따라서 조사단계와 달리 자료 가공단계는 각 조사 결과의 유형과 그 성격 및 자료 정리의 기준을

데이터베이스 data base
한 조직 내에서 필요로 하는 데이터를 공동으로 사용할 수 있도록 중복을 최소화하여 통합·저장한 데이터의 집합체가 되게 하는 일. 국립국어원 표준국어대사전.

〈표 6.1〉 파일명 부여 기준

		자료 가공 유형		자료내용 분류
텍스트	1	정리록	a	자연환경
	2	전사록(轉寫錄)	b	문화유산
이미지	3	이미지	c	설화
	4	기타 멀티미디어	…	…

파악한 연구자만이 효율적으로 진행할 수 있다. 각개의 파일로 존재하는 텍스트와 이미지를 하나의 데이터 집합체로 만드는 과정은 다음과 같다. 먼저 개개의 파일 이름을 일정한 기준으로 부여한 다음 체계를 가진 데이터베이스 색인표를 만든다. 〈표 6.1〉은 각 개의 파일에 동등한 체계로 파일명을 부여하는 기준이다.

파일명을 부여하는 기준은 크게 자료 가공 유형과 자료내용 분류로 나누어진다. 자료 가공 유형은 앞선 단계인 조사단계의 결과물에 따라 정리록, 전사록(轉寫錄), 사진, 기타 멀티미디어로 나누어진다. 정리록은 문헌조사와 현장조사를 통해 알게 된 사실. 그리고 이미지 조사 결과 이미지의 내용을 정리한 내용 등이 기술된 파일이다. 전사록은 현장조사 중 녹취된 내용을 글로 옮겨 적은 파일이다. 전사록은 현장의 분위기와 제보자의 어투까지 그대로 담아내야 하는 파일로 일반적인 정리록과는 다른 성격을 지닌다. 이미지는 이미지 조사, 현장조사 결과 스캔 작업을 하거나 직접 촬영한 지도, 그림, 사진 등이고, 기타 멀티미디어는 소리, 동영상 등을 뜻한다. 파일명 표기방법은 첫 번째 자리에 자료 가공 유형을 나타내는 아라비아 숫자를 적고 두 번째 자리에는 자료내용의 분류를 적고 동일유형과 분류를 기준으로 하는 연번을 적는다. 〈그림 6.2〉는 파일명 표기의 예시이다.

제일 앞자리에는 자료 가공 유형인 아라비아 숫자를 적고 그 다음 자리에는 자료내용의 분류 항목인 알파벳을 기입한다. 그리고 동일 유형과 분류에 따른 연번을 정리한 다음 결과물을 간략하게 요약한 표제어를 적어 파일명을 표기한다. 위에 제시된 '3c01-도라지고개'의 경우 그 파일명을 통해 이 파일의 '도라지고개'라는 자연환경(c)을 촬영한 이미지(3)라는 점을 알 수 있다. 이러한 파일명은 결과물의 양이 많아졌을 때 각 파일을 일일이 확인하지 않고 파일명만으로 대략의 개요를 파악할 수 있다는 장점이 있다.

〈그림 6.2〉 파일명 표기방법

개개의 파일명 부여 이후에는 모든 파일명과 내용을 하나의 파일 안에 정리하는 작업이 필요하다. 이미 진행한 파일명 표기를 바탕으로 간단한 검색을 통해 결과물의 조건을 검색하는 데 용이하다. 이 작업은 MS 액세스(MS-Access) 등의 데이터베이스 프로그램을 이용하거나 MS 엑셀(MS-Excel) 프로그램을 이용하면 쉽게 작업할 수 있다. 전문적인 프로그램인 MS 액세스가 아닌, 보편적으로 알려진 MS 엑셀 프로그램을 이용하여 데이터베이스 색인표를 구축하기 위해서는 우선 파일명에 표기된 '유형', '연번', '분류', '표제어'의 항목과 추가로 내용 및 참고문헌 등의 항목명을 만들고 정리한다. 그리고 각각의 항목명에 필터를 걸어 항목별 검색이 가능하게 하면 간단한 데이터베이스 색인표를 구축할 수 있다. 〈그림 6.3〉은 황곡마을 스토리텔링을 위해 구축한 데이터베이스 색인표이다.

엑셀로 제작한 이 색인표는 연번, 표제어, 자료유형, 자료분류, 내용 및 출처를 항목명으로 하고 있다. 출처를 항목명으로 둔 것은 정보의 출처를 명확히 함으로써 향후 정보성이 강한 스토리텔링 방법을 사용할 때 도움이 되고자 한 것이다.

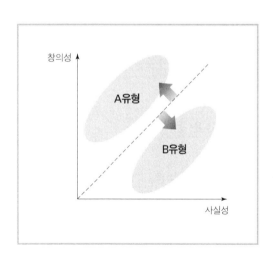

〈그림 6.3〉황곡마을 데이터베이스 색인표

연번	표제어	자료유형	자료분석	내용	출처
9	가냑굴고개	1	a	황곡과 가현 사이의 고개	서구사 p.630
13	노루마당	1	a	큰산골 밑의 논을 말함	검단역사와문화 p
27	달안메	1	a	황곡과 두밀사이, 다라테의 앞산	서구사 p.630
28	담월산	1	a	황곡과 고창미 사이의 산	서구사 p.630
35	도라지골고래, 여둔	1	a	황곡과 태정 사이의 고개	서구사 p.630
42	밤가시, 방까시	1	a	도티울 동편 골에 있는 마을. 밤+갓+	서구사 p.630
51	월산	1	a	다랏테의 뒷산으로 반달 형국이라고	서구사 p.631
82	칡일골짜기	1	a	도티울 앞의 골짜기를 말함. 그앞쪽의	서구사 p.630
102	황곡의 역사	1	e	황곡의 원거인은 단양 우씨였으나 12	검단역사와문화 p
171	황골마을 논	3	a	황곡마을 쌀의 주 생산 논으로 명칭확	직접촬영(07.04)
208	봉우리	3	a	황곡마을에서 본 봉우리 명칭확인 요	직접촬영(09.18)
211	두밀마을 입구 표지	3	a	두밀마을을 알리는 표지판	직접촬영(09.18)

향토문화자원을 활용한 스토리텔링은 정보적 가치와 정서적 가치 모두를 중심 가치로 두고 있다. 따라서 향후 제작될 콘텐츠의 성격에 따라 정보적 가치를 높이는 사실성과 정서적 가치를 향상시킬 수 있는 창의성을 바탕으로 유형을 나눌 수 있다. 〈그림 6.4〉를 살펴보자.

〈그림 6.4〉는 향토문화자원을 활용한 스토리텔링의 유형을 그림으로 표기한 것이다. 창의성과 사실성을 수치로 환산하여 정확히 유형을 나눌 수는 없지만 각 요소가 차지하는 정도에 따라 A유형과 B유형으로 나누어볼 수 있다. A유형에는 창의성이 사실성보다 좀 더 많은 비중을 차지하는 자료가 속하며, 대중문화콘텐츠인 영화나 게임이 대표적인 예이다. A유형의 향토문화자원 스토리텔링은 창의성에 방점을 두면서도 향토민들의 정서와 감성을 전달하는 감성적인 스토리텔링으로 가공되어야 한다. B유형에는 사실성이 창의성보다 우위에 있는 자료가 포함되며 다큐멘터리 제작이나 박물관 및 전시관의 스토리텔링

〈그림 6.4〉 스토리텔링의 유형

유 형	창의성과 사실성의 비중	성 격	이용 가능 분야
A유형	창의성 〉 사실성	정서적, 유희적	향토민의 경험과 밀접한 대중문화콘텐츠로 이용 가능
B유형	창의성 〈 사실성	실용적, 역사적	역사적·사실적인 경험을 바탕으로 한 실용적 콘텐츠로 이용 가능

〈표 6.2〉 스토리텔링의 유형별 성격

이 대표적인 예이다. B유형의 자료는 객관적인 지표로 설명할 수 있다는 특징이 있다. 따라서 창의적인 스토리텔링보다는 사실에 근거한 객관적인 스토리텔링으로 가공되어야 한다. 스토리텔링의 유형을 정리하면 〈표 6.2〉와 같다.

향토문화자원은 연구자의 의도에 따라 그 유형이 선택되어 콘텐츠로서의 기획된다. 이미 A유형에 가까운 설화(說話)라도 지역의 역사와 주민 인터뷰를 바탕으로 스토리텔링을 한다면 역사성과 실용성을 지닌 B유형으로 기획이 가능하다. 이는 참여관찰을 통해 연구자가 객관적인 시선과 향토민의 주체적인 시선을 모두 획득할 때 가능한 것으로, 이를 통해 향토문화자원의 스토리텔링은 반드시 철저한 조사단계를 바탕으로 진행되어야 함을 확인할 수 있다.

2) 스토리텔링의 실제 과정

이번 단락에서는 인천광역시 서구 검단 황곡마을을 대상으로 생산 스토리텔링의 실제 과정을 다룰 것이다. 황곡마을이 위치한 인천광역시 서구 검단은 본래 경기도 김포에 속한 지역이었으나 1995년 인천광역시로 편제되었다. 아직까지는 집성촌, 유도회(儒道會) 등 전통적인 향토부락의 모습을 간직한 것으로 보인다. 그러나 2009년 11월 승인된 검단 신도시 실시계획에 의해 2013년 12월까지 신도시

개발사업의 완료를 목표로 곳곳에서 신도시 개발이 시작되고 있어 향토문화자원의 소실이 염려되는 지역이다. 따라서 이 글에서는 황곡마을을 스토리텔링 대상지로 선정하여, 사라져가는 향토문화자원에 대한 향토민들의 기억을 보존하고 신도시 주민 및 황곡마을의 후세대들에게 공간이 가진 기억을 전달하기 위한 향토문화 콘텐츠의 제작을 도모해보고자 한다.

황곡마을의 자연환경에 관한 내용을 조사하기 위해 김포군지(1991), 문화유적분포지도(2007), 검단의 역사와 문화(2009) 등을 참조하였다. 다음은 검단의 역사와 문화(2009)에 기술된 황곡마을의 자연환경이다.

> 황곡마을은 산이 높고, 골이 깊은 마을로 두밀리와 경계를 이루고 있다. 마을 뒤편 서해가 바라보이는 가현산의 명당에 절이 있었다고 전하며 99기 정도의 고인돌 추정 흔적이 발굴되었다.
>
> — 검단의 역사와 문화, 2009

황곡마을의 이미지 조사는 문헌자료에 표기된 지도, 사진, 그리고 인터넷 검색을 통해 이루어졌다. 이미지 자료를 구축할 때 하늘에서 지역을 내려다본 항공사진의 경우에는 현실적으로 촬영이 불가능한 경우가 많다. 이럴 경우에는 연구자가 사용하고자 하는 이미지와 유사한 지도를 인터넷에서 찾아 이용하는 것이 좋다. 이미지 조사는 지도, 사진 등을 단순히 수집하는 데 그치지 않고 현장조사에서 이미지를 활용하기 위해 가공하는 것까지를 포함한다. 〈그림 6.5〉는 인터넷에서 서비스되는 검단 황곡마을의 지도에 문헌조사를 통해 얻은 지식을 표기한 것이다.

황곡마을의 현장조사는 2009년 6월부터 2010년 1월까지 약 8개

월간 진행되었다. 황곡마을에서 약 500년 동안 세거하고 있는 평산 신씨(平山申氏)의 후손(남, 55세)을 조사 대상자로 삼고 인터뷰를 실시하였다. 그 결과 가문의 인물과 관련된 설화 및 조사 대상자의 유년기 삶을 통해 황곡마을의 자연환경을 추론할 수 있었으며 그와 황곡마을의 자연환경을 답사하는 과정에서 문헌에서는 얻을 수 없었던 지명과 그에 얽힌 이야기를 얻을 수 있었다. 〈그림 6.6〉은 현장조사 결과 얻은 이미지이다.

다음은 위의 조사단계에서 얻은 자료들을 가공하는 자료 가공단계이다. 〈그림 6.6〉은 황곡마을에서 태정마을을 오갈 때 넘었던 도라지고개이다.

이미지 조사에서 '도라지골산'이라는 명칭을 확인한 후 도라지골산의 지명과 자연환경에 대한 현장조사를 실시하였다. 도라지골산에는 황곡마을과 태정마을을 왕래하던 '도라지고개'가 있었는데, 1980년대 군부대가 들어서면서 통행이 금지되었다고 한다. 통행금지 이전에는 이 길을 통해 황곡마을 사람들이 마을 밖에 있는 초등

〈그림 6.6〉 현장조사 시 촬영한 이미지

〈그림 6.7〉 도라지고개 관련 데이터베이스 색인

학교, 중학교를 다녔다고 한다. 현재는 사람이 다니지 않아 낙엽이 무성한 야산이 되었지만 마을 주민들은 도라지골산과 도라지고개에 대한 추억을 많이 지니고 있었다. 〈그림 6.6〉은 '3c01-도라지고개'라는 파일명을 부여받았다. 앞에서 제시한 〈그림 6.2〉가 이 사진의 표기방법을 설명한 것이다. 이와 관련하여 다음 〈그림 6.7〉과 같이 데이터베이스를 만들 수 있다.

〈그림 6.7〉은 본 논문을 위해 도라지고개와 관련된 데이터베이스만 정리한 색인표이다. 연번 1은 자료유형 3, 자료분류 a, 출처 'DAUM 지도'라는 점을 통해 자연환경을 담은 이미지(지도)라는 점을 알 수 있다. 연번 2는 자료유형 2, 출처 '2009. 09. 18. 전사록 13번'이라는 점에서 9월 18일에 인터뷰한 내용을 정리한 전사록이라는 점을 알 수 있다. 또한 연번 3번부터 7번까지는 9월 18일에 촬영한 이미지임을 알 수 있다. 이렇게 직접 자료를 찾지 않아도 데이터베이스 색인표를 통해 결과물의 유형과 내용을 확인할 수 있기 때문에 연구자가 연구 중 조사 결과를 이용하기에 용이하다.

자연환경이라는 향토문화자원은 창의성보다 사실성이 비중을 차

연번	표제어	자료유형	자료분류	내용	출처
1	도라지골산	3	a	황곡과 두밀마을 사이에 위치한 산	daum 지도
2	도라지고개	2	a	도라지골산에 위치한 고개로 황곡과	2009.09.18 전사록 1
3	도라지고개	3	a	도라지고개 황곡마을 입구	2009.09.18 직접촬영
4	도라지고개	3	a	도라지고개 중턱에서 바라본 황곡마	2009.09.19 직접촬영
5	도라지고개	3	a	도라지고개 정산즈음. 반대편에는 군	2009.09.20 직접촬영
6	도라지고개	3	a	도라지고개에서 바라본 도라지골산으	2009.09.21 직접촬영
7	도라지고개	3	a	도라지고개에서 어린시절 이야기를	2009.09.22 직접촬영

지하는 B유형에 가까워 보이지만 연구자의 의도에 따라 A유형으로의 기획도 가능하다. 다음은 '도라지고개'를 대상으로 하는 B유형 – 다큐멘터리 기획 시나리오의 일부이다.

> 황곡마을 사람들이 장에 갈 때나 학교를 갈 때 넘어 다니던 도라지고개는 1980년 태정마을의 도라지고개 입구에 군부대가 이전한 이후로 더 이상 넘을 수 없게 되었다. 태정마을과 황곡마을을 직접 왕래할 수 있었던 유일한 통로였던 도라지고개. 1990년 후반의 어느 날, 황곡마을의 도라지고개 입구마저 불법 공장들이 점거하여 도라지골산은 더 이상 마을 뒷산이 아닌 공해와 들짐승으로 가득한 야산이 되어버렸다.

다음은 '도라지고개'라는 동일한 대상에 사실성보다는 창의성의 비중을 더 높여 A유형 – 중학생을 대상으로 하는 에듀테인먼트 영상 시나리오의 일부이다. A유형은 창의성이 사실성보다 좀 더 많은 비중을 차지하는 콘텐츠로 향토민들의 정서를 수용자에게 전달하는 역할을 한다.

> 도라지고개 마루에 오른 진수는 뭔가 생각났다는 듯이 책보에서 급하게 무엇인가를 꺼냅니다. 그러고는 그것을 손에 꼭 쥐고 낙엽이 많이 싸여서 미끄러운 고갯길을 열심히 내려갑니다. 미끄덩거리면서도 넘어지지 않고 몸을 이리저리 움직이며 균형을 잡는 진수의 모습을 누군가가 본다면 아마 피식하고 웃음을 흘릴 것입니다. 진수는 벌써 고개를 내려와 집을 향해 뛰다가 '대추논' 앞에서 잠시 멈춥니다. 대추나무 옆에 있는 논이라고 해서 이름 붙여진 대추논에는 벌써 어린아이들이 썰매를 타고 있습니다. 그토록 걱정하던 얼음이 언 것을 본 진수 입이 함박 벌어지더니 다시 집으로 뛰어갑니다.

지금까지 우리는 위에서 향토문화자원 스토리텔링의 과정과 사례를 제시하였다. 첫 단추를 제대로 꿰어야 하듯이, 이 과정은 정확하고 깊이 있는 조사가 필수적인 과정이다. 참여관찰법을 응용한 조사와 함께 조사 결과를 정보로 가공하는 연구자의 조사가공 기준과 능력을 전제로 진행되어야 한다.

　　스토리텔링 과정은 조사단계와 자료 가공단계, 유형 결정단계로 나누어지며, 조사단계는 다시 문헌조사, 이미지 조사, 현장조사로 구성된다. 자료 가공단계는 조사단계의 결과자료를 데이터베이스로 정리하는 단계이며 유형 결정단계는 창의성과 사실성을 바탕으로 향토문화 스토리텔링의 유형을 결정하는 단계이다. 스토리텔링의 각 과정은 연구의 목적과 내용에 따른 연구자의 의견에 따라야 한다.

　　이 과정의 사례로 제시한 황곡마을 이외의 다른 지역 역시 이 방법을 통해 스토리텔링을 활용한다면 탄탄한 정보를 바탕으로 이후의 개발과정도 원활하게 진행할 수 있을 것이다. 하지만 만약 스토리텔링이 이처럼 체계적으로 진행되지 않고 주먹구구식으로 눈에 보이는 것만을 대상으로 진행된다면 개발과정에서 재조사를 해야 할 확률이 높으며 이후 수용자가 향토문화자원을 향유하는 과정에서 향토문화자원에 대해 잘못된 정보와 왜곡된 정서를 얻는 오류를 초래할 수 있다. 따라서 스토리텔링은 향토문화에 대한 현장조사를 통해 반드시 장기적인 계획을 가지고 체계적이고 어떻게 진행되어야 한다.

　지금까지 이 글에서는 향토문화자원을 활용하여 수행하는 스토리텔링의 과정과 그 사례를 인천광역시 서구 검단의 황곡마을을 중심으로 살펴보았다. 한 마을의 향토문화자원은 향토를 구성하는 물질적·비물질적인 실체로 향토민들이 삶을 영위하는 데 활용되는 모든 유·무형 자원의 총체이다. 향토민들의 실천적인 감성 및 지식에 기반을 두는 향토문화자원은 타인의 체험을 공유하게 하는 데 유용한 스토리텔링을 통해 그 의미를 전달하는 것이 효과적일 것이다. 이 연구에서는 향토문화자원이라는 광의의 자료를 중요한 가치가 있는 정보 즉 콘텐츠로 어떻게 변환시킬 것인가에 관한 스토리텔링 과정에 주목하였다.

　마을의 향토문화자원을 활용한 스토리텔링 과정은 향토와 향토민들이 지닌 향토문화자원의 숨은 가치를 발견하여 이를 문화적 가치를 가진 콘텐츠로 기획하는 과정이다. 이는 향토문화자원을 OSMU의 원천 소스로 간주하여 문화산업을 활성화할 수 있는 계기를 마련하는 토대가 된다. 이를 위해 마을의 향토문화자원 조사가 선행되어야 함을 강조하였다. 문헌조사와 이미지 조사, 참여관찰에 기초한 현장조사로 구성된 조사단계와 각각의 조사에서 나온 결과를 일정한 기준으로 체계화하는 자료 가공단계, 창의성과 사실성의 비중에 따라 A유형과 B유형으로 나눌 수 있는 스토리텔링 유형 결정단계로 구성된다.

　이 글에서는 원천자료를 수집하는 단계에서부터 콘텐츠로 개발되기 이전까지의 스토리텔링의 과정은 보여주었지만 콘텐츠 개발과정에 관해서는 논하지 않았다. 이에 대한 구체적인 내용을 보완하는 후속연구를 진행하려고 한다. 도시개발을 비롯한 다각적인 개발 붐과 함께 향토문화자원이 사라지는 속도 역시 가속화되고 있다.

향토문화자원은 선인들의 지혜이자 지식의 산물이다. 경제적인 논리에 밀려 그 가치를 제대로 평가받지 못하고 사라지는 향토문화자원은 지역성을 바탕으로 인간의 삶과 철학을 우리에게 던져주는 중요한 가치 중 하나이다. 좁은 지역의 향토문화자원을 제대로 조사하고 이해하기 위해서는 많은 시간과 노력이 필요하다. 단기적이고 단편적인 조사 및 이용이 아닌, 장기적인 안목으로 향토문화자원을 연구하고 문화콘텐츠로 활용한다면 점차 잃어가는 '인간'에 대한 이해와 정체성을 확립할 수 있을 것이다. 또한 전통마을이 사라질 '위기'를 문화산업의 원천지로 보존하기 위해서 선행되어야 하는 과제가 있다. 이는 바로 '한국전통마을의 향토문화자원 디지털 아카이브' 작업과 같은 디지털콘텐츠 작업이다. 이와 같은 작업은 후일의 과제로 미룬다.

제2부

스토리텔링,
문화교육과 만나다

제7장

지역문화교육을 위한
지명 유래 전설의
스토리텔링

이 글은 한국문화교육학회지 《문화예술교육연구》 제5-1호에 게재된 김영순·오세경(2010)의 "지역문화교육을 위한 지명 유래 전설의 스토리텔링 사례 연구: 인천 검단 여래마을을 중심으로"를 일부 수정한 것입니다.

이 글의 목적은 지역문화교육을 위하여 지명의 유래 전설을 스토리텔링함으로써 지역의 문화정체성을 체험할 수 있는 방안을 모색해보는 데 있다. 이 글에서는 특히 스토리텔링의 문화교육적 학습효과를 논의하기 위하여 인천광역시 서구 검단 지역에 있는 여래마을의 지명 유래 전설을 활용하고자 한다. 이에 대한 스토리텔링을 통하여 지역문화를 흥미롭게 이해할 수 있는 과정을 제공할 것이다.

요즘 들어 학교교육에서는 창의성과 인성을 강조하는 소위 창의·인성교육이 문화의 다양성 추구라는 관점에서 상당히 활발하게 진행되고 있다. 이에 따라 각 교과를 비롯하여 범교과 형태의 체험활동이 다양해지며 활성화되고 있다. 김영순·김정은(2004)의 경우, 문화교육에 관해 '문화를 통한 교육', '문화에 대한 교육', '문화를 위한 교육'으로 구분해 각각의 교육의 방향과 상관성에 대해 논의하고 있다. 이 글에서는 지역문화자원인 지명 유래 전설을 활용해 문화교육을 제공하려고 하는 입장에서 보자면 문화를 통한 교육이라고 볼 수 있다.

지명이란 어떤 특정 지역의 기호성을 지닌 오브제 중 하나이다. 다양한 유무형의 오브제에는 역사적 기억들이 존재하며 이를 바탕으로 형성된 다양한 이야기들이 사람들에 의해 짜여 구술되고 있다. 이런 구술적인 요소들을 테마로 엮어 이야기로 만드는 것이 스토리텔링이다. 스토리텔링이 글이라는 도구를 통해 시간과 역사의 흔적들을 복원하고 사람들의 머릿속에 오래 간직될 수 있는 유용한 방법이라는 것은 누구도 의심할 여지없는 사실이다. 그러나 우리는 스토리텔링 영역을 작가나 마케터들의 전유물로 인식하는 경향이 있다.

우리의 일상 도처에 다양한 이야기 소재들이 널려 있음에도 불구하고, 교육적 차원에서는 스토리텔링을 학습에 적용하지 못하고 있는 실정이다. 마치 스토리텔링이 어려운 과정을 거쳐야 하는 작업처럼 여겨지고 있기 때문이다. 그러나 스토리텔링은 학생들에게 창의력과 상상력을 발휘하여 텍스트를 만들어낼 기회를 제공하는 교육적 도구이다. 따라서 스토리텔링은 교육적 차원에서 학생들의 사고체계를 유연하고 역동적으로 전환시킬 수 있는 모토로 작용할 수 있다. 뿐만 아니라 지역의 애향심을 고취시키는 데 일조를 할 수 있다. 예컨대 대다수의 지명이나 전설은 그 지역의 유명한 고개, 산, 동물이나 효, 한, 사랑과 같은 인간의 행위 등 우리 일상에서 항상 마주하고 있는 것들과 결부되어 있다. 특히 지명의 유래나 전설 등은 지역의 색채를 강하게 드러내고 동시에 짧은 문장으로 전승되고 있다.

인천 검단 지역의 경우 "호랑이가 있었다"(가현산 호랑이 전설)*, "여우가 많았다"(여우재고개 전설)** 등의 이야기들이 있다. 이와 같은 이야기들은 시간의 흐름에 따라 나열된 이야기의 구조도 아니고 독자의 흥미를 끌 수 있는 기승전결의 구조도 아니다. 단지 지역의 색채를 강하게 표현한 짧은 단문장이나 키워드로 전해지고 있다. 따라서 이러한 부분들을 스토리텔링함으로써 창작과정을 통해 지역 학습자들에게 지역문화 정체성을 함양할 수 있는 긍정적인 학습효과를 유발할 수 있다. 즉, 이러한 부분에서 스토리텔링은 교육적인 차원에서 학습을 증대시킬 수 있는 역할을 수행할 수 있는 것이다.

이를 위해 이 글에서는 지역문화교육으로서 스토리텔링에 대해 검토하고, 이에 대한 스토리텔링 과정을 살펴보며 본 연구의 대상지인 인천광역시 서구 검단 지역의 여래마을 지명 유래 전설을 스토리텔링 단계에 대입하여 예시를 제공할 것이다.

<hr />

*
가현산 호랑이 전설
나무꾼이 가현산에 나무를 하러 갔다가 호랑이를 만났다. 나무꾼이 말하길, 사실 호랑이는 본래 내 형님이었지만, 형님이 어릴 적 나무를 하러 나갔다가 돌아오지 못하고 호랑이가 되었다고 말하였다. 호랑이는 나무꾼을 살려주었고 나무꾼의 집에 한 달에 두 번 돼지를 잡아다 주었다. 나무꾼의 어머니가 돌아가신 후로 호랑이가 보이지 않아 나무꾼이 산에 올라가 보니 어머니가 돌아가셨다는 말을 듣고 호랑이가 그날부터 식음을 전폐하고 울다가 죽었다고 하였다.

**
여우재고개 전설
서낭으로 가는 길목인 고개를 지날 때면 어여쁜 처녀가 조헌 선생을 꾀려 하였다. 그러자 그는 스승에게 그 사실을 알렸다. 이야기를 들은 스승은 그 처녀의 입안에 있는 구슬을 삼키면 장차 크게 성공할 것이라고 말하였다. 조헌 선생은 스승의 말대로 처녀의 입안에 들어있던 구슬을 삼키었더니 그 처녀는 흰 여우로 변해 돌아갔다.

지역문화를 소재로 한 스토리텔링은 해당 지역의 전통과 현재가 공존하며 살아있는 이야기를 창작할 수 있는 기회를 제공하고, 학습자들의 창의력과 상상력이 가미된 창작활동의 여건을 조성하는 데 매우 유용한 교육수단이다. 지역문화교육을 거론하기 전에 먼저 논의되어야 할 부분은 지역문화의 개념이다.

지역문화란 특정 지역에서 나타나는 문화적 특성을 의미하는 것이다. 일정한 지구(地區)에서의 생활양식으로, 오랜 세월 동안 전해져오는 향토문화와 여타 지역에서도 공통적으로 발견할 수 있는 생활문화, 예술문화, 관광·여가문화 등을 포괄하는 것을 지역문화라고 정의할 수 있다.* 이와 같은 정의를 바탕으로 지역문화교육을 이해하려면, 지역에 내재된 문화를 습득하는 학습이라는 데 동의하여야 한다. 학습자의 경험과 조사를 통해 지역성의 정확한 파악과 자신이 살고 있는 지역을 중심으로 학습함으로써 열린 자기주도적인 학습 기회를 전개할 수도 있다. 또한 지역문화교육은 지역 소재 기관에서 실시하는 지역을 주제로 하는 강의 또는 지역민이 직접 체험하는 체험교육 등의 교육방법들은 감성화 시대에 접어들면서 교육적 효과를 극대화하기 위해 스토리텔링을 접목한 교육이 주목받고 있다.

흔히 스토리텔링을 규정**할 때, 'story+telling' 혹은 'story+tell +ing'으로 나누어 설명하고 있다. 이분법적 구분과 삼분법적 구분은 결과적으로 볼 때, 스토리, 담화, 이야기가 담화로 변하는 과정을 모두 포괄하는 개념이다. 즉, 플롯의 근간이 되는 '이야기', 현장성을 제공하는 '말하기,' 여기에 상황의 공유와 상호작용성의 의미를

* 최근에는 지역문화 대신 향토문화라는 말을 더욱 많이 사용하고 있다. 그러나 본 연구에서 지역문화라고 언급한 것은 중앙과 지방이라는 종속적인 개념에서 벗어나 주민의 생활공간 범위, 즉 동질적인 문화로 구성된 지리적 영역의 부분으로서 '지역문화'를 이야기하고자 하기 때문이다.

** 스토링텔링은 연구자마다 다르게 정의되지만, '이야기를 매체의 특성에 맞게 표현하는 것'을 중심에 두는 공통점에서는 벗어나지 않는다(정창권, 2008).

내포하고 있다. 'telling'은 '말하다'는 의미 이외에도 인간의 오감이 포함되어 있다(최혜실, 2007). 아울러 스토리텔링을 통해 만들어진 이야기는 인물, 사건, 배경이라는 구성요소를 가지고 있으며, 시작과 중간 그리고 끝이라는 사건의 시간적 연쇄로 기술된다는 점에서 논증, 설명, 묘사 같은 담화 양식과는 구별된다(이인화 외, 2008). 이와 같은 스토리텔링은 문학이나 문화산업, 교육적인 측면 등에서 강조되어 하나의 방법론으로 우리의 일상 속에 자리매김하고 있다. 그러나 분야마다 스토리텔링의 의미와 특성은 각각 다르다고 볼 수 있다. 문학에서 스토리텔링은 서사의 확장으로 인식되며 통섭의 근원으로서 이야기 분석 등과 같은 이야기 특성이 연구되고 있다. 문화산업에서는 OSMU로서 스토리텔링의 장치(기법), 즉 방법론으로서 활용되어 연구된다. 또한 스토리텔링이 교육에 적용되면서 흥미와 재미를 줄 수 있는 오락과 교육의 결합, 즉 에듀테인먼트적 요소로 작용하여 학습효과를 높일 수 있다.

본 논문에서는 다양한 적용 가능성을 지닌 스토리텔링을 지역문화교육에 적용하는 것이 교육의 확장된 범주에 적용시키는 것이라고 말하고자 한다. 지역문화교육에서의 스토리텔링을 통해 학습자는 자신이 살고 있거나 관심 있는 지역에 내재된 문화를 학습하고 경험과 체험을 바탕으로 원형의 이야기를 재생산할 수 있게 되는 것이다. 다시 말해, 학습자가 지역의 이야기를 만들어가면서 자연스럽게 지역문화를 알아갈 수 있도록 하는, 지역문화에 대한 능동적이며, 자기주도적인 학습에 기여할 것으로 본다.

본 연구와 유사한 선행연구들을 두 가지로 분류하여 그 내용을 살펴볼 수 있다. 첫 번째는 지역문화교육에 관한 연구, 두 번째는 교육에 있어서 스토리텔링을 적용한 연구가 바로 그것이다. 지역문화교육에 관한 대표적인 논문은 김영순·김정은(2006), 백승국·이미정(2006) 등이다. 이 두 논문들에서는 한국향토문화대전의 시범사업인 디지털성남전자대전 및 한국문화콘텐츠진흥원에서 추진해왔던 디지털 문화원형의 결과물들을 활용한 지역문화교육의 가능성과 교육적 활용을 제시하였다.

또한 정우락(2005)은 지역문화교육을 하는 데 있어서 영남지역 유교문화의 교육과정을 15주차로 나누어 제시하였으며, 김범철(2008)은 충청지역 선사문화를 대상으로 한 역사교육과 대중화의 발전방향에 대해 논의하였다.

변성구(2002)는 제주문화의 현실과 정체성 교육의 관계를 살펴보았는데, 한국인 아울러 제주인으로서 정체성 확립을 위한 방안으로 국어과 수업에서 가능한 학습 프로그램 현황 파악 및 국어수업 활동을 통해 어떻게 실현되어야 하는지에 대해 모색하였다.

정미라 · 이희선 · 노은호(2004)는 유아교육기관의 지역사회 문화교육의 현황과 이에 대한 교사들의 인식을 분석하였다. 권혁진(2007)은 7차 교육과정과 한문과에 있어서의 지역교육을 검토한 후 현행 한문교과서에 실려 있는 자료를 통하여 지역교육의 내용과 방법을 모색하였다.

두 번째는 교육에 있어서 스토리텔링을 활용한 연구이다. 김향인(2001)은 내러티브 스토리텔링을 활용한 초등도덕교육에 적용될 수 있는 방안에 대해 논의하고 있고, 박세원(2006)은 교사가 성찰적 스토리텔링 방법을 이용하여 초등학교 아동들에게 자신의 도덕적 정체성을 탐구하고, 형성하도록 도울 수 있는지에 대해 논의하였다. 장진태(2006)는 디지털 스토리텔링 기법을 활용하여 온라인 영어교육 콘텐츠를 개발하고, 적용하여 효과를 검증하였다. 이미재(2004)는 초등영어 수업에서 전활동, 본활동, 후활동으로 나누어 스토리텔링 활동과정을 논의하였으며, 효과적인 스토리텔링 지도법을 설명하고 있다. 이밖에도 다양한 교과목에 스토리텔링을 활용한 연구들이 진행되어왔다.

앞서 선행된 지역문화교육 연구와 교육을 위한 스토리텔링 활용연구는 대개 교수법 및 학습모형, 지역문화 교육과정 적용 등을 모색하거나 대안적인 방법을 제안하는 연구들이 대부분이다. 이러한 연구경향과 현재의 지역문화교육을 살펴보면, 지역문화교육에 있어서 지역문화요소를 활용한 구체적인 교육방법을 제안하고 있지는 못하다. 학습자는 지역문화를 이해하는 데 있어서 거시적인 측면만을 다루게 되고, 지역문화에 대해 동화되지 못한 채 지역문화를 학습하게 된다. 이러한 지역문화교육은 이전의 주입식 교육과 별반 다름없으며, 자율적인 체험이 아니라 강제된 체험을 통해 교육의 효과를 높일 수 없을 것이다. 따라서 지역문화교육 만큼은 개방식 교육 및 자기주도적 학습이 요구되어야 한다.

따라서 이 글에서는 지역문화 중에서 지역의 지명 유래 전설을 활용하여 학습자 스스로 할 수 있도록 스토리텔링을 할 수 있는 예시를 제안할 것이다. 또한 스토리텔링 단계에 따른 실제 활용을 통해 지명 유래 전설의 이야기가 재생산되는 과정을 언급할 것이다.

지역문화자원의 스토리텔링 단계

스토리텔링 단계는 크게 세 가지 단계를 거칠 수 있다. 원형조사, 플롯 구성, 이야기 재생산단계로 나누어볼 수 있다. 첫 단계인 원형조사는 대상지 선정, 문헌조사, 현지조사, 가치대상 분석으로 구분할 수 있다. 지역문화 이야기를 스토리텔링하기에 앞서 자신이 사는 지역 혹은 관심 있는 지역을 선정한 후, 대상지역에 대해 조사를 할 필요가 있다. 또한 이 단계는 스토리텔링하고자 하는 이야기를 선정하여 지역 서적, 시·구청 홈페이지, 연구보고서, 블로그, 논문 등에서 지역의 거시적인 측면과 미시적인 측면에서 지역문화를 이해하는 과정이다. 그 후에 대상지역을 직접 방문하고, 대상지의 이미지를 촬영하여 수집하는 현지조사를 한다. 이러한 활동을 통해 현장감과 지역민 인터뷰를 통한 또 다른 이야기를 생산해낼 수 있고, 문헌에서 학습한 내용을 도상적으로 이해하는 데 효과적으로 작용될 수 있다.

나아가 현지조사 후에는 반드시 답사일지를 작성해야 한다. 답사일지는 일시, 조사지역, 피조사자, 조사내용 등을 간략하게 적고 관련 전사록와 이미지 번호를 기입하여 답사록에 정리한다. 이러한 사전연구를 통해 지역 이야기 안에 내재된 의미를 분석하여 이야기의 가치대상을 파악하는 것이다. 즉, 이야기 속에서 획득하고자 하는 대상이 무엇인지, 얻고자 하는 것이 무엇인지 등과 같은 맥락으로 이야기 안에 들어있는 본질적인 의미를 파악하는 것이다. 이러한 가치대상 분석을 하는 것은 스토리텔링의 주제를 설정하는 데 있어서 핵심적인 요체로서 활용될 수 있기 때문이다.

두 번째 단계는 주제와 제목, 메인플롯과 서브플롯을 정하는 플롯 구성단계이다. 첫 단계에서 시행한 전체 이야기 내용을 정하고, 전체 내용을 집약적으로 함축할 수 있는 제목을 설정한다. 그리고 스토리텔링하는 데 있어서 큰 흐름이 변하지 않도록 토비아스(1993)의 20가지 플롯을 적용하여 메인플롯을 설정한다.* 메인플롯은 스토리텔링의 방향을 설정하는 과정이다. 토비아스의 20가지 플롯을 요약하면 〈표 7.1〉과 같다.

* 플롯의 분류는 여러 학자들에 의해 연구되어왔다. 카를로 고치의 36가지이든, 키플링의 69가지이든 다양한 플롯을 구분하여 설명하고 있다. 그러나 본 연구자는 유독 토비아스의 20가지 플롯으로 선정한 이유는 여러 플롯들이 있지만, 수용자들이 향토적인 이야기를 따분하거나 지루하게 느낄 수 있기 때문에 스토리텔러가 수용자들의 흥미를 유발하고, 재미를 줄 수 있는 내용으로 구성하여 수용자들에게 쉽게 다가갈 수 있도록 하기 위함이다.

〈표 7.1〉 토비아스의 20가지 플롯

토비아스 플롯	핵심 초점	주안점
추 구 (quest)	돈키호테는 사랑을 얻을 것인가	장소나 사물을 찾는 플롯, 원인과 결과에 따른 움직임, 여행의 목적은 지혜의 추구, 여행 동반자 필요, 조력자 등장
모 험 (adventure)	초점을 여행에 맞추어라	새롭고 이상한 장소와 사건을 다룸, 무엇인가에 의해 여행을 시작해야 하는 동기를 부여 받음, 행운을 찾아 나섬, 사건의 원인 결과적 연관성 일치
추 적 (pursuit)	도망자의 길은 좁을수록 좋다	추적 자체의 중요성, 추적하는 사람들은 위험한 상황에 처함, 쫓기는 자가 쫓는 자를 붙잡을 정당한 기회 마련, 신체적 행동에 의존, 등장인물은 자극적이고 적극적이며 독특해야 함, 고정된 인물상 탈피, 상황을 지리적 고착시킴(좁을수록 긴장감 극대화), 첫 번째 대목(추적의 기본규칙 정하기, 위험을 설정, 동기를 부여하는 사건)
구 출 (rescue)	흑백논리도 설득력이 있다	등장인물의 행동에 의존, 주인공은 악역으로부터 희생자를 구출, 도덕적 논리는 흑백논리, 주인공과 안타고니스트의 관계, 이별·추적·대결 및 상봉 등 3단계의 국면을 사용
탈 출 (escape)	두 번 실패한 다음에 성공하라	탈출 이외의 길 배제, 흑백논리, 구출의 플롯과 반대(주인공이 희생자), 첫 탈출시도는 좌절, 후엔 성공
복 수 (revenge)	범죄를 목격하게 만들면 효과가 커진다	복수의 행위 자체에 초점, 복수에 대한 도덕적 정당성, 복수는 주인공이 당한 괴로움을 넘어서지 않는 상태에서 형평성을 지님, 첫 극적인 단계에서는 주인공의 정상적인 삶, 두 번째는 복수의 계획을 수립, 마지막은 주인공과 안타고니스트의 대결
수수께끼 (the riddle)	가장 중요한 단서는 감추지 않는다	수수께끼의 핵심은 영리함, 아주 평범한 빛으로 감춤, 긴장은 실제로 일어나는 것과 일어나야만 하는 것 사이의 갈등에서 옴, 독자에게 도전거리를 제공, 수수께끼에 대답은 평범하게 보여야 함, 첫 번째 극적단계는 일반적 요소 포함(인물, 장소, 사건 등), 두 번째, 특별한 측면 소개(인물, 장소, 사건의 역임 상태 밝힘), 세 번째, 해결책, 관객을 정해야 함, 끝을 개방구조 혹은 폐쇄구조로 정해야 함.
라이벌 (rivalry)	경쟁자는 상대방을 이용한다	세력의 투쟁, 적대감은 대등하게, 도덕적 문제에 관해 편이 갈림, 인물의 세력관계를 곡선으로, 첫 번째 극적단계는 행운의 반전으로 인한 프로타고니스트의 세력곡선의 방향을 달리 잡음, 세 번째는 라이벌 간의 피할 수 없는 대결
희생자 (underdog)	주인공의 정서적 수준을 낮게 하라	라이벌 플롯이 적용되나 예외도 있음, 예외는 프로타고니스트는 안타고니스트와 대등한 상대가 되지 않음, 극적단계의 전개과정은 세력곡선을 따른다는 점에서 라이벌 플롯과 흡사, 희생자는 보통 적대 세력을 극복
유 혹 (temptation)	복잡한 인물이 유혹에 빠진다	유혹에는 치명적인 대가가 따름, 주인공이 유혹에 지게 됨, 첫 번째 극적단계에서 프로타고니스트의 본성을 먼저 설정, 다음에 안타고니스트 소개, 유혹의 본질 소개, 프로타고니스트가 유혹에 빠짐, 두 번째 극적단계는 유혹에 빠진 영향을 반영, 프로타고니스트는 책임과 처벌을 피하기 위한 방법과 수단을 찾음, 저지른 행동의 부정적 영향은 두 번째 극적 행동의 분위기를 더 긴장 상태로 몰아감, 세 번째는 프로타고니스트의 내면적 갈등을 풀어줌.

(계속)

토비아스 플롯	핵심 초점	주안점
변신 (metamorphosis)	변하는 인물에는 미스터리가 있다	보통 저주의 결과, 저주의 치료를 일반적으로 사랑, 주인공이 변신의 과정을 겪어 인간의 모습으로 돌아온다는데 있음, 변신은 인물의 플롯, 주인공은 천성적으로 슬픈 인물, 생활은 보통 금기사항과 의식절차로 묶여 있음, 관객은 저주의 성격에서 교훈을 얻음.
변모 (transformation)	변화의 책임을 누가 질 것인가	주인공이 인생의 여러 단계를 여행하면서 겪는 변화를 다룸, 변화의 본질에 집중해야 하고 경험의 시작에서부터 마지막까지 주인공에게 어떻게 영향을 미쳤는지 보여주어야 함, 첫 단계는 프로타고니스트를 위기에 빠뜨리는 사건과 연관이 있어야 함, 두 번째는 주인공의 성찰, 세 번째는 모든 것이 밝혀지는 사건을 담음(진정한 성장과 이해), 종종 지혜의 대가로 슬픔을 치르기도 함.
성숙 (maturation)	서리가 내려야 맛이 깊어진다	성장기의 절정에 있는 주인공을 창조하라, 주인공의 어린 시절의 순진한 삶과 보호를 받지 못하는 어른의 삶을 대비시켜라, 주인공의 도덕적, 심리적 성장에 집중시켜라, 주인공의 변화의 과정을 보여줌, 주인공이 준비가 되기 전에 어른의 가치와 인식을 심어주면 안됨, 교훈이 가져올 심리적 비용을 결정하라.
사랑(love)	시련이 클수록 꽃은 화려하다	진정한 사랑은 시련 속에 꽃핀다, 관객은 해피엔딩을 바란다, 내용보다 표현방법이 더 중요, 구조(사랑이 절정에 도달하면 시련이 찾아옴 → 눈물겨운 노력에도 희망을 절벽 → 시련 극복과 사랑의 완성
금지된 사랑 (forbidden)	빗나간 열정은 죽음으로 빛을 갚는다	사회의 관습에 어긋나는 사랑, 사회적 관습을 무시하고 열정을 쫓아감, 보통 비극적 결과, 첫 단계는 그들이 위반한 금기, 두 번째는 사랑하는 연인들이 관계의 핵심에 도달, 세 번째는 연인들이 마지막 단계에 도달하게 되고 도덕적 문제를 해결할 단계에 다다름.
희생 (sacrifice)	운명의 열쇠가 도덕적 난관을 만든다	개인에게 위대한 대가를 치르게 함, 프로타고니스트는 이야기가 진행되는 동안 낮은 도덕적 차원에서 숭고한 차원으로 중요한 변화를 겪음, 사건이 주인공에게 결단을 촉구, 등장인물의 기본 바탕을 설정하여 관객이 희생을 결정하는 과정을 이해하도록 만듦, 등장인물의 동기를 분명히 해서 왜 희생을 하는지 관객이 이해하도록, 사고의 줄기를 통한 행동의 줄기, 도덕적 난관을 설정
발견 (discovery)	사소한 일에도 인생의 의미가 담겨있다	발견하는 과정에 초점, 상황이 변하여 등장인물이 새로운 상황에 처하게 되기 전에 주인공을 알려주는 방법으로 시작, 주인공의 과거 인생에 너무 집착하지 않도록, 균형 감각 유지, 멜로드라마적 정서는 피함, 작가의 메시지를 전달하기 위해 등장인물에게 강요하거나 설교하지 않음.
지독한 행위 (ascension)	사소한 성격 결함이 몰락을 부른다	등장인물의 심리적 몰락에 관한 작품, 몰락의 이유를 성격적 결함에 둠, 등장인물의 몰락은 변화를 시작하기 이전의 주인공은 어떠했는가, 주인공이 계속해서 나빠질 때 상태는 어떤가, 사건이 위기의 순간에까지 도달한 이후에 무엇이 벌어지는가, 위기의 순간에 주인공이 완전히 파멸하던가, 구원을 받던가.
상승과 몰락 (descension)	늦게 시작하고 일찍 끝을 맺는다	인간심리 탐구와 세부묘사가 중요, 이야기를 한 명의 주인공에 초점, 등장인물의 강한 의지를 보여줌, 사건들의 결과로서 등장인물이 계속해서 변하는 발전을 보여줌, 직선적인 출세와 몰락은 피하도록.

*참조: Ronald B. Tobias(1993)

〈표 7.1〉과 같이 스토리텔링의 방향을 설정했다면, 그 후엔 서브플롯을 설정한다. 서브플롯은 다양한 창의력이 요구되는 단계이며, 인물, 사건, 배경의 3요소로 나누어 각각의 플롯들을 설정할 수 있다. 인물은 주인공과 조력자, 반대자를 설정하고, 배경은 시간적·공간적 배경으로 나누어 설정하며, 사건은 발단(도입) → 전개 → 절정(위기) → 결말(해결)과 같은 시간적 연쇄에 따라 구성한다. 메인플롯과 서브플롯을 설정했다면, 각각의 서브플롯들을 다시 한 번 검토를 해봐야 한다. 검토를 하는 이유는 각각의 플롯을 구성함에 있어서 불필요하거나 추가적인 플롯이 생길 수 있고, 주제 및 메인플롯과 세부 플롯 간의 관계가 유기적으로 얽혀 있는지에 대해 적절한지 파악할 필요가 있기 때문이다.

마지막 단계인 3단계는 1, 2단계를 거쳐서 구성된 플롯을 토대로 살을 붙여 본격적으로 스토리텔링을 하는 것이다. 앞에서 논의한 전체적인 스토리텔링의 단계를 정리하면 〈표 7.2〉와 같다.

〈표 7.2〉에서 제시한 바와 같이, 1단계는 주로 원형조사를 위하여 문헌조사와 현지조사 그리고 조사내용에 대한 분석작업이 행해지며, 2단계에서는 주제 및 제목을 설정하고 이에 대한 메인플롯과 서브플롯이 설정되어야 한다. 3단계에서는 스토리텔링의 본작업이라고 할 수 있는 이야기 재생산 활동이 수행된다.

〈표 7.2〉 스토리텔링 단계

1단계 〈원형조사〉				2단계 〈플롯 구성〉			3단계 〈스토리텔링〉
대상 선정	문헌 조사	현지 조사	가치 대상 분석	주제 및 제목 설정	메인플롯 설정	서브플롯 설정	이야기 재생산

이번 절에서는 본 연구의 대상지인 인천광역시 서구 검단 지역의 지역문화 중 지명 유래를 활용하여 스토리텔링 단계에 적용하였다. 스토리텔링 단계는 크게 원형조사, 플롯 구성, 이야기 재생산의 과정을 거친다.*

1) 원형조사단계

원형조사단계에서는 대상지 선정이 최우선 과제이다. 본 연구의 대상지인 인천광역시 서구 검단 지역은 신도시 개발로 인해 오래전부터 간직해온 다양한 이야기와 문화재 등과 같은 역사적 흔적들이 보존되지 못하고 소멸되어버릴 수 있는 지역이다. 그나마 문화재의 경우 복원이나 이전이 가능하겠지만 토박이들에 의해 전해오는 지역의 이야기들은 거주민의 타 도시 이주로 인하여 더 이상 전승되지 않고 단절되고 있는 실정이다.

이와 같은 단절은 해당 지역이 거주민에 의해 간신히 명맥만 유지했던 지역의 이야기마저 소멸된 삭막한 도시로 전락할 가능성을 시사한다. 또한 이는 나아가 도시의 정체성을 구축하는 데 저해요소로 작용할 수 있다. 그리하여 이글에서는 본 연구자의 거주지인 인천광역시를 대상지로 하되, 특히 과거의 이야기들이 사라질 수 있는 서구 검단을 선정하였다. 서구 검단 중 여래마을이 속해있는 마전동의 지정학적 특성은 다음과 같다.

인천광역시 서구 검단은 예전에는 경기도 김포에 속한 지역이었으나 행정구역의 변화로 1995년 인천광역시로 편제되었다. 검단의

* 인천광역시 서구 검단 지역 중 불로동, 당하동, 원당동, 마전동, 대곡동을 2009년 3월부터 2010년 3월까지 문헌조사 및 현지조사(지역민 인터뷰 등)를 실시하였다.

〈표 7.3〉 마전동, 여래마을의 지역적 특성 및 유래

구 분	내 용
마전동	– 각종 행정기관 및 금융기관 밀집지역(농업기술센터, 농업기반공사, 지역발전연구회, 검단개발사업소 등) – 검단의 중심지 – 삼을 많이 재배
여래마을 역사	여래에는 나주 임씨가 세거해왔다고 하는데 자세한 연도는 알 수 없음. 원래 옛 검단면의 법정 여래였으나 1914년 일제가 행정구역을 통폐합할 때 마전리로 흡수되어 법리로서의 여래리는 역사 속으로 묻혔음.
여래 지명 유래	– 전래의 명칭은 '여리'였으나 옛적 이 마을을 지나던 풍수가가 '여래'로 고치면 마을이 흥하게 될 것이라 해서 고쳤다 함. 또 예전에 이 마을에 살면서 적선을 많이 한 '여래'라는 승려를 기리는 뜻에서 그 이름을 지명으로 쓰게 되었다고도 전함. – 광개토왕 비문에 한강을 아리수라 했는데 이는 '큰 강'이란 뜻. 〈삼국사기〉에 '이산현은 본 백제 열야산현', '여리산 일운 요릉', '여래비리국은 덕은 혹은 갈내' 등의 예가 있는데 여기서 '열야, 여래, 여리'는 모두 대(大), 주(主)의 뜻. 그러므로 여래 또는 여리 모두 '큰 마을'의 뜻인 것은 이 마을이 예전부터 이 일대에 있던 법정리로 으뜸이 되는 마을이었기 때문.
여래의 다양한 지명	가래논, 가운데말, 개건너, 검단초등학교, 골말, 광주 이씨, 나주 임씨, 다리재고개(다리잿고개, 두루재고개, 디릿고개), 둥둥바위, 마전동 여래 도당굿, 방아다리, 버논, 범바위산, 큰짝산, 산신제, 아랫물, 안산, 당산, 여래교, 여래보, 안동 장씨, 작은짝, 종자논, 쪽다리, 큰개울, 큰물, 품무골, 하누재고개(하누재고개), 황새모퉁이

행정동은 1동부터 4동까지 있으며, 법정동은 마전동, 대곡동, 불로동, 당하동, 원당동, 오류동, 금곡동, 왕길동으로 총 여덟 개 동으로 이루어져 있다. 인천 서구 검단은 예전부터 16개의 부락으로 구성되어왔으며, 지금까지도 유교회, 동제 등의 활발한 활동으로 지역 내의 지역민들이 함께 어우러져 자연부락의 모습을 띠고 있다. 그러나 검단은 2009년 2월 개발계획이 승인되어 같은 해인 11월에 신도시 개발이 착수되었으며, 2013년 12월까지 신도시 개발이 완공될 예정이다. 여덟 개의 법정동 중 검단 신도시 개발 공간은 당하, 원당, 불로, 마전, 오류동 일원을 중심으로 개발에 착수하고 있다.

다음 단계는 문헌조사단계이다. 인천 서구 검단의 문화자원 중에서 스토리텔링을 하기 위한 대상을 먼저 추출한다. 대상 개발은 대

상지역을 거시적으로 살펴본 다음, 이야기 대상을 추출 후 소재에 대한 인터넷, 서적 등과 같은 다양한 매체를 통해 사전조사를 한다. 마전동 여래마을에 있는 지명, 인물 등과 같은 자원 및 역사, 지명 유래에 대해 문헌자료를 통해 살펴보았다.

이와 같은 문헌조사를 통해, 마전동 여래마을에 대한 이론적인 지식을 습득할 수 있었다. 여래마을의 경우, 여러 개의 지명 유래가 전해지고 있는 것을 알 수 있었다. 또한 여래마을은 고개와, 우물, 논, 산 등이 어우러졌던 지역이지만, 검단 신도시 개발로 인해 예전의 모습은 볼 수 없는 곳이기도 하였다.

문헌조사를 기반으로 하여 직접 현지조사가 진행되는데, 현지조사팀은 마전동 여래마을 주민들에게 여래마을의 생활상, 여래마을의 유래 등 인터뷰를 실시하였다. 〈표 7.4〉는 현지조사를 통해 얻은 결과물을 정리한 답사일지이다.

현지조사를 실시한 결과 문헌조사에 나오지 않았던 마전동과 관련한 다양한 이야기가 있었으며, 그중 여래마을 지명 유래에 대한 새로운 사실을 발견하였다. 이는 "적선을 많이 한 '여래'라는 여승의 이름을 기른다는 뜻에서 붙여진 지명"이라는 새로운 이야기를 들을 수 있었다. 또한 이미지 번호는 조사자에 의해 체계적으로 분류표를 설정해보기 쉽게 하도록 하여, 임의로 번호를 부여하였다.

다음 단계는 수집한 자료들을 분석하는 단계이다. 문헌조사를 통해 여래마을의 이름은 '여리, 여래, 열야'라고 불리었으며, 으뜸이 되는 마을이어서 붙여진 명칭이었다고 한다. 또한 현지조사를 통해 알아낸 사실은 이 마을에 살면서 적선을 많이 한 '여래'라는 승려를 기리는 뜻에서 붙여진 이름이라고 하였다. 이러한 여래마을 유래의 이야기들을 통해 도출된 의미는 덕, 적선, 사랑, 희생과 같은 가치를 파악할 수 있었다. 결국 이런 가치들을 스토리텔링에 도입해야 할 것이다.

〈표 7.4〉 답사일지의 예시: 인천 서구 검단 마전동 답사일지

일 시	2009년 4월 11일 토요일 18시
조사지역	인천 서구 검단 – 마전동 1통 간뎃마을과 윗마을 : 품무골, 봉바위
참석인원	오장근, 임지혜, 정찬영, 오세경 이상 인하대 4명
피조사자	김현옥(남, 64세) : 여래(마전동 1통) 주민
조사내용	1. 마전동 1통(아랫말, 간뎃말, 윗말)에 대한 전반적인 개관 　1) 김현옥(분)은 마전동에서 오랫동안 거주함(혼인 후~현재) 　2) '마전동'은 과거에 '아랫말', '골말'이라고 부름 　　① 삼이 많이 났던 지역 : 중국 → 강화도 → 검단 마전동 　　② 아랫말은 지리적 위치상 사용했던 명칭 　　③ 골이 깊어 골말이라고 함 : 물이 많은 환경과도 관련함 　3) 여래(마전동) 지역은 면 소재지로 과거 가장 번화한 곳임 　　① 근처 다른 지역(ex. 불로동, 당하동)에서 업무를 처리하기 위해 　　　서는 여래 지역까지 찾아와야 했음, 하지만 현재는 주변화됨 　　② 여래의 지명 유래는 적선을 많이 한 여래라는 여승의 이름을 기린 　　　다는 뜻에서 붙여진 지명이라고 전함 　4) 물이 많고 토양의 질이 좋아서 마전동에서 나는 쌀은 맛이 좋음 　　– 다른 지역의 쌀 80kg의 부피와 마전동의 쌀 80kg의 부피 비교 　　→ 속이 꽉 찬 쌀이기 때문에 같은 무게라도 부피가 더 작음 　5) 식량이 풍부한 곳(곡식이 잘 자라고, 물이 풍부해 민물고기가 많이 　　잡힘)이기 때문에 사람들이 모여서 살기에 좋은 환경을 갖춤 2. 마전동 품무골 　1) 예전 검단초교 옆에 대장간이 있는 곳임 　2) 현재는 문방구 및 다른 상업시설 건물이 있는 자리임 　3) 대장간에서는 마전동의 농사일에 사용할 괭이, 호미, 삽 등의 농기구 　　를 제작함 　4) 쎗골(쇳골 ; 금곡동)에서 채광됐던 금, 은, 동 등의 광석류와 관련된 　　곳임 3. 마전동 봉바위(범바위) 　1) '범바위'라고 알려져 있지만 주민들은 '봉바위'라고 부름 　2) '봉바위'는 윗말과 간뎃말의 중간에 위치한 것으로, 봉황새 봉(鳳)을 　　쓴 명칭임 　3) 길선사(절) 부근 산 중턱에 존재하는데, 절에서 길을 닦아놓음 　4) 제법 큰 바위였으나 번개를 맞아 쪼개져 부피가 작아짐
이미지 번호	20090411 010001

〈표 7.4〉 답사일지의 예시 : 인천 서구 검단 마전동 답사일지

2) 플롯의 단계

1단계에서 도출된 덕, 적선, 사랑, 희생, 으뜸이라는 의미를 통해 주제와 제목을 설정하였다. 주제는 '덕을 베푼 여래', 제목을 '비구니의 이름을 기린 여래'라고 정하였다. 메인플롯은 토비아스(1993)의 20가지 플롯 이론을 기반으로 '모험'이라는 모티브로 스토리텔링의 방향을 설정하였다.

서브플롯은 인물, 배경, 사건이라는 스토리텔링 3요소에 맞추어 구성하였으며, 〈표 7.5〉는 마전동 여래마을의 지명 유래를 스토리텔링하는 과정 중 2단계를 작성한 것이다.

앞서 살펴보았던 토비아스(1993)의 20가지 플롯에서 보듯이, '모

〈표 7.5〉 스토리텔링 2단계

주 제			덕을 베푼 여래
제 목			비구니의 이름을 기린 여래
메인플롯			모험
서브플롯	인물	주인공	임여래
		조 력	꼬마, 소녀, 마을 사람들
		반 대	–
	배경	시간적 배경	현재, 고려시대(과거)를 넘나듦
		공간적 배경	버스 안, 암자(절터), 학교, 검단동, 여래
	사건	발단(도입)	1. 학교버스를 타고 가던 중 어느 할머니가 서 계시는 것을 봄 2. 무시하고 그냥 잠든 척을 하다가 잠이 듦
		전 개	3. 버스에서 내려보니 학교는 보이지 않고 시골 모습만 보임 4. 과거로 시간여행을 하게 되었다는 사실을 깨달음 5. 메모가 적힌 종이를 발견함(덕망과 은혜를 베풀어야 한다는 내용)
		절정/위기	6. 마을 사람들의 보살핌을 받게 됨 7. 여래는 여스님이 됨 8. 마을 사람들의 선행으로 여래 또한 그 사람들을 도와줌 9. 마을 이름을 지으라는 메모를 발견 10. 마을 사람들은 마을 이름을 여래라고 정하기로 함
		결말(해결)	11. 여래는 꿈속여행에서 다시 현실로 돌아옴

험'이라는 플롯을 메인플롯으로 설정할 때, 몇 가지 주안점을 염려하여 서브플롯을 정해야 한다. 첫째, 새롭고 이상한 장소와 사건을 다루어야 하는데, 이때 관객도 주인공과 함께 몰입하여 모험을 즐길 수 있게 해야 하는 것이다. 둘째, 주인공은 누군가에 의하여 혹은 무엇인가에 의해 여행을 시작해야 하는 동기를 부여받아야 한다. 셋째, 행운을 찾아 나서야 하고, 넷째, 사건의 원인 결과적 연관성은 주인공에게 동기를 부여하는 첫 번째 사건에서 발견할 수 있는 원인 결과적 연관성과 일치해야 한다.

이런 점에 유의하여 서브플롯을 설정하였으며, 주인공은 '임여래'로 설정하고, 조력자는 꼬마, 소녀, 마을 사람들로 정하였고, 반대자는 존재하지 않는다. 단지, 주인공이 웃어른에게 양보의 미덕을 보이지 않는 데서 모험이 시작되게끔 하였다. 배경은 현재→과거→현재의 시공간을 넘나들며, 아주 생소한 장소에서부터 여행을 하도록 설정하였다. 그리고 창작성을 가장 발휘해야 하는 사건설정에서는 11개의 플롯을 구성하여 스토리텔링의 흐름을 전개하였고, 각각의 플롯이 유기적으로 연결될 수 있도록 하였다.

3) 이야기 재생산 단계

앞의 2단계를 기반으로 실제적인 스토리텔링 작업이 수행되어야 한다. 다음 글은 스토리텔링 1, 2단계를 거쳐 최종적으로 마전동 여래마을의 유래를 스토리텔링한 것이다. 마치 학습자들의 눈높이에 맞는 흥미로운 이야기를 주된 내용으로 전개되고 있다.

마전동 여래마을 유래의 스토리텔링 3단계

나는 여러 이름을 가지고 있다. 학교에서는 여래로, 집에서는 여리로 불리며, 할머니는 열야라고도 부른다. 내가 이렇게 다양한 이름이 있는 이유는 잘 모른다. 나는 평택 임씨로 제일가는 절세미인이다. 누가 나를 뛰어넘을까? 송혜교? 전지현? 김태희? 암만 그래도 내가 일등이지. 나를 뛰어넘을 순 없지…. 호호 이렇게 거울 속에 있는 나를 바라보면서 항상 생각한다. 마치 자기 주문을 외우는 것처럼.

"엄마! 학교 다녀오겠습니다."

나는 '친구들과 수다를 떨며, 밥을 먹고, 강의를 듣고 집에 가는 버스를 기다리고 있다.

'나는 너무 예뻐, 난 참 섹시해, 미모는 나의 무기!' 노랫가락을 흥얼거리면서 버스 맨 앞자리에 앉았다. 좀 지났을까? 어떤 할머니가 내 앞에서 휘청거리며 서계시는 게 아닌가! 나는 잠시 깊은 생각에 빠졌다. '집까지는 아직 멀었고, 어제 다리도 다쳐서 아픈데다가, 친구들과 수다를 많이 떨어서 피곤도 하고' 이런 생각들을 하면서 스스로를 합리화하기 시작하였다. 결론은 '그래, 잠이나 자자!' 나는 살며시 눈을 감았다. 아니, 잠든 척 시늉을 해야만 했다. 그러다 나도 모르게 잠이 들어버렸다.

단잠을 자고 있던 나는 누군가의 인기척을 느끼고는 눈을 찡그리며 일어났다. '어! 여기가 어디지?' "학생! 어디까지 가는데? 여기 검단동 앞이야'라고 말하는 운전기사 아저씨의 말을 듣고는 재빨리 벨을 누르고 버스에서 내렸다. 그런데… '여기는 어디지?' '분명 검단동 앞이라고 했는데…' 운전기사 아저씨의 말을 되새기며 어리둥절하고 있었다. 내 눈앞에 보이는 것은 온통 밭과 개울 그리고 산, 드문드문 보이는 집들. 나는 그 순간 두려움

이 엄습해왔다. '이게 어떻게 된 상황이지? 아직 꿈을 꾸고 있는 게 틀림없어!' 볼을 꼬집어본 나는 '아야, 꿈이 아니잖아. 여기가 대체 어디냐고~'를 외치면서 자리에 그만 주저앉고 말았다. '내가 무슨 죄를 저질렀기에, 이런 역경을 주시옵니까'라며 하늘을 향해 원망의 눈길을 보내며 외쳤다. 나는 마음을 가다듬고 사람들을 찾기 시작했다. "누구 없어요? 거기 누구 없어요?" 나는 이 말을 수백 번 아니, 수천 번 외쳤다. 그러던 중 길가에 떨어진 금빛 종이를 보게 되었다. 거기에는 이렇게 적혀 있었다.

임여래, 당신의 죄를 사하려면 진심으로 사람들에게 덕망과 은혜를 베풀어야 하리오. 만약 시행하지 못하면, 당신은 이곳을 영영 벗어나지 못하리.

이렇게 적힌 쪽지를 들고, '하느님! 부처님! 전 어떻게 해야 하나요'라며 하염없이 눈물만 흘리고 있었다. 그러던 중 저기 멀리에서 나를 보고 있는 조그만 여자아이를 발견했다. "얘야, 여기가 어디니? 그리고 사람들은?" 하고 묻자, 여자아이는 갸우뚱거리며 머리에 감투를 쓴 것과 같은 산을 가리켰다. 나는 그 꼬마가 알려준 산으로 올라갔다. 산을 올라가니 마을 사람들이 모여 있었다. 나는 다가가 "저기요~, 실례지만, 말 좀 여쭐게요! 여기가 어디죠?"라고 물었다. 한 남성이 "음, 어디서 온 지는 모르겠으나, 여긴 마을이지요. 근데 누구요?"라고 하자, "저는 임여래라고 하는데요! 제가 길을 잃은 거 같아요!" 하고 대답했다. 그러자 다른 남성이 "여기 사람은 아닌 거 같고… 딴 마을에서 온 거요?"라고 물었다. 나는 "검단동을 찾으려고 하는데

요."라고 답했다. 그러자 그는 "거긴 어디지? 누구 아는 사람 없어?"라며 다른 사람들을 둘러보았다. 나는 문득 뇌리를 스치는 직감으로 물었다. "혹시 지금 몇 년도예요?" 그는 "고려시대요! 1000년이지요! 근데 정작 그걸 모른단 말이요? 세상이 곡할 노릇일세." 하였다. 나 자신조차 누구인지, 여기가 어디인지, 내가 왜 여기 와 있는지, 도무지 이해할 수 없었다. 나는 이런 혼란스러운 생각들을 하다가 그만 정신을 잃고 말았다.

눈을 떠보니 어떤 산속 암자에 누워 있었다. "거기 누구 없어요?"라고 묻자, 한 부인이 들어와 "정신이 좀 들어요? 이 옷으로 갈아입으세요. 옷이 많이 상했던데…"하면서 승복 한 벌 건넸다. 얼떨결에 받아든 승복으로 갈아입고 밖으로 나와 보니 마을 사람들이 모두 모여 있었다. 그중 한 명이 "몸은 어때요? 마땅히 묵을 데가 없는 거 같아서 이리로 모셔왔어요. 괜찮죠?"라고 물어왔다. 마을 사람들은 내게 먹을 것들을 주며 쉬라고 했다. 나는 마을 사람들이 각자 집으로 돌아간 뒤 암자 주변을 돌며, 현재 상황에 대해 곰곰이 생각해봤다. '도대체 나한테 무슨 일이 벌어지고 있는 거야! 괜찮을 거야! 괜찮을 거야! 이건 꿈일 거야!' 나는 주변을 서성이다가 암자에 새겨진 명패를 보았다. 거기에는 '여ㄹ'라는 글귀가 쓰여 있었다. 방 안에 들어온 나는 생각에 잠겼다. '그 명패에 뭐라고 적혀있던 거지? 여래? 여리?' 나는 여러 가지 생각들을 하면서 잠이 들었다. 눈을 뜨면, 분명히 우리 집, 내 침대에 누워있을 거라는 기대를 하면서….

"저기, 비구니님 일어나셨어요?"라는 소리가 문 밖에서 들려왔다. '비구니? 비구니가 뭐지?' 나는 잠시 고민한 뒤 "누구세요? 무슨 일 때문에…"라고 대답했다. "저기 가운데말에 사는 사람인데요." 문 밖으로 나가보니 어엿한 한 소녀가 있었다. 그

소녀에게 "비구니가 뭐니?"라고 물었더니 "스님이 시잖아요." 하는 것이 아닌가. '내가 여자 스님이라고?'

이렇게 내 자신조차도 모르게 나는 비구니가 되어 있었다. 바야흐로 몇 년이 지난 지금, 나는 이 마을 사람들에게 너무나 많은 사랑과 관심을 받으면서 생활하고 있다는 것을 깨달았다. 나는 마을 사람들에게 내가 할 수 있는 한 모두 헌신하며 도와주려 했다. 나이 드신 분들 말동무도 해드리고, 짐도 들어드리고 하는 사소한 일까지도 말이다. 하늘이 감동한 것일까? 상쾌한 바람을 맞으며 정자에 누워 있는데, 그 옆으로 예전에 보았던 금빛 종이가 떨어져 있는 게 아닌가? 처음 이곳으로 왔을 때 보았던 쪽지였다. 지금까지 그 쪽지의 내용을 까맣게 잊은 채 지내왔던 것이다. 나는 재빨리 그 쪽지를 열어보았다. 그 안에는 이렇게 적혀 있었다.

임여래! 당신이 베푼 선행으로 인해, 마을 사람들은 행복하게 지낼 수 있었소. 그러기에 마지막으로 당신이 해야 할 일이 있소. 이곳 마을의 이름이 아직 없소이다. 이 마을의 이름을 지어주시게.

쪽지의 내용을 보며 생각했다. '마을 이름? 무엇으로 해야 하지? 마을 사람들과 의논해 봐야겠어.' 나는 마을 사람들을 한데 모아놓고 말을 꺼냈다. "여러분! 이 마을에는 마을 이름이 아직 없어요! 마을 이름을 무엇으로 하면 좋을까요?" 그러자 사람들은 웅성웅성 거리며 "스님께서 지어주소! 우린 그런 이름 짓는 일 같은 건 잘 모르니!" 하고 답하였다. "저 또한 고민한 일이에요, 해결책이 안 나와서 이렇게 묻는 게 아닙니까?" 하고 다시 묻자 뒤쪽에 앉아 있던 한 남성이 "스님 이름으로 정하는

것이 어떻소? 당신은 이 마을에 살면서 적선을 많이 한 사람이잖소." 하였다. 모두들 그의 말을 듣고 이구동성으로 찬성하였다. 여러 가지 이름으로 불렸던 나는 어떤 이름으로 해야 할지 망설여졌다. "여러분! 저는 '여래, 여리, 열야'로 불립니다. 어떤 이름으로 하는 것이 좋을까요?" 여기저기서 "그럼 투표요! 투표! 투표합시다."라는 말들이 이어졌다. 투표결과는 '여리'의 승으로 끝이 났다. 그러나 이 마을을 지나가던 풍수지리에 능숙한 지관이 마을 이름을 '여리'에서 '여래'로 고치면 마을이 흥하여 잘 살게 될 것이라는 말을 하였다. 그리하여 이 마을의 이름은 '여래'가 되었다. 나는 내 이름을 본떠 만든 마을에 애착을 가지며, 더더욱 선행에 앞장서야겠다는 마음가짐을 안고 잠자리에 들었다.

"저기 학생, 일어나봐! 종점이야! 종점!" 나는 한쪽 눈만 겨우 치켜뜬 채, 앞에 있는 사람을 바라봤다. "앗! 여긴 어디지? 여기가 어디예요?"라고 묻자, 기사 아저씨는 "종점이야! 종점!" 하며 혀를 끌끌 찼다. 나는 생각했다. '뭐야, 꿈이었어? 너무 생생한 걸!' 나는 그 마을에서 아직도 헤어나올 수 없었다. 주섬주섬 가방을 챙겨들고 집에 들어왔다.

나는 지리학을 공부하는 대학생이다. 내가 너무 수업에 열중하고 있었던 것일까? 오늘 교수님이 인천 검단에 대한 이야기들을 들려주셨는데, 나는 그중 마전동 여래마을을 잊을 수가 없다. 마을 명칭이자 내 이름인 '여래, 여리, 열야'는 모두 '대(大), 주(主)'의 뜻을 지닌다. 그러므로 모두 '큰 마을'의 뜻인 것이다. 마전동 여래마을은 예전부터 검단 일대에 있던 법정리로 으뜸이 되는 마을이었기 때문이라고 하였다.

나는 이 마을과 똑같은 이름의 주인공으로 그 비구니처럼 선행을 베풀어야겠다는 생각을 하며 뿌듯해했다. 내 이름은 다양하게 불리지만, 그래도 여래라고 불리는 것이 제일 좋다. 내 이름이 자랑스럽게 느껴지는 하루인 것 같다.

여래마을 유래를 스토리텔링한 텍스트의 주된 내용 특성은 일인칭 화자가 바로 여래마을 지명 유래를 모두 갖춘 여학생으로 등장한다. 이 학생에게 일어난 하루 동안의 이야기를 흥미롭게 풀어쓴 것이다. 이와 같은 텍스트들은 앞선 선행조사들(스토리텔링 1, 2단계)의 결과물들이 투영된 것으로 볼 수 있다. 또한 자신이 일인칭 화자가 되어 시간여행을 하게 되고 그 와중에 지명 유래를 직접 경험하게 된다. 이는 곧 해당 지역의 학습자들에게 지역문화의 정체성을 함양할 수 있는 '모멘트'를 만들어줄 것이다.

이 연구를 통해 도시의 개발로 인하여 소멸될 위기에 처한 지명 전설의 유래 등 풍부한 향토문화자원들이 스토리텔링을 통하여 복원될 수 있는 가능성을 확인하였다. 지역의 이야기를 발굴하기 위해 문헌이나 고증을 통한 자료조사 등 데이터를 축적하고 이 소재들을 토대로 지역의 문화적 특성과 문화콘텐츠적 요소들이 반영된 스토리텔링으로 가공했다. 즉, 지역의 고유한 생활양식과 지리적 특성 등을 통해 형성된 과거로부터 전해오는 이야기들을 발굴하고 데이터베이스화하여 지역의 문화와 역사가 반영된 스토리텔링을 창작하고 이를 통해 그동안 정체, 단절됐던 지역의 이야기들을 복원할 수 있는 가능성을 확인하였다.

또한 본 연구에서는 지역문화교육, 이른바 지역문화의 정체성을 함양하기 위하여 스토리텔링 창작과정을 활용하였다. 이를 통해 지역 거주민과 학생들에게 체계적인 글쓰기 능력을 함양할 수 있는 교육적 차원의 기여를 기대할 수 있다. 이 연구의 전체적인 내용을 요약하면 다음과 같다. 전설 유래 등의 이야기 소재들의 가치를 추출하고 토비야스의 20가지 플롯에 적용하여 메인플롯을 설정한다. 그 다음 구체적인 스토리텔링의 전개를 위하여 메인플롯의 범위 안에 서브플롯을 설정한다. 설정 후 이야기의 전개의 필수요소 인물, 배경, 사건 등을 구성하고 이를 토대로 거주민과 학생들의 창의력과 상상력이 가미된 창작활동의 과정을 제공한다. 이는 중구난방식의 글쓰기보다는 보다 체계적인 글쓰기 학습에 기여를 할 것이다. 이러한 과정을 통해 지역문화 요소들에 관한 자신의 생각을 보다 쉽고 편하게 글로 옮기는 계기를 마련할 수 있으며, 창의력과 상상력 발전과 논리적이고 유연한 사고체계에 도움을 줄 수 있다.

  나아가 이 모든 것을 통해 간신히 명맥만 유지하고 있는 과거의 이야기를 발굴하고 전통과 현재가 공존하는 이야기가 있는 역사문화도시의 이미지를 구축하는 데 기여할 것이다. 또한 실제로 본 연구에서 활용한 글쓰기 과정을 거쳐 지역의 전설이나 유래 이야기 소재들을 바탕으로 거주민이 직접 활용함으로써 지역의 애향심 고취 및 지역의 정체성과 함께 과거와 현대의 소통 창구가 더 넓어질 수 있는 계기를 마련할 수 있었다. 그러나 이 연구에서는 스토리텔링의 3단계 과정이 어떻게 지역문화교육 현장에 적용될 수 있는지에 관해 논의하지는 않았다. 이 부분에 관해서는 후속연구가 필요할 것이다.

제8장

향토문화교육을 위한
스토리텔링 활용방법

　현대사회는 국가의 경계가 무색할 정도로 전 지구촌을 아우르는 세계화 시대에 이르렀다. 특히 한국은 빠른 경제성장에 뒤이은 세계화 물결을 맞닥뜨리면서 자신을 먼저 돌볼 내면적 성찰의 시간을 갖지 못했다. 이 때문에 우리 사회는 세계화 시대의 급물살 속에서 자기 정체성을 확립하지 못하였고 이는 주체들의 정체성 혼란으로 이어지면서 다양한 사회문제가 제기되고 있다.

　또한 서구적 가치를 더 우월하게 여기는 문화사대주의가 팽배하여 상대적으로 전통적인, 향토적인 가치가 경시되는 경향이 도처에서 나타나고 있다. 이런 세계화의 부작용은 진정한 세계화의 의미인 '다양성'과 정반대되는 '문화 획일화' 현상을 가져왔다. 문화 획일화는 '나, 너, 우리' 중 전통적인 가치가 가장 많이 담긴 '우리'의 개념을 해체시키고 있으며 이것이 지나치게 부각된 나머지 창의력을 발휘할 기회조차 박탈당하고 있다.

　지금은 이러한 문제점들을 해결하기 위해 상호문화의 이해를 돕는 '문화교육'이 시급하다. 문화는 사회를 이루고 살아가는 데 작용하는 시간과 공간에 누적된 경험이며, 사회를 유지하는 인위적인 규칙이다. 문화교육은 이러한 문화를 사람들 사이에 오가게 하여 문화의 생명을 지켜낸다(이문희, 2003). 문화교육의 목표는 소통적 인간상과 창의적 인간상을 구현하는 것이며 학교나 특정 기관에서 그 교육을 담당하기도 하지만 가장 일상적인 삶의 경험에서 체득되는 것이다(김영순·김정은, 2004).

　문화교육의 이러한 성격을 이용하여 향토문화교육을 한다면, 자신을 둘러싼 자문화에 대한 이해를 바탕으로 다문화를 이해하는 상호문화이해 교육의 목표를 이룰 수 있을 것이다. 하지만 젊은 세대들은 향토문화를 고리타분하고 딱딱한 과거의 문화로 여기는 경우가 많다. 이 때문에 향토문화는 젊은 세대에게 외면받고 있지만 이를 현대적인 감각으로 교육하는 교육방법이나 교육자가 부재하여 자문화 몰이해 현상이 더욱 심화되고 있다.

향토문화에 대한 지식은 교과서를 통해 배우는 것보다 가족이나 지인으로부터 구비되는 이야기를 통해 얻는 경우가 많다. 향토문화의 이런 성격은 문화교육이 일상생활에서 체득된다는 성격과 비슷하며, 이는 향토문화교육은 일상생활에서 이루어져야 함을 반증한다. 향토문화교육은 공동체적 삶 속에서 개인과 지역의 위치를 부여하기 때문에 전통적인 가치를 중심으로 개인의 정체성을 확립시킨다.

이러한 향토문화교육을 통해 자문화에 대한 이해가 전제된다면 다문화에 대한 비판적 사고와 수용이 가능하여 상호문화이해 교육의 목표에 도달할 수 있을 것이다. 또한 사회문화의 획일성을 다양성으로 치환하여 세계시민적 역량을 증진시킬 수 있을 것이다.

따라서 이 글에서는 향토문화를 흥미롭게 교육하고 이것이 개개인의 삶에 자연스럽게 체득될 수 있도록 향토문화 스토리텔링을 활용한 문화교육 방법을 제안할 것이다. 이를 위해 향토문화 스토리텔링의 개념을 정의하고, 향토문화 스토리텔링의 방법론과 그 적용 사례를 제시한다. 또한 이렇게 구축된 향토문화 스토리텔링을 문화교육에 활용하는 방안을 제시하도록 한다.

본 절에서는 '향토문화 스토리텔링'의 개념을 정의할 것이다. 먼저 향토문화란 어떤 한 지역이 지닌 향토의 특성을 나타내는 문화로 정의될 수 있다(임동권, 1974). 따라서 일정한 지역사회에 사는 사람들이 정신적·물질적으로 이루어놓은 일체의 성과물을 뜻한다(정삼철, 2006). 향토문화는 때때로 지방문화, 지역문화와 동일어로 사용된다. 하지만 지방문화·지역문화는 중앙에 종속된 개념으로 중앙문화에 비해 상대적으로 지방·지역문화를 경시하는 어휘로 사용되기 때문에 이 논문에서는 각 문화의 특수성을 인정하고 지역에 대한 정서적인 개념을 담은 '향토문화'라는 어휘를 사용한다. 이 글에서는 향토문화의 범주에 기존 연구에서 언급한 향토의 자연환경, 역사, 문화유산, 사회, 예술뿐만 아니라 향토에서 살아가는 향토민들의 생업, 생활, 신앙, 사회성, 가치 등을 포함한다. 향토민의 생업, 생활, 신앙, 사회성, 가치 등은 모두 향토를 바탕으로 생산된 것으로 각 향토마다 조금씩 다른 특징을 보인다. 향토민들은 그 향토의 자연적 여건에서 생활하면서 그 향토에 가장 알맞은 향토문화를 창조해왔고 이는 다시 향토에 영향을 미쳤다.

따라서 이 글에서는 향토문화를 '한 향토와 그 향토에서 향토민이 창조한 전통성과 역사성을 지닌 일체'로 정의하며 그 범위에 자연환경, 역사, 문화유산, 사회, 예술, 생업, 생활, 신앙, 민속, 사회성, 가치 등을 포함시킨다. 향토문화에 대한 연구는 한국의 경제수준이 향상되던 1970년대 말 이후부터 그 중요성이 인식되어 1980년대에 이르러 지역별 문화산업이 활성화되기 시작하였다(최근영, 1998). 그리고 1990년대 지방자치제 도입 이후 각 지방의 문화산업을 경제적으로 활성화시키기 위해 본격적으로 연구되었지만 많은 경우가 문화관광에 초점을 맞추어 연구되었다. 최근에는 지리, 역사, 문학, 민속, 정치, 사회, 경제, 자원, 예술 등의 여러 학계 간의 융합연구의 필요성이 역설되고 있다(이해준, 2002).

또한 스토리텔링은 일반적으로 'story-telling' 혹은 'story-tell-ing'으로 의미상 구분된다. 의미상 이분법적 구분은 스토리텔링을 '이야기'와 '말하다'가 결합된 합성어로 어떤 이야기를 만들거나 이야기를 남들에게 표현하고 전달하는 행위를 지칭한다. 삼분법적 구분은 스토리텔링을 '이야기', '말하다', '현재진행형'이 결합된 단어로 보고 'tell'에는 '말하다'의 의미 외에도 인간의 오감이 포함되며 'ing'은 상황의 공유와 상호작용성의 의미를 내포한다(최혜실, 2007). 따라서 본 논문에서는 스토리텔링을 이야기와 이야기되는 상황, 행동 그리고 화자와 청자 간의 상호작용으로 정의한다. 인간이 시공간과 맺고 있는 관계의 이야기로 이야기된 것과 이야기하는 상황을 모두 포함한 개념이다.

이야기는 인간이 세계를 인식하는 근본적인 한 가지 방식으로, 이야기하기를 통해 시간은 인지되고 형상화된다. 인간은 시간적 경과의 의미 있는 구조화를 통해 하나의 이야기 행위 속에서 자신의 정체성을 확보한다(최혜실, 2009). 또한 이야기가 만들어내는 서사적이고 상징적인 세계는 복잡한 사회 변화 속에서도 삶의 전체적 파악을 가능케 하는 소중한 수단이 되었다(허만욱, 2006). 스토리텔링은 계획된 기호들의 그물과 같은 인간 소통의 기본 요소로, 이야기를 통해 학습하고 자신의 의지를 전달하며 세계를 알아간다는 점에서 중요하게 부각되고 있다(임재해, 2001).

앨리스(Ellis)와 브레스터(Brewster)는 스토리텔링이 상상력을 자극하고 비판적 능력을 키워주며 감성적 성장을 돕는다는 스토리텔링의 교육적 가치를 제시하였다. 스토리텔링을 이용한 교육은 사고를 확장하고 창의력을 개발하는 데 도움을 주며 그 상호작용적 특징으로 인해 오락적, 사회적, 문화적, 감성적으로 교육효과를 극대화할 수 있다. 스토리텔링은 1970년대 후반, 해외에서 연구되기 시작하였으며 연구 분야는 주로 교육이었다. 한국에서는 2000년대에 들어선 이후 문학과 교육 분야에서 연구되기 시작하였다. 최근에는 광고, 관광, 건축, 축제에 이르기까지 다양한 분야에 적용되고 있다. 이미 과거의 역사 경험 속에서 충분히 실험되고 평가된 결과물인 향토문화는 이미 시공간과 맺고 있는 관계를 포함하고 있다(이해준, 2002).

그러므로 무한한 활용 가능성을 지닌 스토리텔링을 향토문화와 향토문화교육에 응용하는 것은 스토리텔링 연구가 시작된 교육적 개념을 확장된 범주인 향토문화에 적용시키는 것이라고 볼 수 있다. 향토문화 스토리텔링은 향토문화와 스토리텔링이 공통적으로 지닌 시공간과의 관계를 바탕으로 향토문화를 이야기하는 행위, 방법 그리고 상호작용을 의미한다. 즉, 한 향토와 그 향토에서 향토민이 창조한 전통성과 역사성을 지닌 일체를 이야기하는 행위, 방법, 상호작용을 향토문화 스토리텔링으로 정의한다. 이때 상호작용은 화자와 청자, 작가와 독자, 향토와 향토민 등의 열린 개념이다. 향토문화 스토리텔링을 통해 스토리텔러들의 창의력과 다양성이 증진될 것으로 보이며 이와 동시에 효, 열, 우애 등의 가족적 가치와 중용, 절제 등의 도덕적 가치, 형설지공(螢雪之功), 와신상담(臥薪嘗膽) 등의 성공적 가치가 효과적으로 체득될 것으로 보인다.

이번 절에서는 향토문화 스토리텔링이 수행되는 과정과 그 결과를 제시한다. 향토문화 스토리텔링이 만들어지는 과정은 크게 사전조사, 본조사, 이야기 창작, 전환으로 나누어진다. 이 중 다른 매체로 스토리텔링을 변용시키는 전환, 즉 OSMU는 이 글에서는 다루지 않는다. 그 대신에 결론부분에서 만들어진 이야기를 향토문화교육에 사용하는 방법이 제시할 것이다.

1) 향토문화 스토리텔링 대상지역 선정

향토문화 스토리텔링을 위해서는 그 대상이 되는 향토가 필요하다. 향토문화 스토리텔링의 대상지역으로는 전통문화를 지니고 있는 지역, 지역의 문화가 변화가 예고된 지역, 교육적으로 가치가 있는 지역 등의 여러 가지 선정기준이 있을 수 있지만 가장 좋은 기준은 현재 나와 내 가족이 살고 있는 지역이다. 향토문화 스토리텔링의 목적이 나의 문화를 먼저 이해하여 타 문화를 이해하는 데 도움이 되고자 함에 있기 때문에, 나와 가장 밀접한 지역을 스토리텔링하는 것이 문화교육에 도움이 된다.

이 글에서 예시로 제시되는 대상지역은 인천광역시 서구 검단 지역*이다.

*
인천광역시 서구 검단은 본래 경기도 김포에 속한 지역이었으나 1995년 인천광역시로 편제되었다. 검단의 행정동은 1동부터 4동까지 있으며, 법정동으로는 마전동, 대곡동, 불로동, 원당동, 대곡동, 오류동, 금곡동으로 총 일곱 동이 있다.

2) 사전조사

특정 향토문화를 스토리텔링 하기에 앞서 스토리텔링의 대상이 되는 향토를 지정해야 한다. 향토 지정의 조건으로는 거주지, 고향, 선호지역 등의 개인적인 이유가 될 수도 있고 전통부락, 민속촌 등의 전통성을 그 바탕으로 할 수도 있다. 다만 향토문화 스토리텔링에 있어서 분명한 점은 단지 전통마을 조사가 아니라는 점이다. 향토문화는 한 향토와 그 향토에서 향토민이 창조한 전통성과 역사성을 지닌 일체이기 때문에 설사 그곳이 도시라고 할지라도 전통과 역사성을 지녔다면 향토문화 스토리텔링이 가능하다. 향토문화 스토리텔링의 대상지인 향토를 정했다면 그곳에 대한 사전조사가 필요하다. 사전조사 방법으로는 크게 문헌조사와 지도나 사진을 활용한 이미지 조사가 있다.

문헌조사는 학문연구에 참고가 될 만한 기록이나 책을 조사하는 것으로 향토문화 스토리텔링에서는 향토사 연구 서적, 향토문화 관련 서적 외에도 각 지방자치단체의 군지(郡誌)나 시지(市誌), 그리고 공·사 기관의 통계자료나 연구보고서를 이용한다. 문헌조사의 경우 그 범주를 각 향토라는 지역으로 한정시키지 않고 일반적인 내용을 조사하는 것이 중요하므로 인근 지역이나 전체를 대상으로 하는 연구서, 논문 등을 참고하는 것 역시 중요하다.

이미지 조사는 대상지의 지도나 사진 등의 이미지를 활용하는 조사이다. 이미지는 스토리텔러가 문헌에서 습득한 지식을 도상적으로 이해하고 향후 본조사와 이야기 창작단계를 위해 반드시 선행되어야 하는 조사이다. 특히 지도는 공간에 대한 위치 정보를 얻는 1차적인 자료로 마을의 입지를 비롯하여 내부구조, 경관, 토지이용 등의 자료를 수집할 수 있다(김기혁, 2009). 지도에는 문헌조사에서 언급한 장소의 위치를 표시하고 지역, 마을 범위나 기타 지도에 표기할 수 없는 공간 정보는 사진을 첨부하거나 지도 아래에 텍스트로 설명을 기입한다. 이렇게 만들어진 이미지는 향후 본조사와 이야기 창작단계에 사용된다.

문헌조사와 이미지 조사가 끝나고 조사 결과가 정리되었으면 정리된 사전조사 자료 파일을 중심으로 본조사 때 찾아가 도움을 받을 사람에게 사전연락을 한다. 사전연락 때에는 연구의 목적을 밝히고 도움을 받고자 하는 내용과 방법을 알려주고 연구팀과 만날 시간과 장소를 결정한다. 현지 제보자가 섭외되면 질문지 초고를 작성한다. 만약 현지 제보자를 사전에 섭외하지 못했을 경우에는 본조사 때 마을 경로당이나 마을회관에 들러 제보자를 섭외한다. 사전조사가 완료된 이후에는 각각의 결과물을 엑셀과 한글 파일로 정리한다(사전조사 자료 파일).

3) 본조사

본조사는 사전조사 결과를 바탕으로 이야기 창작을 하기 위해 현장을 답사하는 과정이다. 향토문화 스토리텔링은 우리 주변의 일상을 텍스트로 담아내는 것이기 때문에 현장 스토리텔러(면담자, 문화행위 등)가 이야기를 창작할 연구자에게 주는 메시지뿐만 아니라 그 콘텍스트까지 담아내는 것이 특징이다. 따라서 이 과정에서는 특히 이야기를 창작할 당사자들이 직접 참여하여 현장감을 익히는 것이 중요하다.

현장조사는 크게 면담, 문화행위 참여, 이미지 촬영 등으로 나눌 수 있다. 면담은 사전연락한 면담자들에게 향토문화를 묻는 것으로 그 내용은 전설, 지역의 인물, 면담자와 지역의 생활사 등으로 범위의 제한이 없다. 면담 내용은 녹취하여 후에 그 내용을 텍스트로 옮겨야 하므로, 면담자에게 면담 내용이 녹취됨을 알리고 녹음한다. 녹음기가 눈에 보이면 어색해하고 이야기가 자연스럽게 연결되지 못하는 경우가 생기므로, 면담자의 행동에 따라 녹음기는 안 보이는 곳에 숨겨 녹음하는 것이 효과적일 때도 있다. 면담 후에는 면담자에게 면담 내용은 연구에만 사용된다는 정보동의확인서를 받고 사례한다.

문화행위 참여는 축제, 동제, 마을회의 등 지역의 문화행사에 참여하는 것이다. 문화행위는 연구자가 향토문화에 직접 참여할 수 있는 기회로, 외부인의 관점에서 관찰하는 데에 그치지 않고 그 행위에 직접 참여하여 향토민들의 정서를 파악하는 것이 중요하다. 문화행위 이전에 문화행위가 벌어지게 된 경위나 역사, 장소, 의의 등을 사전조사 방법에 의거하여 조사하고, 현장 제보자와의 면담을 통해 문화행위에 대한 정보를 파악한다. 문화행위 참여 후에는 이미지 촬영을 정리함과 동시에 참여 시 궁금했던 점을 문화행위 주최자나 현장 제보자와의 면담을 통해 묻고 정리한다.

이미지 촬영은 사진과 동영상을 촬영하는 것으로 면담과 문화행위 참여시 녹음과 함께 필수적으로 행해야 하는 활동이다. 또한 이외에도 자연환경, 문화유산, 생활현장 등을 촬영해야 한다. 촬영할 때는 수첩이나 촬영기기의 녹음시스템을 통해 촬영한 사진이나 동영상의 이름을 체크한다. 골짜기나 큰 논, 개울의 모양 등을 개인이 촬영하기는 어려우므로 항공사진이나 인터넷에서 서비스되는 지도를 이용한다. 이렇게 만들어진 이미지는 현장답사 후 현장감을 익히고 텍스트를 이해하는 데 도움을 준다.

현장조사가 끝나면 답사일지, 전사록, 이미지 정리 등을 통해 1차적으로 현장을 텍스트에 담아낸다. 각각의 파일은 나름의 기준을 가지고 정리되어야 하며, 답사일지는 현장조사 날짜와 장소, 면담자와 면담 내용 등을 간략하게 적고 관련 전사록와 이미지 번호를 답사록에 정리한다.

4) 이야기 창작과정

이야기 창작과정은 스토리텔링에 있어서 가장 중요한 단계이다. 사전조사와 현지조사를 통해 만든 사전조사 자료 파일, 전사록, 답사록, 이미지를 중심으로 실제 이야기를 만들어내는 과정이다. 이 과정은 크게 ① 스토리텔링의 소재 및 주제 추출, ② 스토리텔링 개요 및 유형 결정, ③ 창작과정으로 나눌 수 있다.

스토리텔링의 소재 및 주제 추출과정은 한 편의 이야기로 만들 주제와 소재를 추출하는 단계이다. 이야기의 대주제(자연환경, 지명 유래, 전설, 성씨, 문화재, 마을 사람들 등)를 분류하고, 대주제별로 팀 혹은 개인으로 나누어 작업을 진행한다. 추출한 주제가 여러 대주제에 걸쳐 있다면, 회의를 통해 조정한다. 이때 사용되는 결과물로는 문헌조사 파일, 사전 이미지 파일(지도, 사진), 전사록, 본조사 이미지파일, 답사일지 등이 있다. 주제는 효, 열, 우애 등의 가족적 가치와 중용, 절제 등의 도덕적 가치, 형설지공, 와신상담 등의 성공적 가치 등을 제한 없이 정할 수 있다.

스토리텔링의 개요 및 유형 결정단계에서는 연구자가 정한 주제와 소재를 중심으로 개요를 짜고 그와 가장 어울리는 유형을 결정한다. 향토문화 스토리텔링은 현장조사 결과물을 기반으로 만들어진다. 따라서 향토문화 스토리텔링은 자료에 기반을 둔 사실성과 연구자의 창의력에 기반을 둔 허구성, 이 두 가지의 상반된 성격을 가진다. 향토문화 스토리텔링의 유형은 자료의 사실성과 창의력의 허구성을 바탕으로 〈그림 8.1〉과 같이 구분할 수 있다.

A형식과 B형식은 수치로 환산하여 정확히 분류할 수 없다. A형과 B형을 나누는 기준이 허구성과 사실성에 기반을 두고 있기는 하지만 어느 특성이 많고 적음은 연구자가 판단하여 결정해야 한다.

A형식은 연구자의 창의력이 많이 들어간 내용에 어울리며 장르로는 소설 유형에 가깝다. A형식의 구성은 소설의 구성과 비슷하지만 도입부분 혹은 결론부분에 학술적인 의미를 담는 것이 차이점이

〈표 8.1〉A형식: 소설 유형

도 입	－ 이야기에 등장할 인물, 배경, 사건의 전말 설명 － 이야기에 관한 학문적 소개와 의의 제시
상 승	해당 내용 기술
정점(하강)	해당 내용 기술
결 말	－ 갈등이 해소되며 이야기의 주제에 관한 현재적 의의 기술 － 갈등이 해소되며 이야기 종료

〈표 8.2〉B형식: 다큐, 설명문 유형

도 입	이야기에 관한 학문적 소개(명칭, 역사 등)
본 문	마을의 사례, 이야기 진술
결 말	이야기에 관한 현재적 의의 기술

다. 도입부분에서 이야기에 등장하는 인물, 배경, 사건의 전말을 설명하고 결말부분에서 이야기의 주제에 관한 현재적인 의의를 기술하는 방법을 택할 수도 있고, 도입부분에서 이야기에 대한 학술적 소개와 의의를 제시한 후 결말부분에서 대부분의 소설처럼 갈등을 해소하고 이야기를 종료하는 방법을 사용할 수도 있다. 〈표 8.1〉은 A형식의 개요를 나타낸다.

B형식은 자료에 기반을 둔 사실이 많이 들어간 내용에 어울리며 장르로는 다큐나 설명문이 어울린다. B형식의 구성은 설명문의 구성처럼 도입부분에 이야기에 관한 학문적인 소개 – 명칭과 역사를 하고 결말부분에서 이야기에 관한 현재적인 의의를 진술한다. B형식을 표로 정리하면 〈표 8.2〉와 같다.

A형식과 B형식의 구성은 절대적인 것은 아니며, 스토리텔링에 익숙하지 않은 연구자들에게 방향을 제시하는 하나의 기준으로 사용될 수 있다.

창작과정은 스토리텔링의 개요와 유형을 정한 후에 실제로 글을 쓰는 과정이다. 개요를 스토리텔링의 유형에 맞게 수정하고 글을 늘려간다면 어렵지 않게 글을 쓸 수 있다. 창작 도중 불분명한 단어나 내용이 있다면 빨간색이나 밑줄을 그어 눈에 쉽게 띄게 하고 추후에 재조사나 전화면담을 통해 보완한다. 창작시 유의해야 할 점은 일반 소설이나 글을 쓸 때의 유의사항(시점부여, 통일성, 맞춤법 등)과 같다.

향토문화 스토리텔링의 실제 과정

이번 절에서는 향토문화자원들의 스토리텔링 방법을 실제 단계별로 설명할 것이다. 이 단계들은 문헌 및 이미지를 중심으로 한 사전조사, 현장조사를 위주로 하는 본조사 그리고 이 두 조사들을 수행 후 이야기 창작과정을 중심으로 구성된다. 먼저 사전조사의 실제 과정이다.

1) 사전조사

사전조사는 주로 조사지역의 문화적 내용을 중심으로 다룬 문헌들과 지역을 한 눈으로 관찰할 수 있는 이미지를 조사하는 것이다. 아래 '대곡동'과 '황곡'에 대해 기술된 참고문헌들과 포털사이트 다음(DAUM)에서 제공되는 해당 지역의 이미지이다.

대곡동과 황곡에 대한 사전조사의 예

1. 대곡동

가현산 동남쪽 큰 골에 자리 잡고 있으며 다른 지역에 비해 산이 많고 골짜기에 마을이 위치해 있는 경우가 대부분이다. 마전동, 불로동, 김포시와 경계를 이루고 있으며 개발이 시작되지 않아 옛 모습이 많이 간직된 지역이다.

2. 황곡

황곡은 산이 높고 골이 깊은 마을이다. 매년 풍년이 들어 논 전체가 황금물결로 보인다고 하여 '황곡'이라고 했다고 하며, 골이 깊어 한적한 곳이라 하여 황곡이라고 불렀다고도 한다. 황곡은 대곡동 중에서도 가장 안쪽에 위치한 마을로 학교나 지역 일을 보기 위해서는 두밀 혹은 태정마을을 지나야 검단의 중심지로 나갈 수 있다. 가현산 자락과 담월산, 도라지골산으로 둘러싸인 황곡은 도치울, 장자매, 다라터, 새터, 황곡골, 대추고개(마을 이름) 등의 각각의 작은 마을들이 골짜기에 위치하고 있다. 따라서 황곡에는 여러 고개가 존재하는데, 황곡-두밀을 왕래하던 고개인 두밀고개, 황곡-태정을 왕래하던 도라지골고개, 황곡-가현(마전)을 왕래하던 가냑굴고개, 황곡-김포(양촌면 마산)를 왕래하던 돌고개 등이 있다.

두밀고개와 도라지골고개 가냑굴고개는 모두 황곡, 두밀, 태정, 가현마을의 사이에 있는 도라지골산에 위치하고 있으며 특히 가냑굴고개는 가현산과 도라지골산 사이에 위치하고 있는 것이 특징이다. 돌고개는 장자매 안쪽에 위치한 가현산의 북쪽줄기에 위치하고 있다. 산이 많고 골이 깊은 만큼 마을의 오랜 역사가 담긴 수호목과 지석묘, 고무덤 등을 쉽게 찾을 수 있다. 가현산 동쪽 자락에

〈그림 8.1〉 이미지 조사의 예(DAUM 지도 참조)

서 500년 동안 황골마을을 지켜온 당할아버지 느티나무와 200년간 황골마을을 감싸온 당할머니 느티나무는 아직도 건재하게 황곡마을을 지켜오고 있으며 1982년에 보호수로 지정되어 관리되고 있다. 가현산 늦은 구릉 위에 자리 잡은 지석묘들은 강화 지석묘와 같은 북방식 형태를 띠고 있으며 1995년 인천기념물로 지정, 보호되고 있는 9기 외에도 인하대학교 지표조사에서 60여 기가 발굴되었다. 황곡에서 김포로 넘어가는 돌고개는 인근에 지석묘가 있기 때문에 '고인돌고개'라 부르다가 '돌고개'라 부르는 것으로 고개 너머 자락에서 지석묘를 쉽게 찾아볼 수 있다. 황곡에 자리 잡은 넓은 바위들은 모두 지석묘가 아닐까 하고 추정할 정도로 많은 수의 지석묘가 매몰 혹은 흩어져 있을 것으로 추정된다. 황곡과 다라테 사이의 낮은 구릉지에 전주 류씨 묘역이 넓게 조성되어 있다. 묘역의 석물은 일부를 제외하고는 대개 1970년대 이후에 조성되었을 것으로 추정되지만, 위로부터 세 번째에 위치한 류파 묘는 1657년에 조성된 것으로 보이며 전체 류씨 묘역 중 가장 오래된 것으

로 확인되었다. 황곡에서 두밀로 향하는 소로의 좌측 야산, 황곡 느티나무 인근에는 평산 신씨 묘역이 위치하고 있다. 황곡은 조선 중종시대의 문신인 신영이 입향조가 되어 평산 신씨가 집성촌을 이룬 것으로 야산의 구릉지에 4기의 무덤이 층을 이루며 조성되어 있다. 평산 신씨 묘역에는 입향조 신영과 그 부인인 단양 우씨의 합장묘 등이 조성되어 있다.

―《김포군지》, 김포군청, 1991.
―《文化遺蹟分布地圖》, 仁川廣域市, 仁荷大學敎博物館, 2007.
― 박한준, 《黔丹의 歷史와 文化》, 인천서구향토문화연구소, 2009.
― 다음 지도, 〈http://local.daum.net〉
― 한국역대인물정보시스템, 한국학중앙연구원, 〈http://people.aks.ac.kr〉

2) 본조사

본조사는 사전조사에서 확보한 연구대상지역의 정보를 기본으로 직접 현장을 방문하여 이미지를 촬영하고 해당 지역의 주민들에게 특정 지명, 전설, 인물, 마을행사 등에 대해 인터뷰를 하는 단계이다.

(1) 인터뷰 내용

- 연구자: 꽤 오래 여기 터를 잡으셨네요.
- 주민 1: 그렇죠. 상천신흠 그 어른이 1630년대, 임진왜란 때 유성룡 그 책사를 하시면서 나중에 인제 그 인조 때까지 영의정을 하셨으니까, 끝에 가서. (존함이) 신흠, 호는 상천. 상천이라는 호 유래가 여기 산이 가연산인데 그때는 상두산이라 했어요. 코끼리 상(象)자, 머리 두(頭)자, 산 산(山)자 코끼리 머리한……. 상두산 아래 사니까 상천이다. 그래서 호를 상천이라 하셨다고. 그 어른의 조카동생아들 되는 분은 상봉 봉이라 그러고. 제게 9대조 되시는데, 상오공, 까마귀 오(烏)자 상오공, 그 상자를 다 따서.
- 연구자: 그럼 여기가 신씨 집성촌이라 할 수 있을 정도가 되나요?

- 주민 1: 그렇죠. 그전에는 제가 어렸을 때만 해도 여기가 거의 신씨고, 타성은 다섯, 여섯 그 정도 밖에 안됐어요.
- 연구자: 여기는 하사받으셔서 거주하시게 되신 건가요, 아니면 자연스럽게?
- 주민 1: 그런 건 없죠. 우리 신씨가 여기 거주하게 된 것은 제게 16대 되시는 어른이 이간공 신영인데, 그 어른의 처가가 여기 이 동네에 아마 단양 우씨가 사셨나 봐요. 그 전까지. 단양 우씨는 우현보 고려 말 그 충신, 우현보의 인제 그 후손이 여기서 살았나 봐요. 5대손으로 기록에 내려오거든요.

(2) 이미지 촬영의 예

도라지고개(태정마을 안산-황곡을 넘어가는 고개)

대추 논(대추마을 인근에 위치한 논 이름)

전주 류씨의 묘역(황곡-다라테 사이의 구릉에 넓게 조성되어 있음)

3) 이야기 창작과정

사전조사와 본조사에서 확보한 지역문화자료들을 검토하여 어떤 형태의 형식의 스토리텔링을 할 것인가를 결정하고 실제로 스토리텔링을 계획하고 실행하는 단계이다. 아래에는 대곡동 이야기의 구성계획이다.

1. 대곡동 이야기의 구성계획
– 각 이야기별 소재

봄	대곡동 사람들의 생활권, 진수 학교 입학
여름	대곡동의 인물과 여러 묘역
가을	지석묘, 역사
겨울	고개, 썰매 타기

2. 대곡동 이야기의 구성계획 – 예시 개요(A형식)
– 이야기 내용: 황곡의 고개 설명, 1970년대 아이들의 겨울놀이 모습, 공간의 변 화가 소통의 단절을 가져온 사례

도 입	1. 진수의 썰매장 걱정 2. 태정에서 친구들과 헤어져 혼자 도라지고개를 넘는다(도라지고개 설명).
상 승	3. 성적표, 책가방 4. 대추굴에 얼음이 언 것을 보고 기뻐함 5. 집에 들어가자마자 신발을 갈아 신고(검정고무신→털신) 외발썰매를 들고 썰매장으로 뛰어나감
정 점	6. 썰매 타는 아이들과 외발썰매 덕분에 으쓱해진 진수 7. 도라지고개로 친구들을 데리러 올라감 8. 친구들과 함께 낙엽썰매를 타고 도라지고개를 다시 넘어옴
결 말	9. 현재 도라지고개의 상황. 공간의 변화가 소통의 단절을 가져옴

다음은 전술된 대곡동 이야기의 구성계획에 따라 실제로 스토리 텔링을 한 것이다.

대곡동의 겨울 이야기

'잘 얼었을까? 잘 얼었을 거야.'

진수는 집에 가는 내내 어젯밤에 물을 대놓은 논 걱정에 친구들 이야기가 귀에 잘 들어오지 않습니다. 중학생이 되어 처음으로 맞는 겨울방학이라 그런지 친구들은 집에 가는 것이 유난히 즐거운가 봅니다.

"응? 뭐가 잘 얼어?"

속으로 혼잣말한다는 것이 친구에게 들렸나 봅니다. 진수는 친구에게 어젯밤에 아버지께서 논에 물을 대놓은 이야기를 해줍니다.

"정말? 만약 물이 얼었으면 우리 꼭 데리러 와야 된다. 나 집에 가서 썰매 찾아놓을게."

태정마을을 지나오는 동안 작은 냇물들이 언 것을 본 친구들은 당연히 논에 대 놓은 물도 얼었을 것이라고 생각합니다. 친구들의 말에 기분이 좋아진 진수는 꼭 그러마 약속하고 친구들과 헤어져 도라지고개를 혼자 오릅니다. 도라지고개는 태정에서 황곡으로 넘어가는 고개입니다. 도라지골산, 태정 안산이라고도 불리며 나무가 많고 나물이 많이 난다는 이 산을 통해 태정마을 사람들은 황곡이나 두밀로 넘어갈 수 있습니다. 사실 태정에서 두밀로 넘어갈 때에는 청룡모테이라고 불리는 곳으로 돌아가는 경우가 많습니다. 아마 태정-두밀-황곡 순으로 마을이 위치해서 산을 넘기보다는 돌아가는 것이 편해서 그런 것 같습니다. 도라지고개 마루에 오른 진수는 뭔가 생각났다는 듯이 책보에서 급하게 무엇인가를 꺼냅니다. 그러고는 그것을 손에 꼭 쥐고 낙엽이 많이 싸여서 미끄러운 고갯길을 열심히 내려갑니다. 미끄덩거리면서도 넘어지지 않고 몸을 이리저리 움직이며 균형을 잡는 진수의 모습을 누군가가 본다면 아마 피식하고 웃음을

흘릴 것입니다. 진수는 벌써 고개를 내려와 집을 향해 뛰다가 대추논 앞에서 잠시 멈춥니다. 대추나무 옆에 있는 논이라고 해서 이름 붙여진 대추논에는 벌써 어린아이들이 썰매를 타고 있습니다. 그토록 걱정하던 얼음이 언 것을 본 진수 입이 함박 벌어지더니 다시 집으로 뛰어갑니다.

"할아버지, 저 왔어요! 엄마, 나왔어!"

진수는 집이 떠나가라 인사하고는 어깨에 멘 책보와 손에 든 종이를 마루에 던져놓습니다. 마루에 떨어진 종이를 살펴보니 성적표입니다. 반에서 5등 안에 들면 책가방을 사주겠다는 아버지 말씀에 성적표를 책보에서 꺼내 손에 꼭 쥐고 오더니 썰매장을 보고는 까먹었나 봅니다. 마루 아래에 쭈그리고 앉아 외발썰매를 꺼내 대문으로 뛰어나가던 진수가 다시 마루로 돌아옵니다. 그러더니 털신을 벗고 검정고무신으로 갈아 신습니다. 얼마 전에 마련한 털신을 신고 얼음 위에 올라가면 넘어질까 봐 그런 것일까요? 아, 진수는 털신이 얼음에 닿을까 걱정한 것 같습니다. 얼마 전부터 대곡동에는 털신이 유행하기 시작했습니다. 조금 깊이가 있는 고무신 안쪽에 털이 붙어 있는 털신은 따뜻하긴 하지만 고무신보다는 비싼 신발입니다. 하지만 반 친구들이 하나 둘 털신으로 갈아 신은 것을 본 진수가 할머니를 조르자, 저번 김포장에 가셨던 할머니께서 큰맘 먹고 사다주셨습니다.

썰매장에는 벌써 동네 아이들이 많이 나와 있습니다. 아까 집으로 들어갈 때보다 더 많은 아이들이 대추논에서 썰매를 타고 있습니다. 진수는 어깨에 멘 외발썰매를 논 위에 던집니다. 소리가 난 곳으로 돌아본 동네 아이들에게서 와, 하는 작은 소리가 들립니다. 진수는 두발썰매를 타는 아이들 사

이로 외발썰매를 타고 미끄러지듯 들어갑니다.

'나는 두발썰매를 타는 너희랑 달라. 나는 중학생이니까.'

진수는 외발썰매를 타는 자신이 자랑스럽지만, 행색은 영락없는 동네 아이입니다. 또래보다 체구가 작은 진수가 썰매를 타고 있으니 그저 초등학생으로만 보입니다. 이를 알 턱이 없는 진수는

"외발썰매 타고 싶은 사람, 여기여기 붙어라."

하며 동네 동생들에게 으스댑니다. 동네아이들은 썰매계의 신제품인 외발썰매를 타보기 위해 타던 두발썰매에서 일어나 진수에게 뛰어옵니다. 진수의 외발썰매는 누구나 그렇듯이 아버지께서 만들어주셨습니다. 어젯밤 대추논에 물을 대고 들어오시자마자 진수는 아버지께 두발썰매가 낡았으니 외발썰매로 만들어달라고 졸랐습니다. 아버지께서는 진수에게 이제 중학교 2학년에 올라가니 겨울방학 동안 공부 열심히 하라고 선물로 만들어주신다며 나무를 깎으셨고요. 진수는 아버지의 말씀을 기억이나 할까요?

동네 아이들이 썰매를 돌아가며 타는 것을 보며 어른인 양 흐뭇하게 웃던 진수는 갑자기 친구들이 생각납니다. 태정마을에 사는 병훈이, 형석이, 건일이에게 얼음이 얼면 데리러 오겠다고 했던 약속이 떠오릅니다. 동생인 만수는 벌써 두밀마을에 사는 친구들을 데리고 왔습니다. 도라지고개로 친구들을 데리러 간 진수는 친구들과 고개를 내려오는 길에는 낙엽썰매를 타고 내려옵니다. 도라지고개의 사람들이 다니는 길옆에는 낙엽이 많이 쌓여 있습니다. 얼음썰매만큼 재미있는 낙엽썰매를 타고 황곡마을에 다다른 진수와 친구들은 대추논을 향해 누가 먼저라 할 것 없이 뛰기 시작합니다. 아마 오늘은 진수와 친구들에게 잊지 못할 겨울방학 날이 될 것 같습니다.

진수와 친구들이 태정마을과 황곡마을을 오가던 도라지고개는 1980년 태정마을 도라지고개 입구에 군부대가 이전하면서부터 넘을 수 없게 되었습니다. 이어 도라지고개의 황곡 입구마저 불법 공장들이 점거하여 사람이 다닐 수 없게 된 도라지고개에는 고갯길도 사라지고 들짐승과 낙엽만 가득합니다. 도라지고개가 막히면서 태정─황곡 간의 직접적인 소통도 단절되었습니다. 비록 전화가 보편화되었지만, 얼굴을 마주보며 쉽게 오갈 수 있던 과거를 생각하면 그 소통의 폭이 너무나도 좁아진 것 같습니다. 설원마을의 양알고개도 마찬가지입니다. 이렇게 공간의 변화는 소통의 단절을, 변화를 가져오고 있습니다.

지금까지 이 글에서는 향토문화 스토리텔링을 이용한 문화교육 방법을 제안하였다. 이를 위해 2절에서는 향토문화 스토리텔링의 개념을 정의하고, 3절에서는 향토문화 스토리텔링의 방법론을 그 적용 사례를 사전조사, 본조사, 이야기 창작단계로 구분하여 제시하였다. 앞으로의 과제는 향토문화 스토리텔링을 이용한 문화교육 방법을 어떻게 구체화할 것인가이다. 이를 테면, 현행 교육과정에

비추어 어떤 교과에 가능할 것인가(교과, 창의재량 활동, 방과 후 학습 등), 향토문화 스토리텔링 방법을 적용하여 어떻게 창의성 계발을 할 것인가, 향토문화 스토리텔링 방법을 통해 문화적 정체성을 얼마 만큼 확보할 수 있는가와 같은 물음에 답하는 것이다. 이에 대한 논의는 후일로 미룬다.

제9장

스토리텔링을 활용한
다문화시민성 교육

이 글은 한국언어문화교육학회 학술지 《언어와 문화》 제6-1호에 게재된 김영순·윤희진(2010b)의 "다문화시민성 함양을 위한 스토리텔링 활용 문화교육 방안"을 일부 수정한 것입니다.

2009년 5월 행정안전부에 따르면, 한국 내 거주 외국인 수가 110만 6,884명이라고 한다. 이는 한국의 주민등록인구 4,959만 3,665명의 2.2%에 해당한다. 여기에는 결혼이주여성, 이주노동자, 외국인 유학생 등 여러 유형의 외국인들이 들어간다. 이런 수치는 이제 한국사회도 다문화사회에 진입했음을 보여주고 있다. 국내 거주 외국인 수의 증가에 따라 여러 유형의 이질적인 문화가 우리 제도권 안에서 형성되고 있음을 부인할 수 없는 사실이다. 이런 시점에서 가장 관심을 가져야 할 것은 다문화교육이다. 다문화교육은 국내 거주 외국인들을 위한 한국사회 이해와 같은 교육만이 아니라 이들과 접촉하는 모든 한국의 시민들이 다른 문화를 존중할 수 있는 개방적인 자세를 갖는 것도 포함한다.

이런 맥락에서 이 글은 다문화사회의 시민들이 갖추어야 할 소위 '다문화시민성' 함양에 기여하고자 기획되었다. 우리 사회에서는 언제부터인가 문화상대주의적인 문화이해 방식이 문화사대주의적 문화이해 방식으로 변화하였다. 문화를 올바르게 이해하려는 개방성과 다양성이 다른 문화를 아무런 여과 없이 수용하고 숭배하는 현상으로 바뀌어 만연하고 있는 것이다. 사회 전반에 걸쳐서 우수한 우리 전통문화를 현대적으로 계승하려는 노력은 드물게 찾아볼 수 있다. 다문화사회는 어떤 주도적인 문화가 중심문화로 작동하는 것이 아니라 다양한 문화들이 공존하는 사회이다. 여기서 다양한 문화란 문화권이 구별되는 민족과 나라의 문화뿐만 아니라 같은 문화권 내에서도 전통문화와 현대문화, 그리고 지역문화와 향토문화를 아우르는 개념이다.

이 글에서는 '남의 문화'가 아닌 '자기 문화'의 이해에 중심을 둘 것이다. 그 이유는 다문화사회에서 다른 문화를 이해하기 위해서는 자신의 문화를 우선적으로 올바르게 이해하는 것이 매우 중요하기 때문이다. 자신의 문화를 바람직하게 알지 못하고 다른 문화에 대한 개방성을 갖는 것은 자칫 문화사대주의에 빠지기 쉽다. 자기 문화를 바람직하게 이해한다는 것은 자신의 문화정체성을 확립하여 다른 문화를 이해하는 데 객관적인 바탕이 형성된다는 것을 의미한다. 따라서 다문화사회를 위한 다문화교육에 있어서 자기 문화 이해교육은 매우 중요한 교육과정임에 틀림없다.

이 글에서는 인천시 서구 검단 지역에 소재하고 있는 향토문화자원의 스토리텔링 과정을 통하여 자기 문화 이해교육을 흥미롭게 진행할 수 있는 교육방안을 모색할 것이다. 이러한 스토리텔링 과정을 통해 다른 문화를 창의적으로 이해할 수 있는 기회를 제공할 것이다. 이와 같은 자기 문화 이해교육은 자신을 둘러싼 문화에 대한 이해를 바탕으로 다문화를 이해하는 상호문화이해 교육의 목표로 이행될 수 있다. 하지만 젊은 세대들은 향토문화를 고리타분하고 딱딱한 과거의 문화로 여기는 경우가 많다. 이 때문에 향토문화는 젊은 세대에게 외면을 받고 있는 실정이다. 하지만 이를 현대적인 감각으로 교육하는 교육방법이나 이를 교육하는 교육자가 부재하여 자기 문화 이해 기피현상이 더욱 심화되고 있다.

향토문화에 대한 지식은 교과서를 통해 배우는 것보다 가족이나 지인으로부터 구전되는 이야기를 통해 얻는 경우가 많다. 향토문화의 이런 성격은 자기 문화교육이 일상생활에서 체득된다는 점과 비슷하며 이는 향토문화교육이 일상생활에서 이루어져야 함을 반증한다. 향토문화교육은 공동체적 삶 속에서 개인과 지역의 위치를 부여하기 때문에 전통적인 가치를 중심으로 개인의 정체성을 확립시킨다. 이러한 향토문화교육을 통해 자기 문화에 대한 이해가 전제된다면 다문화에 대한 비판적 사고와 수용이 가능하여 상호문화이해 교육의 목표에 도달할 수 있을 것이다. 또한 사회문화의 획일성을 다양성으로 치환하여 다문화시민성을 증진시킬 수 있을 것이다.

따라서 이 글에서는 향토문화를 흥미롭게 교육하고 이것이 개개인의 삶에 자연스럽게 체득될 수 있도록 향토문화 스토리텔링을 이용한 문화교육 방법을 제안할 것이다. 이를 위해 다문화시민성과 향토문화 스토리텔링의 개념을 논의하고, 향토문화 스토리텔링의 절차와 이를 이용한 문화교육 방안을 제안할 것이다.

다문화시민성에 관한 논의

이번 절에서는 본 연구의 핵심개념인 다문화시민성의 개념을 고찰하기 위해 먼저 시민성에 대한 정의를 살펴보도록 한다. 킴리카 (Kymlicka, 1995: 284)에 따르면, 시티즌십은 '법적 지위로서의 시티즌십'과 '바람직한 시민의 덕성 및 활동으로서의 시티즌십' 이라는 두 가지 의미를 담고 있다. 우리는 흔히 전자를 '시민권'으로 후자를 '시민성'으로 사용하기도 한다. 이 글의 논의대상인 시민성의 개념은 시민으로서 갖추어야 할 품성으로 원래 국민국가가 대중적인 애국심과 보편적인 규범, 그리고 국가에 대한 의무와 충성을 요구하기 위해 등장하였다(조철기, 2005: 465). 그러나 최근 시민성은 정치적 의미뿐 아니라 사회문화적 관점에서 연구되고 있으며 국가적 통일성을 위한 수단이 아니라 시민사회에서 시민의 사회적 권리를 되찾기 위한 관점으로 접근되고 있다(Smith, 1989: 147).

이 중 대표적인 몇 가지만 열거하면 다음과 같다. 퀴클리(Quigley)와 바물러(Bahmuller, 1991)는 시민성을 국가나 공동체를 구성하는 개인이나 제도가 구성원으로서 수행해야 하는 기능적 역할이라고 정의한다. 프록터(Proctor, 1998)는 시민성을 공동체의 구성원임을 인정하는 권리와 구성원에게 요구되는 의무의 측면으로 구성된 것이라고 본다. 로저스(Rogers, 1992)도 권리와 의무의 두 측면 모두 고려하여 시민성을 정의한다. 이렇게 볼 때 시민성은 어떤 한 사회를 구성하는 시민이 정치적 문제를 포함한 사회 제반의 문제에 대해 정확히 이해하고 올바른 판단과 이를 실천할 수 있는 능력과 태도라고 정의할 수 있다.

요즘 들어 교통 통신 수단이 발달하고 인터넷 등장을 통해 세계화가 확산되면서 시민성의 개념도 확대되고 변화되고 있다. 오늘날 시민성의 개념은 단일 국가의 법률적 의무나 권리뿐 아니라 국가의 경계를 초월하여 세계시민으로서의 자질로서 다중시민성 또는 세계시민성 등의 개념이 등장한다. 다중시민성은 시민은 한 국가의 시민일 뿐 아니라 여러 국가가 연합된 지역의 시민으로서, 그리고 세계시민으로서의 지위를 동시에 다중적으로 가진다고 보는 개념이다(Turner, 1986; 김왕근, 1999). 또한 세계시민성은 세계화에 더 강조점을 둔 개념으로 세계 다른 지역의 사람들과의 공존에서 요구되고 필요한 시민으로서의 자질이다(Cole, 1984; Merryfield & Wilson, 2005). 그렇다면 인종적 · 민족적 · 문화적 다양성이 심화되면서 다문화사회에서 요구하는 시민성으로 등장한 다문화시민성은 과연 어떤 개념인가를 알아보자.

킴리카(1995)는 다문화시민성을 위해 국가를 구성하는 다양한 민족, 인종 언어, 종교 공동체가 국가 시민문화 속에 반영되고 제 목소리를 낼 수 있도록 국가 시민문화가 변혁되어야 한다고 하였다. 또한 틸버리(Tilbury, 2002)는 전 지구 차원의 세계화로 국가의 영향력이 약화되면서 보다 나은 세계를 위한 능동적 시민성의 강조로 변화되고 있다고 한다. 힉스(Hicks, 2003)는 문화적, 국가적, 지역적, 세계적 정체성의 함양, 다양한 집단 속에서 자기 역할을 다하고 보다 정의로운 구각 및 세계 건설을 위해 필요한 지식과 태도, 기능의 함양을 포함한 세계시민성 교육을 제안한다. 지리교육에서 세계시민성 교육은 상호의존성을 강조하고 무시되거나 소홀하게 다루어진 사람들과 지역에 대한 지식과 경험을 배우고 복잡하고 논쟁적인 세계적 문제를 다양한 관점에서 접근하는 것이다.

위의 논의들에서 살펴보면, 세계화와 다문화사회의 형성 등으로 시민성은 국가적 정체성보다는 지역정체성과 세계정체성으로 이동되는 경향을 보이고 있다. 그리고 시민성이나 정체성의 개념이 통일적이고 동질적인 개념에서 다차원적이고 복수적인 개념으로 변화되고 있음을 알 수 있다. 또한 김창근(2009: 43)은 다문화사회에서 필요한 다문화시민성을 모색하면서, 다음과 같은 네 가지 요소를 제안하고 있다. 네 가지 요소는 다원적 문화의식, 자유주의적 공화주의 의식, 열린 민족의식, 세계시민의식 등이다. 이를 풀어서 이해하면 다문화사회의 시민은 다양한 문화공존에 대한 의식을 가지고 있으며, 자유와 평등과 참여에 기초한 공적 심의와 법, 제도를 통한 사회 신뢰와 통합성을 중시하는 사람이다. 또한 자기가 속한 공동체에 정체성을 가지면서도 열린 민족의식을 바탕으로 세계시민으로서의 책임의 범주를 확장해가는 사람이라고 볼 수 있다.

위에서 논의한 시민성 및 다문화시민성을 보자면 마치 동일 사회에서 생활하고 있는 다양한 문화적 배경을 지닌 사람들에게 다양성을 존중하고 개방성이 요구되는 자질로 설명하고 있다. 심지어 김창근(2009)의 논의에도 열린 민족의식과 공동체의 정체성에 대한 언급은 있어도 자기 문화 이해에 대한 언급과 방법론에 대해서는 나타나지 않는다. 따라서 이 연구에서는 문화적 감수성이 예민한 중학교 학생들을 대상으로 자기 문화 이해교육의 방법을 제안하고자 한다. 이를 위해 교육현장에서 적용되는 스토리텔링 기법을 활용하는 것이다.

이는 얼핏 보면 자기 문화 이해교육 측면을 강조하는 것처럼 보일 수 있다. 그러나 다문화교육은 다원주의의 실행을 의미하는 것이며, 그것의 목표는 학생들이 다양하고 민주적인 사회의 적극적인 참여자가 되도록 준비시키는 것이다(Koppelman & Goodhart 2005: 292). 이런 맥락에서 수행되는 자기 문화 이해교육 이른바 문화교육을 행해야 한다. 이를 위해 학생들의 문화적 배경이 효율적인 교수와 학교 환경 개발에 사용되는 교육전략을 구사해야 하며, 공식적인 학교 환경을 문화, 다양성, 사회정의, 민주주의 개념에 맞도록 변화시켜야 한다(Gollnick & Chinn 2002: 5). 뿐만 아니라 다문화교육 담당 교사들은 긍정적인 문화적 정체성을 발달시키기 위해서 학생들을 동질 집단 소속의 개인이라기보다는 고유한 개별 주체로서 보아야 하며, 학생들이 가지고 있는 문화적, 종족적 배경을 스스로 명료화할 수 있도록 도와주어야 한다. 이를 위해 이 글에서는 향토문화 스토리텔링이란 개념을 도입한다.

1) 향토문화 스토리텔링

이번 절에서는 향토문화 스토리텔링이 창작되는 과정과 그 결과를 제시한다. 향토문화 스토리텔링이 만들어지는 과정은 크게 타깃 선정, 현장조사, 스토리텔링으로 나뉜다.

구체적으로 타깃 선정은 대상지 선정과 사전조사로 나뉜다. 대상지 선정기준으로는 전통문화를 지니고 있는 지역, 지역의 문화가 변화가 예고된 지역, 교육적으로 가치가 있는 지역 등의 여러 가지 선정기준이 있을 수 있지만 가장 좋은 기준은 현재 나와 내 가족이 살고 있는 지역이다. 향토문화 스토리텔링의 목적이 나의 문화를 먼저 이해하여 타문화를 이해하는 데 도움이 되고자 함에 있기 때문에, 나와 가장 밀접한 지역을 스토리텔링하는 것이 좋다. 이 논문에서 예시로 제시되는 대상지는 인천광역시 서구 검단 지역이다. 사전조사는 문헌조사와 이미지 조사를 포함하는 개념으로 이를 통해 조사의 범위, 내용, 인터뷰 대상 등을 결정한다. 문헌조사는 대상지가 포함된 향토 연구자료, 자치단체 발간지, 통계자료 등을 이용하여 향토의 특성과 현황을 파악하는 것이다. 이미지 조사는 대상지의 지도와 사진을 활용하여 문헌에서 습득한 정보를 도상으로 이해하는 것으로, 이를 통해 본조사의 동선과 이미지 촬영의 계획 등을 세운다.

현장조사는 스토리텔링 학습자가 직접 현장을 방문하고 답사하는 과정으로 현장이 주는 메시지와 함께 콘텍스트를 파악하는 것이 중요하다. 현장조사는 크게 인터뷰, 문화행위 참여로 나눌 수 있다.

인터뷰는 주로 스토리텔링 대상지에서 오랫동안 거주한 사람이나 문화행위를 주최한 주최자에게 스토리텔링 소재에 대한 질문을 하는 형식으로 이루어진다. 문화행위 참여는 대상지의 문화를 파악할 수 있는 행사. 예를 들면 지역축제, 마을회의, 동제 등에 직접 참여하여 스토리텔링 학습자가 외부자(관찰자)와 내부자(주민)의 두 가지 시각을 갖게 하는 것을 말한다. 문화행위 참여에서 내부자의 시각을 갖기 위해서는 스토리텔링 학습자와 지역주민 간의 신뢰가 구축되어 있어야 하며, 참여 후에는 인터뷰를 통해 정보를 보완한다. 현장조사 이후에 스토리텔링 학습자가 현장감을 잃지 않도록 인터뷰, 문화행위 참여 등의 환경을 꼼꼼하게 기록하고 이미지로 촬영한다.

타깃 선정과 현장조사를 통해 진술된 자료를 바탕으로 스토리텔링 단계에서는 실제 이야기를 창작한다. 향토문화 스토리텔링 단계는 지금까지 조사한 향토문화를 자신이 조사하고 이해한대로 가공·기술하는 단계이다. 따라서 스토리텔링 학습자의 정서는 이 단계를 거치면서부터 향토문화의 외부에서 내부로 이동한다. 즉, 스토리텔링 단계는 향토문화를 스토리텔링하는 학습자에게 체득시키는 단계이며, 이 단계는 유형 결정, 개요 작성, 창작과정으로 나뉜다.

유형 결정과정은 창의성과 사실성 각각에 기반을 둔 A유형과 B유형을 결정하는 것을 뜻하며, 이에 앞서 주제와 소재의 결정이 선행되어야 한다. A유형은 사실성보다는 창의성에 더 많은 비중을 둔 형식으로 소설, 영화 시나리오 등이 여기에 해당한다. B유형은 사실성의 비중이 창의성의 그것보다 더 큰 형식으로 설명문, 다큐멘터리 대본 등이 여기에 해당한다. 두 유형의 기준인 사실성과 창의성은 수치로 환산하여 결정하는 등의 절대적인 기준은 가지지 않는다. 결정된 유형은 개요 작성과정을 통해 각각 다른 형식을 가지게 된다.

A유형의 개요는 소설의 구성단계인 '발단, 전개, 위기, 절정, 결말'을 도입(발단), 본문(전개, 위기, 절정), 결론(결말)으로 재구성한다. 다만 결론부분에서 갈등이 해소됨과 동시에 주제에 대한 현재적 의의를 기술함으로써 향토문화 스토리텔링의 목적을 다시 한 번 강조한다. 또한 A유형의 개요와 함께, 이야기에 등장하는 주인공의 캐릭터의 이름, 나이, 성격 등을 정리한다.

B유형의 개요 역시 도입, 본문, 결론으로 나뉜다. 도입부분에서는 주제와 관련된 학술적인 소개(명칭, 역사 등)를 기술하고 결론부분에서는 A유형과 마찬가지로 주제에 대한 현재적인 의의를 기술한다. 이렇게 구성된 개요는 글의 흐름을 보여주고 글의 일관성을 유지하는 데 도움을 주어 창작과정의 지침이 된다. 창작과정은 결정된 유형과 작성한 개요표를 바탕으로 글을 쓰는 과정으로 그 분량이나 대상독자는 교수자와 스토리텔링 작성자가 결정한다. A, B유형 공히 개요표에 참고문헌을 기록하는데, 이는 스토리텔링의 내용들을 이 문헌들에서 발췌 인용하기 때문이다.

다음은 연구자들이 인천시 서구 검단 지역을 대상으로 작성한 향토문화 스토리텔링이다. 〈표 9.1〉은 중학교 3학년 학생을 대상독자로 정하고 작성한 A유형의 개요표이다. 등장인물은 서구 검단 대곡동에 집성촌을 이루어 살고 있는 평산 신씨를 대상으로 하였으며 중학교 3학년 학생이 얼마 전의 자신의 이야기를 서술하는 것을 가정하여 작성하였다.

A유형의 개요표에는 제목, 소재, 캐릭터의 개요, 배경, 장르, 개요, 참고자료 등을 포함한다. 캐릭터의 개요는 외형 등을 추가하여 더 구체화시킬 수 있고, 내용에 따라 시대를 나타내는 단어 등을 표기하여도 좋다.

〈표 9.1〉 A유형의 개요표	제 목	대곡동 여름 이야기		
	소 재	대곡동에 위치한 각 문중의 묘역 (평산 신씨, 반남 박씨, 하동 정씨, 전주 류씨)		
	등장인물 1	이름	신용학(평산 신씨)	
		성별	남자	
		나이	70세	
		거주지	대곡동 황곡마을(당시 대곡리 황곡마을)	
		성격	넉넉한 인품, 박학다식	
	등장인물 2	이름	신진수(평산 신씨)	
		성별	남자	
		나이	14세(중학교 1학년)	
		거주지	대곡동 황곡마을(당시 대곡리 황곡마을)	
		성격	쾌활함, 호기심이 많음	
	배 경	시간	1970~1975년 사이	
		공간	대곡동	
	장 르	창작소설		
	개 요	도입	1. 방학을 맞아 놀기만 하는 진수에게 할아버지가 검단의 문중과 묘역에 대해 설명해주기로 결심	
		본문	2. 검단 및 대곡동 집성촌 설명, 황곡마을의 평산 신씨 설명 3. 두밀마을의 반남 박씨와 풍산 김씨 설명 4. 태정마을과 설원마을의 하동 정씨에 대한 설명 5. 전주 류씨 묘역 설명	
		결론	6. 검단의 문중과 묘역의 현황 정리	
	참고자료	－《文化遺蹟分布地圖》, 仁川廣域市, 仁荷大學教博物館, 2007. － 박한준, 검단의 역사와 문화, 인천서구문화원향토문화연구소, 2009.		

다음은 A유형 스토리텔링의 실제 창작내용이다.

대곡동의 여름 이야기

"할아버지, 다녀올게요!"

오늘도 진수는 곤충채집을 한다며 친구들과 뛰어나갔습니다. 하지(夏至)가 지난 지 얼마 되지 않아 하늘 높이 떠있는 태양은 모든 것을 태워버리겠다는 듯이 뜨겁게 타고만 있습니다. 이래도 진수는 방학과 동시에 산으로 들로 뛰어다니느라 정신이 없습니다. (중략) 학교 공부도 중요하지만 우리 집안에 대해, 대곡리의 문중(門衆)에 대해 아는 것도 아주 중요합니다. 오늘 진수가 돌아오면 이에 대해 이야기를 해야겠습니다.

우리가 살고 있는 검단 지역, 대곡리 각 마을은 여러 문중의 집성촌(集成村)으로 이루어져 있습니다. 황곡마을만 해도 조선 초 의정부좌참찬을 지낸 이간공(夷簡公) 신영(申瑛) 어르신이 입향한 이후 평산 신씨(平山申氏)의 후손 50여 호(추정)가 자리 잡고 있습니다. 최근에서야 평산 신씨 외의 타성(他姓)을 마을에서 찾을 수 있게 되었습니다. 이전에는 모두 우리 친척, 문중이 황곡에 살고 있었던 거지요. 사실, 황곡마을의 원거인(原居人)은 단양 우씨(丹陽禹氏)라고 합니다. 1500년대 초 단양 우씨의 외손인 평산 신씨가 입향한 이후부터 우리 문중이 계속 이 마을에 살았다고 하니, 벌써 500년이나 되었군요. 우리 문중의 묘역(墓域)은 황곡에서 두밀로 향하는 소로의 좌측 야산에 위치하고 있습니다. 서남에서 동북쪽으로 흘러내리는 듯한 야산의 구릉지에 4기의 무덤이 층을 이루어

조성되었지요. 가장 위에 있는 쌍분은 묘갈의 마모가 심하여 묘주를 알 수 없고, 그 아래로 입향조 신영과 그 부인인 단양 우씨의 합장묘와 '신영 신도비'(神道碑)가 있습니다. 신도비는 왕이나 고관의 무덤 앞 또는 무덤으로 가는 길목에 세워 죽은 이의 사적(事蹟)을 기리는 비석을 말합니다. 1573년(선조 6년)에 세워진 신영 신도비는 대리석 재질로 비석의 상단에 전서로 '이간공 신도비명'이라 새겨져 있습니다.

(중략)

검단, 김포의 일부 지역에서만 놀던 진수에게 전주 류씨는 생소한 성씨인가 봅니다. 누군가에게는 우리 풍산 신씨도 생소한 성씨이겠지요. 그 누군가에게 진수는 우리 문중인 풍산 신씨에 대해 잘 설명할 수 있을까요. 진수가 이렇게 관심을 가졌을 때 우리 문중에 대해 좀 더 설명해야겠습니다. 보물처럼 모셔둔 족보와 고문서들을 이제야 꺼낼 때가 되었군요. 허허.

평산 신씨 문중에서는 아직도 오래된 문서들을 보유 및 관리하고 있으며 태정마을에 위치한 하동 정씨 사당은 최근 그 후손들이 위패를 다른 곳으로 모셔갔다. 대곡동 이외에도 검단 지역의 각 마을은 집성촌인 경우가 많지만 최근의 도시개발로 인해 집성촌이 사라지고 있으며 문중의 묘역 역시 이장되고 있다.

제 목		여성의 마음을 치료한 검단의 우물
소 재		여래마을 우물, 가현마을 우물, 오두물, 족저마을 우물, 왜물
배 경	시간	현재 시점으로 서술
	공간	마전동, 대곡동, 당하동, 불로동
장 르		설명문
개 요	도입	1. 검단의 우물에는 이야기가 담겨 있다. 2. 우물에 대한 설명.
	본문	3. 가현마을 우물 이야기 4. 여래마을 우물 이야기 5. 오두물 이야기. 6. 족저마을 우물 이야기 7. 왜물 이야기
	결론	8. 우물은 여성들의 공론장으로 마을 방송국의 역할을 해왔음
참고자료		09.07.12.전사록, 09.08.21 전사록, 09.11.17 전사록

〈표 9.2〉는 역시 연구자들이 작성한 인천시 서구 검단의 향토문화 스토리텔링의 B유형 개요표이다. 〈표 9.2〉의 참고자료로는 인터뷰 녹취 파일을 글로 옮긴 전사록이 이용되었다. 이처럼 참고자료로는 단행본, 논문 이외에도 현장답사의 흔적인 전사록, 이미지 등이 활용될 수 있으며 이는 A유형에도 역시 적용된다.

다음은 〈표 9.3〉 개요의 내용 중 도입, 본문(3, 4의 일부), 결론의 내용을 실제로 스토리텔링한 것으로, 인터뷰 자료를 바탕으로 한 설명문으로 면접대상자(interviewee)의 약어(ㅇ씨, ㄱ씨)와 나이를 기술하여 사실성을 높였다. B유형의 스토리텔링을 위해서는 철저한 사전조사와 현장조사가 필요하다.

여성의 마음을 치료한 검단의 우물

북쪽으로 한강이 흐르고 서쪽으로 황해가 맞닿은 곳. 가현산과 만수산에서 흘러나온 물줄기가 삶의 터전을 휘감아 흐르는 곳. 이렇게 개발 전의 검단은 하늘에서 내리는 비 외에도 산과 강, 바다 덕분에 물이 마르지 않아 풍족한 삶을 영위할 수 있었던, 하늘이 내린 지역이었다. 그중에서도 검단의 우물은 가뭄이 들어도 마르지 않고 마을 사람들의 마음을 치료하여 그 형태가 사라진 현재까지도 마을 사람들에게 그에 관한 이야기가 전해져 내려오고 있다.

우물은 물을 긷기 위하여 땅을 파서 지하수를 괴게 한 곳 혹은 그런 시설을 말한다. 우물은 땅을 파서 거적 따위를 얹었다는 뜻의 '움'과 물의 합쳐진 '움물'에서 변화한 단어로 검단 지역(과거 김포 지역)의 방언으로는 '움물, 음물'이라고 한다. 우물은 '물'이 가진 생활수로서의 기능 외에도 신성성, 생명성, 정화성, 재생성 등의 상징적인 의미와 공동체 유지라는 사회적인 기능도 가지고 있었다. 특히 공동체 유지라는 사회적인 의미는 거취에 많은 제약을 받았던 여성들이 자유롭게 오갈 수 있었던 곳이 우물이었다는 점에서 비롯한 것으로 보이며 우물에 관한 이야기 역시 이에 관한 이야기가 다수를 차지한다.

가현산 줄기의 끝부분에 위치한 마전동은 현재 검단1동 주민센터, 검단고등학교, 검단초등학교가 위치한 지역이다. 이 중 검단초등학교 주변인 여래마을과 여래마을의 위쪽에 위치한 가현마을의 우물 이야기를 들어보자. 가현마을에 거주하는 ㅇ씨(54세, 남)에 의하면 가현마을에는 두 개의 우물이 존재했다. 한 줄기에서 뻗어 나와 두 집으로 나누어진 우물은 각각 '광택이네 우물터'와 '정일네 우물터'라고 불렸다고 한다. 이 우물들은 바가지 모양으로 생겼으며 겨울이 되면 물에서 김이 나와 목욕을 해도 되었을 정도로 따뜻했다고 한다. 마을 여인들은 물을 긷기 위해 우물을 찾았을 뿐만 아니라 빨랫감을 들고 나와 남편 이야기를 하며 빨래를 하기도 하였고 우물을 사용해야 하는 일이 없어도 여인들과의 유희를 위해 우물을 찾았다고 한다. 가현마을의 두 우물은 마을 사람 모두가 함께 청소하고 공동으로 관리하였다고 한다. 이후 수도가 보급되면서 마을 사람들이 물을 이용하기 위해 우물을 찾기 횟수는 줄어들었지만, 어젯밤 꿈 이야기를 하기 위해, 서울에서 공부하고 있는 아들 자랑을 하기 위해 모인 어머니들로 우물터는 북적북적했다고 한다.

여래마을에 거주하는 ㄱ씨(64세, 남)의 말에 따르면 여래마을에는 산신제가 열리는 안산 아래와 그 주변 논인 지진달(지명)에 우물이 있다고 한다.

(중략)

우물은 공동체적 삶의 중심에 위치하고 있었으며 여성들이 이용이 자유로웠던 덕에 마을 여성들의 공론장으로 이용되었다. 자식에 대한 걱정과 마을에 대한 걱정은 우물터에서 다른 여성들과 이야기를 나누며 해소되고 해결되었으며, 이 과정을 통해 여성들은 마을 구성원으로서 마을 일에 참여할 수 있었던 것으로 보인다. 과거와 소통의 체계가 달라진 현대사회에도 우물의 이런 이야기와 소통 체계는 보존되어야 할 것이다. 사회적으로 억압받던 사람들의 공론장이자 마음의 병을 치료하는 곳이었던 마을 우물. 각종 개발로 인해, 마을 내부가 아닌 외부적인 요소에 의해 마을의 우물이 사라져가는 시대에 우리들의 마음의 우물은 어디서 찾아야 할까.

2) 문화교육 수업지도안

향토문화 스토리텔링은 향토문화자료를 이용하여 스토리텔링을 하는 것으로 그 과정은 크게 타깃 선정, 현장조사, 스토리텔링으로 나뉜다. 스토리텔링은 창의성과 사실성이 차지하는 비중에 따라 A 유형과 B유형으로 나뉘며 각 유형에 맞는 개요표 작성을 통해 한 편의 이야기로 스토리텔링된다. 앞의 절에서는 이러한 절차와 A형식, B형식의 개요표, 스토리텔링 실제를 제시하였다. 이번 절에서는 스토리텔링을 활용한 자기 문화교육 수업의 모형을 제안하고자 한다.

이러한 향토문화 스토리텔링 교육은 그 범위와 방법이 각 교과에 걸쳐있으므로 어느 한 교과에서 다루는 것보다는 특별활동 시간이나 재량활동 시간에 적용하는 것이 바람직하다. 수업은 총 5차시에 걸쳐 진행하며 각 차시는 중학교 수업시간인 45분을 기준으로 한다. 각 차시별 지도계획은 〈표 9.5〉와 같다.

1차시 수업은 3장의 향토문화 스토리텔링 절차 중 '타깃 선정'에 해당하는 차수로 스토리텔링을 통한 자기 문화교육이라는 수업의 목표를 이해하는 것이 가장 중요하다. 학생들이 대부분 같은 지역에 거주하고 있다는 점에서 교수자는 공통된 대상지(고장)의 명칭, 연혁, 역사, 특징 등을 강의한다.

2차시 수업은 학생들과 교수자가 직접 현장에 나가 현장을 답사하는 현장조사로 이루어지며 이때 교수자는 현장조사 인터뷰 대상자들을 확정하고 학생들이 과제를 통해 인터뷰 대상자들을 인터뷰할 수 있도록 유도한다.

3차시 수업에서는 2차시 수업과 과제로 만들어진 여러 자료들을 가공하여 정보화시키는 과정을 설명하고 이를 이용하여 학생이 구성할 이야기의 주제와 유형을 결정하도록 한다.

차 시	제재명	주요 학습 내용과 활동	교수-학습 형태	보조자료
1/5	스토리텔링 타깃 선정	- 전체 학습목표 이해 - 우리 고장 개요 이해 - 대상지 선정	강의학습 토의학습	읽기 자료 PPT
2/5	현장조사	- 현장조사 인터뷰 대상자 확정 - 문화행위 참여 - 과제: 인터뷰	현장학습	인터뷰 예시 파일 쓰기 자료
3/5	현장자료 정리	- 자료 정리 - 과제: 현장자료 정리 및 이야기 주제 정하기	강의학습	읽기 자료
4/5	이야기 구성	- 이야기 개요 작성하기 - 이야기 구성하기 - 과제: 이야기 작성해오기	강의학습 토의학습	쓰기 자료 읽기 자료
5/5	이야기 수정 및 발표	- 이야기의 수정과 퇴고를 통해 이야기 완성하기 - 이야기 발표하기 - 자기 문화 이해하기	발표학습 토의학습	읽기 자료

4차시 수업은 학생이 직접 이야기를 구성하는 것을 중심으로 진행된다. 이 수업을 통해 학생들은 자신들의 문화를 자신의 문화로 이해하고 받아들이게 된다.

5차시는 창작된 이야기를 학생들이 발표하고 토론을 통해 서로의 이야기를 수정하는 수업으로, 이 수업을 통해 학생들의 창의성과 문화에 대한 이해가 향상하게 된다.

〈표 9.6〉은 총 5차시 수업 중 가장 중요한 4차시 수업에 대한 학습지도안이다.

이러한 수업을 통해 학습자는 향토문화를 이해하고 향토문화를 활용할 수 있는 능력을 기를 수 있다. 이러한 향토문화에 대한 이해는 자기 문화에 대한 이해로 발전할 수 있을 것이며, 이는 결과적으로 자기 문화에 대한 이해를 바탕으로 한 다문화시민성을 함양시키는 데 큰 역할을 할 것이다.

〈표 9.6〉 본시 교수-학습지도안

제재명	이야기 구성		차 시	4/5
학습목표	1. 주어진 향토문화자료를 활용하여 자기 주도적인 이야기 구성능력을 기를 수 있다. 2. 향토문화자료를 활용한 이야기 구성을 통해 자기 문화에 대한 이해력을 향상시킬 수 있다.			
학습과제	완성하지 못한 이야기 작성해오기			
학습자료	쓰기 자료(템플릿), 읽기 자료(이야기 구성 시 유의점, 이야기 구성 예)			

과 정	교수-학습활동		시간 (분)	학습형태	지도상의 유의점
	학 생	교 사			
수업 전 활동	− 현장자료를 정리하여 이야 기에 사용할 수 있는 소재 추출하기 − 이야기의 소재 및 주제 확정 하기	− 학습과제 제시			수시로 진척 상황을 확인한다.
도 입	− 작성할 이야기의 소재 및 주제를 상기한다. − 학습목표를 숙제한다.	− 전시학습 확인 − 학습목표 확인	5분	강의학습	전시학습확인, 학습 동기유발
전 개	− 이야기의 주제를 상기하면 서 이야기의 개요를 작성 한다. − 개요에 맞추어 템플릿에 이 야기를 구성한다.	− 학생이 작성한 개요의 개 연성을 확인한다. − 학생이 주어진 템플릿에 맞 추어 창의적인 이야기를 구 성할 수 있도록 유도한다.	30분	자기주도 학습	이야기의 내용에 조사 한 향토문화자료가 포 함되었는지 확인한다.
정리 · 과제제시	− 이야기를 구성하면서 느낀 어려운 점을 발표한다. − 정확한 맞춤법을 구사하여 이야기를 구성하도록 노력 한다. − 완성하지 못한 이야기를 작성해오기	− 학생이 이야기를 구성하면 서 느낀 어려움에 대해 함 께 토의하도록 유도한다. − 차시 예고: 5-5. 이야기 수정 및 발표 - 이야기를 완성하여 발표할 수 있도 록 한다.	10분	토의학습	스토리텔링에 지속적 인 흥미를 지닐 수 있 도록 유도한다. 이야기 구성을 통해 자기 문화를 이해할 수 있도록 유도한다.

이 글에서는 지금까지 다문화사회의 시민들이 갖추어야 할 소위 '다문화시민성' 함양을 위해 자기 문화 이해교육을 강조하고자 향토문화 스토리텔링 교육방안을 제안하였다. 특히 인천시 서구 검단 지역에 소재하고 있는 향토문화자원의 스토리텔링 과정을 통하여 자기 문화 이해교육을 흥미롭게 진행할 수 있는 교육방안을 모색하였다.

향토문화 스토리텔링은 타깃 선정, 현장조사, 스토리텔링 단계로 나뉜다. 타깃 선정은 대상지를 선정하고 문헌조사와 이미지 조사를 통해 대상지의 특성과 현황을 파악하는 단계이다. 현장조사는 스토리텔링 학습자가 현장을 방문하여 면담자와 인터뷰하고 지역축제, 마을회의 등의 문화행위에 참여하는 단계이다. 현장조사를 통해 스토리텔링 학습자는 향토문화자료를 수집할 수 있으며 관찰자인 외부자의 시선과 지역주민의 시선인 내부자의 두 가지 시선을 확인할 수 있다.

스토리텔링은 향토문화자료를 바탕으로 이야기의 주제를 정한 후 창의성과 사실성 각각에 기반을 둔 A유형, B유형을 결정한다. 그리고 각 유형에 맞는 개요표를 작성하고 이야기를 작성함으로써 향토문화 스토리텔링을 완성한다. 이런 스토리텔링 과정을 통해 자기 문화를 바탕으로 다른 문화를 창의적으로 이해할 수 있으며 이는 향후 다문화를 이해하는 상호문화이해 교육의 목표로 이행된다. 자기 문화 이외에 다문화를 이해하기 위해 스토리텔링을 적용하는 것은 매우 복잡한 문제라고 생각한다. 이에 대한 연구는 차후 과제로 미룬다.

제10장

한국문화교육을 위한
탈춤 스토리텔링 교수법

이 글은 한국언어문화교육학회 학술지 《언어와 문화》에 게재된 김영순 · 정미강(2007)의 "한국문화교육을 위한 '은율탈춤' 스토리텔링 교수법"을 일부 수정 · 보완한 것입니다.

이 글의 목적은 스토리텔링 기법을 통해 은율탈춤 속에 드러난 한국의 문화적 요소를 한국문화 학습자들에게 효과적으로 교수하는 방안을 제시하는 데 있다.

1970년대 이래 외국어교육 분야에서 도입되기 시작한 '문화' 및 '문화교육'의 개념은 의사소통능력의 신장이라는 측면에서 언어와 문화의 불가분의 관계에 착안해 강조되기 시작한 것이다. 그러나 과연 문화가 언어의 종속적 차원인가 하는 문제에 봉착하여 새로운 문화교육의 차원을 위한 제안들이 조금씩 그 목소리를 높여가고 있다. 본 연구에서 제시하고자 하는 탈춤의 스토리텔링 교수법 또한 언어교육의 종속적 차원이나 피상적 지식의 일방적 주입의 차원을 넘어서는 것으로 학습자가 한국문화의 특수성 및 정체성을 간접 체험하여 스스로 이해할 수 있도록 유도하는 방식을 지칭한다.

한국 탈춤은 노래와 춤, 재담과 연극이 결합된 민속예술의 정화로서 오랜 세기를 통하여 우리 민중들이 즐겨온 것이다(김일출, 1958: 1). 민중들의 생활, 사상, 감정이 예술적 가무, 해학적 연기 및 극적인 구성을 통하여 표현된 우수한 문화유산이며, 그 문화적 가치, 문학적 가치, 놀이적 가치로 인해 다양한 방면에서 훌륭한 교육적 활용이 가능한 자원이다. 그러므로 한국문화교육에 있어 탈춤의 활용은 가장 한국적이면서도 민중적 종합예술인 탈춤을 통해 한국문화의 정신을 이해시키고 나아가 한국적인 것을 세계에 알릴 수 있는 기반을 마련하는 데 중요한 역할을 할 것이다.

이를 위해 이 연구에서는 은율탈춤을 통해 한국 탈춤만이 가지는 독특한 극적 구성을 살펴보고, 마당판에서 생동하는 비언어적 행위들을 통찰하여 탈춤을 단순히 '보는 것'이 아니라 '체험하는 것', 연행자와 관객들 간에 '상호공감하는 것'으로 의미를 찾을 것이다. 이러한 접근은 교수자와 학습자 간의 상호작용적 방식이라고 할 수 있는 스토리텔링 기법과도 일맥상통하는 것이다.

본 연구에서 제안하는 스토리텔링 기법은 기호학의 기본 개념인 행동자 내러티브 구조와 그레마스의 서사도식을 중심으로 구축된 일종의 문답식 교수법이다. 이것은 장소와 공간의 제약, 학습자의 수와 수준에 따라 적용의 변수가 있을 수 있다. 그러나 외국인 한국문화 학습자들을 위한 가상적인 체험학습에 용이하다고 판단하여 이를 도입하고자 한다. 사실 탈춤의 현장에서 학습자들을 직접 체험시키는 것이 가장 이상적이지만, 실제 체험을 할 수 없을 경우 간접 체험, 즉 동영상 등의 미디어를 활용하여 수업을 진행해야 한다. 이 경우 스토리텔링 기법을 이용한 교수법은 학습자의 흥미유발, 수업에의 적극적 참가, 수업내용의 참여적 이해 등 학습자 중심의 수업에 효과적으로 적용될 수 있을 것이다.

이번 장에서는 문화교육의 개념과 범주, 한국문화교육의 현황과 과제에 대해 살펴볼 것이며, 한국 탈춤의 전반적인 특징과 구성요소 등을 알아보고 은율탈춤을 한국적 요소를 분석할 것이다. 또한 은율탈춤을 대상으로 스토리텔링을 통한 한국문화 교수방안을 제시하기로 한다.

1) 문화와 문화교육

문화를 가르치는 것, 즉 문화교육은 현대의 교육에 있어 어떤 의미를 가지는가. 우선 문화의 개념부터 정리해보자. 문화의 개념은 일반적으로 한 사회 구성원의 생활양식으로서 정의가 가능하다. 즉, 문화는 인간 집단의 생활양식의 총체라는 것으로, "지식, 신앙, 예술, 법률, 도덕, 관습 그리고 사회의 한 구성원으로서 인간에 의해 얻어진 다른 모든 능력이나 관습들을 포함하는 복합총체"(한상복 외, 1998: 65)라는 타일러(Tylor)의 정의는 가장 포괄적이며 고전적인 문화의 개념을 보여준다. 이러한 문화의 개념은 문화라는 것이 한 사회를 이해하고 판단하는 데 있어 가장 기저에 있는 요소라는 것을 의미하며, 그렇기 때문에 외국어교육에 있어서, 특히 1970년대 이후 외국어 교수법의 중심에 자리 잡게 된 의사소통 중심의 교수법(CLT: Communicative Language Teaching)에 있어 그 중요성이 강조되고 있는 것이다(조항록, 2000: 154). 의사소통이라는 것은 비단 언어만의 소통을 의미하는 것이 아니라 한 사회에서 생산해내는 모든 기호들의 발신과 수신이 가능하다는 것을 의미한다.

기어츠(Geertz, 1973)가 문화를 상징적 형태로 표현되는 의미의 체계로 보았듯이, 문화는 어떤 상징적 형태인 기호에 의미를 부여하는 그 사회마다의 고유한 방식을 의미한다. 그러므로 의사소통능력의 신장이라는 교수목적을 두고 본다면 문화교육은 그에 가장 부합하는 교육이라 할 수 있다. 실리에(Seelye, 1988)는 문화교육의 목표로 다음을 제시한 바 있다.

① 사회의 구성원에게서 문화적으로 조건되어 나타나는 행위에
　　대한 이해를 돕는다.

② 나이, 성, 사회계층, 주거지역과 같은 사회언어학적 변인이
　　말과 행동에 어떻게 영향을 주는지에 대한 이해를 돕는다.

③ 목표문화의 일반적 상황에서 나타나는 관습적 행동을 인지하
　　도록 돕는다.

④ 목표언어에서 문화적 함의가 있는 어구를 인지하도록 돕는다.

⑤ 목표문화를 일반화한 것에 대해 평가하고 정밀화하는 능력을
　　발전시키도록 돕는다.

⑥ 목표문화에 관한 정보를 정리하거나 조직하는 데 필요한 방
　　법을 발전시키도록 돕는다.

⑦ 목표문화에 대한 학생들의 지적 호기심을 자극하고 해당 민
　　족에 대해 공감하도록 격려한다.

　실리에가 제시한 문화교육의 목표를 살펴보면, 문화교육은 문화
에 대한 단순한 지식을 습득하는 것이 목표가 아니다. 권오경(2006)
은 문화가 타인과의 의사소통을 전제로 하는 것이라면 이것은 지식
으로서가 아니라 능력으로 학습되어야 한다고 하였다. 이는 또한
항목을 정해놓고 백과사전적으로 교수가 요구되어서도, 학습하도
록 강요해서도 안 된다고 했다. 즉, 문화교육은 한 사회 구성원에
대한 이해와 인지, 공감과 호기심을 이끌어내기 위한 것으로서 궁
극적으로 한 사회를 온전히 이해하기 위한 것이며, 이를 통해 범세
계적 공동체의 삶에 기여할 수 있도록 학습자를 이끄는 데 있다고
할 수 있다.

2) 한국문화교육의 현황과 과제

한국문화교육이 당면하고 있는 문제점이라고 한다면 문화교육에 대한 지속적이고 활발한 연구에도 불구하고,* 이를 실제 한국어교육 현장에서 활용하기에는 아직 어려움이 따른다는 데 있을 것이다. 이는 첫째, 현행 교육과정으로는 문화교육 시간을 별도로 혹은 충분히 할애하기 힘들고, 둘째 문화교육의 목표, 내용 및 방법이 교육과정에서 체계적으로 제시되지 않았기 때문이다(김영순 외, 2005: 45).

또한 최정순(2004)에 의하면 한국어교육의 중심이 언어에 관한 지식에서 목표언어의 사용능력으로 변화되었음에도 불구하고 현재 대부분의 한국어교육기관에서는 한국의 문화요소나 사회적 토픽을 제한된 시간 안에서 집중적으로 사전적 내용만을 제공하는 등 지식 학습 위주의 교육이 진행되고 있는 것을 문제 삼고 있다.

그렇다면 교육현장에서 문화교육 범위와 내용은 어떤 것이 포함되어야 하는지 선행연구를 통해 살펴보도록 하자.

한국어교육 분야에서 문화교육 내용을 제시한 주목할 만한 논의는 박영순(2000)에 의해 진행되었다. 박영순은 한국어 문화교육의 내용 범주로 다음에 제시한 정신문화, 언어문화, 예술문화, 생활문화, 제도문화, 문화재, 학문, 산업기술 등을 들었다.

① 정신문화: 가치관, 민족성, 세계관, 정서, 상징체계, 사상, 종교 및 종교관
② 언어문화: 한국문자, 경어법, 속담, 은유, 독특한 언어표현 등 언어학적 요소, 문학적 요소
③ 예술문화: 음악, 미술 및 서예, 조각 및 공예, 무용, 연극, 영화
④ 생활문화: 기본예절, 의생활, 식생활, 주생활, 여가생활, 관습

*
주요 연구로 박영순(1989), 민현식(1996), 김정숙(1997), 조항록(1998), 조항록(2000), 성기철(2001), 박영순(2002), 최정순(2004), 권오경(2006) 등이 있다.

과 세시풍속

⑤ 제도문화: 법, 정치, 사회, 교육, 언론

⑥ 문화재: 전통문화재, 현대문화재

⑦ 학문: 인문과학, 사회과학, 자연과학, 응용과학

⑧ 산업기술: 농업·임업·수산업, 토목, 건축기술, 전자·전기 기술 등

또한 조항록(2004)은 한국문화 분야로 의식주문화, 역사문화, 민속문화, 사상문화, 관념과 가치관, 일상생활, 제도문화, 예술문화, 문학, 기타 분야를 들었다. 이러한 문화 항목은 모두 대문화와 소문화 내지, 산물문화, 관념문화 및 행위문화를 포괄하고 있다. 이러한 방대한 문화의 항목이 의미하는 것은 바로 언어교육이 본격적인 문화교육을 포함하기는 현실적으로 어렵다는 것을 보여준다. 따라서 현행 한국어교육 과정에서는 언어교육에 유용한 문화교육의 우선순위를 두거나, 다른 한편으로 한국문화교육만의 체계를 구축하는 것이 시급하다.

그렇다면 한국문화교육이 이러한 당면과제들을 극복하고 나아가야 할 방향은 무엇일까. 권오경(2006)은 한국문화교육의 현 위치를 두 가지로 구분하여 설명하였다. 하나는 의사소통능력 신장을 위한 한국문화교육이며, 또 하나는 의사소통능력의 신장과 등가적 교육목적으로서의 한국문화교육이다. 전자는 문화교육을 한국어 교수를 위한 보조수단으로 활용하는 것으로써 언어를 잘 학습하기 위해서는 목표어 문화를 이해할 필요가 있다는 데 기반한 교육형태이다. 초기 한국어교육에서 문화요소는 단순히 교실 밖에서의 체험학습 등을 통해서 얻을 수 있는 한국을 알게 하는 수단이었으며, 한국어 교재에서도 쉼터 정도로 보이는, 주로 한국 고유의 전통적 모습

을 보여주는 지식의 대상이었다. 그러나 지금은 의사소통능력의 향상을 위해서 필수적인 것으로 이해되고 있고 한국어교육에서 한국문화적 요소는 중요한 교육내용으로 편입되고 있다(최웅환, 2004: 60). 이러한 경향에 발맞추어 문화적 숙달도(김정숙, 1997), 문화도입식 교수법(지수용, 1999) 등의 제안이 있었고, 한국문화에 담긴 언어문화적 특성을 찾아내어 분류·목록화하는 작업 등이 있었으나, 여전히 한국어 의사소통능력 향상을 위한 도구로써만 이용되고 있는 경향이 강하다.

의사소통능력과 문화이해능력을 등가적으로 놓는 입장은 언어적 능력의 발단단계와는 무관하게 문화적 숙달도의 향상을 강조하고 학습과정에서의 흥미와 동기유발로서 문화의 가치를 중요하게 본다. 조항록(2000), 최정순(2004)의 경우 이러한 입장을 지지하고 있으며, 한국어교육학계에서도 지속적으로 논의되었으나 실제적으로 문화를 하나의 분과교육으로서 적극적으로 논의하고 있지는 않았다.

그러나 최근에는 한국어교육과 한국문화교육을 분리하거나 오히려 상위로 보는 입장들이 대두되고 있다. 최웅환(2004)은 한국어교육과 한국문화교육은 분리·공조·병행을 제안하였는데, 다음과 같은 한국문화교육의 문제점을 지적하였다. 한국문화교육은 한국어교육에서의 핵심적 교육내용으로서 문화요소의 중요성은 인식하게 되면서 생겨난 것이다. 그런데 이것은 문화교육의 내적 필요성에서 비롯된 것이라기보다 1996년에 미국의 연방정부가 발표한 이른바 5C(Communication, Cultures, Connections, Comparisons, Communities) 정책의 영향이 크다. 그러나 미국의 문화교육정책은 다민족, 다문화 국가인 사회적 특성에 의해 다양한 문화를 이해하고 이질문화를 수용하고자 하는 교육적 목적을 가지고 있는 것으로서, 이는 외국어교육을 위한 정책이라고 보기는 힘들다. 또한 이를 그대로 한국문화교육의 목적으로 도입시키는 것이 적절치 않다는 것이다. 그리고 아직까지 한국문화교육이 한국어 의사소통능력을 신장시키기 위한 수단적 개념이므로 실제 교육 상황에서 문화라는 과제가 아직 제대로 정착되지 못하고 표류하고 있다는 것, 그리고 광범위한 문화교육의 포함으로 인한 한국어교육의 과도한 부담량 등을 지적하였다. 나아가 이를 극복하기 위해 차상위 개념으로 한국학의 교육이라는 개념 아래 언어교육과 문화교육이 상호 공조하는 모델이 필요함을 제언하고 있다. 특히 한국문화교육은 분리되는 만큼 깊이가 깊어져야 하며, 고급단계의 전문적 문화지식을 교수할 수 있는 한국문화 교수자가 필요하다는 것도 언급하고 있다.

권오경(2006)은 의사소통능력 신장이라는 언어교육 중심의 틀에서 벗어나 문화능력 중심의 교육으로 패러다임을 전환할 것을 제안하였다. 문화교육은 목표어의 의사소통능력 향상과 관련한 학습과 이해에 머물지 않고 목표어 국민, 목표어 국가를 온전히 이해하는 데 그 목적이 있으므로 한국문화 능력의 신장을 언어교육의 상위에서 논의하였다.

이러한 최근의 논의들을 정리해보면 문화교육의 필요성은 이미 충분히 공감대를 형성하고 있는 것으로 보인다. 반면에 실질적으로 교육현장에서의 문화는 학문적 가치가 축소 평가되거나 정확히 정립되지 않아 단지 다른 교과목을 효율적으로 교수하기 위한 방편으로만 이용되고 있는 것이 현실이다. 따라서 현 교육의 패러다임을 변화시키고자 하는 각성의 목소리는 한국어교육과 한국문화교육이 서로 독립적이면서도 상호보완적이며 학문적 깊이와 전문성을 더하는 방향으로 나아가야 함을 시사하고 있다. 그러나 이것은 한국어교육과 한국문화교육이 서로 분리되어 존재해야만 한다는 점을 뜻하는 것은 아니다. 한국문화교육의 교수형태는 현재 언어교육의 보조적 개념, 최근 논의에서 제안하고 있는 절충안 개념, 언어교육과 등가적 위치의 개념, 언어교육의 상위로서의 개념이 서로 공존할 수 있다. 이것은 내용의 질적 수준과 범위의 정도에 있어 적절한 교육의 항목만 정립된다면 얼마든지 문화교육은 독립적 분과교육뿐 아니라 다양한 형태로서 교육의 질을 높여줄 수 있다는 의미이다. 그러므로 한국문화교육의 여러 형태를 위한 체계적인 개념 정립, 명확한 범위와 내용의 틀 짜기, 효과적인 교수법 계발 등의 지표를 세우는 것이 현재 한국문화교육이 풀어가야 할 과제라고 할 수 있다.

한국문화와 은율탈춤

1) 탈춤 속에 나타난 한국문화

탈춤은 탈을 쓰고 말도 하고 노래도 부르며 춤추고 노는 연극적 놀이 또는 놀이적 연극으로서 전래되어온 가면극 모두를 말하는 용어이다. 70년대까지만 해도 '가면극'이 학술용어로 사용되었고, 본래 탈춤이란 황해도 일원에 분포된 가면극만을 가리키던 말이었다. 그러나 오늘날은 좁게는 황해도 지역의 가면극을 일컫고 넓게는 가면극 전반을 뜻하는 용어로 쓰이고 있다(채희완, 1992: 6).

한국 탈춤은 한국의 전통적 공연예술문화인 동시에 대표적인 민중예술의 한 장르이다. 그렇다면 한국 탈춤에서 드러나는 한국문화적 요소는 어떤 것이 있을까. 우선 탈춤의 가장 핵심적 요소인 탈과 마당에 대해 살펴보자.

탈과 마당은 한국 탈춤의 정체성을 이해하는 데 매우 중요한 요소이다. 탈의 사전적 의미는 '얼굴을 감추거나 달리 꾸미기 위하여 나무, 종이, 흙 따위로 만들어 얼굴에 쓰는 물건'이며 다른 말로 '가면'이라고 하는데, 이는 한국 탈춤의 '탈'을 제대로 이해하기에는 부족하다. 임재해(1999)는 탈이란 '삶의 여러 가지 문제들을 트집 잡아 특별한 느낌을 받도록 만들어놓은 가면'이라고 정의하였다. 탈은 서구와 같이 신분을 속이고 잔치를 벌이는 가장무도회적 성격의 가면이 아니며, 차라리 사회적인 여러 부조리들을 드러내고 비꼬아 표현한 작품이라고 볼 수 있기 때문이다. 즉, 탈은 사회적 '탈'을 표현하고 풍자하는 수단으로서 창조된 독자적인 한국 탈춤만의 요소라고 보는 것이 한국 탈춤을 더 올바르게 이해하는 길이라고 할 것이다.

마당은 탈춤의 극적 전개의 기본이다. 탈춤은 여러 개의 마당으로 구성되며, 보통 파계승에 대한 풍자, 양반에 대한 모욕, 일부처첩의 가정 비극 등의 이야기를 가진 극으로 꾸며진다. 이 마당들은 서로 다른 주제로 분화되어 있는데 이렇게 상이한 마당은 독자적으로 분리되어 공연될 수도 있고 선택적으로 공연되어도 무방하다. 즉 탈춤은 극적 전개에 있어서 유기성이나 필연성이 약하다는 것을 의미하는데, 이것은 탈춤이 사건 규명극이라기보다 사건 향유극이고, 현실 인식극이라기보다 현실 해소극에 가깝기 때문이다(채희완, 1992: 107). 이러한 구조는 한 사건을 마무리하고 끝이 나는 닫힌 구조가 아닌 열린 구조를 보장하여 숱한 변화를 포용하는 다양성을 체험 가능케 하며, 바로 이러한 민중적 개방성은 한국 탈춤의 정체성을 규정짓는 중요한 요소가 된다.

한국 탈춤은 이렇게 기타 공연예술과는 다른 탈춤만의 독특한 특성을 가지고 있다는 점에서 예술문화적 가치를 지닌다. 그러면 탈춤에 녹아있는 또 다른 한국문화적 요소로는 어떤 것이 있을까.

우선 탈춤은 우리 전통신앙의 복합체이다. 한국문화는 무교, 불교, 유교적 문화의 공존이라는 특성을 가진다(박선영, 1999: 38). 고대 탈춤은 귀신, 나쁜 기운을 물리치기 위한 굿에서 시작되어 극으로 옮겨왔다는 유래로 인해(채희완, 1992: 18) 귀면형과 같은 탈의 형상, 탈판의 잡귀를 쫓는 의식무, 고사 등 다양한 무교적 요소들이 자리 잡고 있다. 그리고 내용적 측면에서 불교의 타락상과 남녀와 반상의 차별 및 직업의 귀천으로 요약되는 유교적 신분질서 등의 시대적 종교상을 드러내기도 한다. 또한 한국문화의 이중성의 반영인, 느림과 빠름, 한과 신명, 웃음과 울음의 동시적 어울림 등이(권오경, 2006: 403) 한국 탈춤 속에서도 드러난다.

이러한 한국문화의 이중성은 서로 상충되는 특성이 아니라 음양사상 같은 동양적 사고의 결과물이다. 서로 상반되는 것이 공존함으로써 균형과 조화를 이루는 것이다. 탈춤의 노랫가락, 춤, 재담들에서 이러한 요소들을 충분히 찾아볼 수 있다. 탈판에서는 느리고 빠른 곡조, 춤의 움직임이 같이 공존하며, 민중의 삶 속의 한을 탈판의 신명으로 해소하고자 하는 시도가 엿보인다. 또한 해학적 웃음과 죽음이라는 슬픔이 함께 공존한다. 또한 김지하(2004)는 관객들이 한 방향만을 바라보는 집중적 구도가 아닌 탈춤의 원형 연희장과 유기적 필연성이 결여된 이야기 등이 시작과 끝이 공존하는 순환하는 고리라는 특성을 가지고 있음을 지적하였다. 이것은 서구의 사상과 차별되는 한민족 고유의 환(環)이라는 문화적 특성으로서, 특히 탈춤의 전체적 맥락 속에 이것이 그대로 녹아들어 있다고 하였다.

이상에서 살펴본 바와 같이 한국 탈춤 속에는 한국의 다양한 예술문화적, 정신문화적 요소가 복합적으로 뒤섞여 있다. 한국 민중과 맥을 같이 하며 전승되어온 탈춤 속에 녹아든 이러한 여러 가지 문화적 요소들은 민중의 삶과 예술 속에 내재하는 한국의 정신을 이해하고 체험하는 데 좋은 학습자료가 될 것이다.

2) 은율탈춤의 문화요소 분석

(1) 유래와 개요

은율탈춤은 원래 황해도 은율군 은율 소읍에서 전승된 가면극이다. 황해도 서쪽 지대의 중심지였던 은율은 쌀, 사과, 참외 등의 농사가 풍부하고 서해의 어물과 구월산 등에서 나오는 임산물이 비교적 풍부한 곳이다. 지금으로부터 약 200~300년 전, 어느 반란 때 난리를 피했던 사람들이 섬에서 나오면서 얼굴을 가리기 위해 탈을 썼다고 하는데 그로부터 은율탈춤이 유래되었다고 전해진다. 이와 함께 풍수적인 유래도 전해지는데 은율 지방의 지리적인 형세가 서남쪽의 묘래산(고양이의 기운)과 서쪽의 무오산(솔개의 기운)에서 침입을 당하는 쥐의 형세를 가지고 있어 여러 가지 방책이 필요했다는 것이다. 따라서 마을 어귀에 인조림을 조성하여 그들의 접근을 막기도 하고, 탈춤을 추면 탈(병, 재난)을 방지할 수 있다고 하여 열심히 탈춤놀이를 하였다고 전해진다.

현재 은율탈춤은 한국전쟁 때 월남한 연희자들에 의해 남한에서 복원되어 인천광역시 남구 수봉공원 내에 전수회관을 두고 있으며, 1978년 중요무형문화재 제61호로 지정되었고 장용수와 김춘신이 예능보유자로 지정되었다.

은율탈춤의 놀이마당은 전부 여섯 마당으로 구성되었으며, 등장인물은 말뚝이, 사자, 상좌, 목중, 최괄이, 노승, 새맥시, 원숭이, 미

얄영감, 미얄할미, 뚱딴지집, 무당
등이다. 쓰이는 가면은 귀면형 탈과
인물 탈 24종류가 있다. 은율탈춤에
나오는 꼬둑이타령, 대꽃타령, 병신
난봉가, 나니가타령 등은 황해도 지
방의 향토색이 짙은 민요들이며, 쓰
이는 장단 역시 타령, 잦은 돔부리,
염불, 돌장단, 굿거리 등으로 향토색
이 깊은 음악성을 보이고 있다. 춤동

<그림 10.1> 인천 남구 은
율탈춤 전수관

작은 활발하고 씩씩한 황해도 탈춤의 남성미를 물씬 풍긴다.

　은율탈춤의 내용은 벽사*의 의식무, 불교의 타락성 풍자, 양반에
대한 조롱과 풍자, 일부처첩의 갈등관계 및 서민생활의 애환풍자
등을 주제로 담고 있으며, 호색적인 내용이 심한 것이 특징이라고
할 수 있다. 은율탈춤을 공연하기 위해서는 총 24개의 배역에 26명
의 인원이 필요하고 악사는 6명이 필요하다.

<표 10.1> 은율탈춤의 마
당명과 배역 및 인원수

마 당		배 역	인 원
제1마당	사자춤	마부, 사자	4명
제2마당	헛목(상좌)춤	상좌	1명
제3마당	팔목중춤	목중 8명	8명
제4마당	양반춤	맏양반, 둘째 양반, 셋째 양반, 말뚝이, 새맥시, 원숭이, 최괄이	7명
제5마당	노승춤	노승, 새맥시	2명
제6마당	미얄할미 영감춤	미얄영감, 미얄할미, 뚱딴지집, 무당	4명

벽사 辟邪
요사스러운 귀신을 물리침

(2) 극적 구성의 특징

은율탈춤의 극적 전개는 모두 여섯 마당으로 진행된다. 마당들은 춤, 타령, 굿 등으로 구성되어 있는데, 다음과 같이 개괄할 수 있다.

① 제1마당 사자춤

길놀이가 시작되면 악사의 뒤를 따라 마부와 백사자가 탈꾼들을 이끌고, 탈판 주변을 돌며 행렬을 한다. 길놀이가 끝나면 바로 사자춤이 이어진다. 사자춤은 개장을 알리는 의식무로 탈판의 잡귀를 쫓고 탈판을 정화하는 성격을 띠고 있다. 은율탈춤의 사자는 세 사람이 들어가는 대형의 사자이며, 타령장단과 돔부리장단에 맞추어 한바탕 춤만 추고 들어간다.

② 제2마당 상좌춤

흰 장삼에 흰 고깔을 쓰고 꽃가사를 양어깨에 맨 상좌가 등장하여 사방배례하며 춤을 추는 의식무로서 염불, 타령장단으로 춤을 춘다.

③ 제3마당 8목중춤

원색의 더거리에 좌청우홍의 윗대님을 매고 시뻘건 탈을 쓴 타락한 여덟 명의 목중이 등장하여 노랫조로 재담을 하며 각기 나름의 춤을 춘다. 지금은 목중이라 부르지만, 원래는 먹중이라고 불렸던 듯하다. 1930년대 봉산탈춤을 채록한 대본들과 양주 별산대놀이 채록본들에 대부분 먹중이라고 되어있는데, 먹중은 '검은 중'이란 뜻으로 타락하여 '속이 검은 중'이라는 뜻으로 해석된다. 빠른 돔부리장단과 타령장단으로 춤을 추며 활발한 황해도 탈춤의 특징을 잘 나타내는 마당이다.

④ 제4마당 양반춤

양반의 권위를 비웃는 마당으로 말뚝이가 양반을 모욕하는 장면에 이어 새맥시와 원숭이의 음란한 춤이 이어지며 곧이어 새맥시가 아이를 낳는다. 최괄이가 등장하여 자기 아이라고 어르면서 꼬둑이타령을 부른다.

⑤ 제5마당 노승춤

불교의 타락성을 풍자하는 마당으로 노승이 새맥시에 의해 파계하는 과정을 표현하고 있다.

노승이 산간에서 내려와 속세를 이리저리 구경하고 나서 광덕산 청룡사로 가는 도중에, 국화주를 취하게 마시고 기력이 없이 비틀거리며 놀이판에 당도하여 쓰러진다. 그리고 〈중타령〉을 부르고 염불을 왼다. 새맥시의 유혹에 넘어간 노승을 최괄이가 등장하여 가차 없이 내쫓고 결국 새맥시는 최괄이가 차지한다.

⑥ 제6마당 미얄할미, 영감춤

미얄영감과 할미, 뚱딴지집의 삼각관계를 풍자한 과장이다. 영감과 할미는 원래 고향이 제주도인데, 영감이 제주도에 살기가 답답하여 팔도 구경을 떠났기 때문에 헤어져 살았다. 영감을 찾아다니던 할미는 오랜만에 영감을 만나 〈나니가타령〉을 부르며 반가와 한다. 그러나 영감에게는 이미 뚱딴지집이라는 젊은 첩이 생겨버렸다. 그래서 할미와 뚱딴지집 사이에 싸움이 벌어지게 되고 할미는 뚱딴지집에게 떠밀려 죽게 된다. 죽은 할미의 혼을 달래주기 위해 무당이 등장하여 진오귀굿을 한다.

은율탈춤의 제1마당과 2마당은 의식무로서 극적인 요소가 배제되어 있으므로, 실제적인 이야기는 제3마당부터 전개된다고 볼 수 있다. 그러나 제3마당 또한 목중들의 재담을 통한 이야기 전개보다는 신명 나는 춤판이 주가 되므로, 이야기적 전개는 제4마당에서부터 본격적으로 시작된다. 제4, 5 ,6마당은 내용상 공통분모가 거의 없는 옴니버스식 이야기 구성으로 되어 있어 사실상 유기적인 관계는 없다. 그리고 마당의 개별적인 내용을 살펴보아도 말뚝이가 양반을 조롱하다 새맥시가 나타나서 교태를 부리고, 원숭이가 출연하여 새맥시와 춤을 추다가 갑자기 새맥시가 아이를 낳는 등 인과관계가 모호하며 극적 유기성이 약하다. 이것은 앞에서도 언급했듯이 탈춤이 사건 향유극이자 현실 해소극이라는 특징 때문이다. 탈춤의 내용적 측면은 유기성 또는 필연성과는 상관없이 풍자라는 사회의 계층적 향유와 사회적 갈등의 해소적 요소로 이루어져 있다. 등장인물 간의 갈등과 희화화를 통한 풍자가 탈춤의 이야기 구성의 가장 큰 목적이다. 그러므로 잘 구성된 내러티브적 측면에서는 취약하지만, 이것은 오히려 한국 탈춤만의 극적 특징이라고 할 수 있다. 이를 통해 탈춤은 짜임새 있는 이야기 안에서만 갇혀 있는 것이 아니라, 일종의 놀이로서 관중과 함께 웃고 소통하는 열린 이야기, 시작과 끝이 공존하는 순환적 개념으로서의 특징을 가지게 된다.

(3) 연희상의 특성

이 절에서는 탈춤의 연희적인 요소를 살펴본다. 특히 탈을 통한 상징과 이를 통한 탈춤 연희의 특징을 살펴보고, 연희에 있어 가장 핵심적 요소인 몸짓의 의미를 통해 은율탈춤 속의 문화적 특징을 도출해보고자 한다.

① 탈

탈은 탈춤의 가장 기본적 요소로서, 찢어진 눈과 울퉁불퉁한 요철 등 그로테스크한 모습을 가지고 있는 것이 많다. 이는 고대 탈춤이 굿에서 극으로 옮겨옴에 따라 탈의 형상도 귀신 형용에서 점차 인간의 모습으로 옮겨온 때문으로 탈이 주술적 기능을 가지고 있었음을 보여준다(채희완, 1992: 18). 탈의 1차적 기능은 등장인물들에 대한 특성을 나타내는 것이다. 얼굴색이 붉고 우뚝한 코에 구불구불한 눈썹을 가진 말뚝이탈은 신분은 천하나 호방하고 힘이 넘치는 성격을, 하얀 피부와 연지곤지를 찍은 반달눈썹의 새맥시 탈은 아름답고 젊은 미인의 모습을, 시커멓고 점박이의 할미탈은 늙고 생기 없는 노인의 모습을 대변하며, 이것은 한국의 전통적 캐릭터의 특징이기도 하다.

또한 탈은 대상의 희화화에도 한몫을 한다. 왜곡이 심하고, 비대칭적이며 불균형적 탈의 형상은 등장인물의 희화화뿐 아니라 극 전체의 풍자성을 뒷받침하는 역할을 한다. 그리고 탈은 연희자와 관객을 이어주는 매개 역할을 하는데, 탈을 씀으로써 연희자와 관객은 별다른 감정이입이 필요 없이 아주 손쉽게 극중 인물로 탈바꿈

〈그림 10.2〉 은율탈춤의 탈. 왼쪽부터 말뚝이탈, 새맥시탈, 할미탈

한 것을 받아들인다. 그리고 이러한 특징으로 인해 연희자는 극의 안팎을 넘나들면서 관객과 상호 소통하는 열린 무대를 만들기에 용이해진다. 따라서 탈은 인물들의 특성과 동시에 주술적 상징성을 내포하며, 관객과의 열린 소통을 가능케 하는 요소이자 풍자적 요소로서 역할을 한다고 볼 수 있으며, 이러한 특징들이 탈로 인해 파생되는 탈춤의 한국문화적 요소들이라고 할 수 있다.

② 몸짓

탈춤의 여러 가지 몸짓들은 각 마당을 구성하는 연행적 특징을 보여준다. 길놀이로부터 시작하여 진오귀굿과 탈을 태우는 의식으로 마무리되는 은율탈춤에서 몸짓은 제의적 움직임으로, 춤으로, 연극적 행위로 탈바꿈한다. 이러한 몸짓들은 탈춤의 전개과정과 함께 하면서 과정 속에서 의미를 창출해낸다. 공연을 시작하기 전 제의적 행위들과 제1마당, 제2마당의 의식무, 제6마당의 진오귀굿들은 탈판의 잡귀를 쫓고 죽은 자의 안녕과 복을 기원하는 등의 의미를 가진다. 이러한 무교적 몸짓들은 탈판을 연희자만의 공간으로 규정짓는 것이 아니라 마을 사람들, 민중들이 모두 함께 공유하는 공동체적 한판으로 짜이게 하는 의미를 내포하고 있다. 모두에게 열린 복되고 신성한 공간은 탈판의 생명력과 신명을 북돋아 연희자와 관중이 하나가 되는 탈판으로 이끄는 역할을 한다고 볼 수 있다.

제3, 4, 5, 6마당의 몸짓들은 신명 나는 놀이판을 만듦과 동시에 이야기를 엮어가고 극을 구성해나간다. 몸짓들은 음악과 함께 신나는 춤이 되었다가 등장인물의 감정 상태와 등장인물들 간의 관계를 보여주기도 하고 갈등을 고조시키기도 하는 등 빠름과 느림, 오름과 내림, 한과 신명, 웃음과 울음 등을 오가며 극적 전개에 있어 핵심적 역할을 한다.

〈그림 10.3〉 은율탈춤에 나타난 제의적 몸짓. 공연 전 올리는 고사(위쪽), 제1 마당 사자춤(왼쪽 아래), 제 2마당 상좌춤(오른쪽 아래)

〈표 10.2〉는 각 마당을 구성하는 몸짓들 중 몇 가지를 캡처하여 몸짓이 가지는 의미와 극적 역할에 대해 기술한 것이다. 이러한 몸짓들은 전형적이면서도 과장된 동작으로 구성되어 관중들에게 극의 내용을 쉽고 재미있게 전달하는 역할을 하며, 각 인물들을 희화화하고 풍자하여 관중을 즐겁게 탈판에 참여하게 만든다. 또한 이러한 몸짓들은 극 안에서만 갇혀있는 것이 아니라 극 안팎으로 열려있는데, 관중을 바라보며 팔을 활짝 벌리는 몸짓들을 통해 연희자는 관중과 직접적 소통을 시도하기도 한다. 이러한 몸짓들은 무대와 객석이 분리되지 않은 공동체적 특성을 지니며, 연희자와 관중들이 서로 소통하고 교감하여 얻어지는 탈판의 생명력과 민중적 신명을 온몸으

<表 10.2> 은율탈춤의 극적 몸짓과 의미

은율탈춤의 몸짓	의 미
	제3마당 8목중춤 여덟 명의 목중이 나와 호쾌한 춤판을 벌인다. 절에서 뛰쳐나와 신나게 춤을 추는 목중들의 몸짓은 타락한 중에 대한 풍자와 함께 신명 나는 춤판 속으로 관중을 이끄는 역할을 한다.
	제4마당 양반춤 말뚝이가 등장하여 손을 높이 들고 관중을 바라보면서 관중에게 말을 걸고 있다. 이는 극의 시작을 알림과 동시에 등장인물이 스스로 자신을 소개하고 관중과의 의사소통할 장을 열어놓는 역할을 한다.
	제4마당 양반춤 양반이 고개를 갸웃거리며 비틀거리면서 걸어 나온다. 이 몸짓은 이 양반이 몸을 제대로 가누지 못하는 병신임을 보여준다. 비틀거리는 병신양반의 몸짓은 건장하고 똑똑한 말뚝이와 비교되어 양반이라는 신분을 희화화시키는 역할을 한다.
	제5마당 노승춤 노승이 새맥시와 등을 지고 서로 얼굴을 이리 마주보고 저리 시선을 마주치며 춤을 추고 있다. 이러한 몸짓은 전형적인 한국형 몸짓춤으로서 사랑과 수줍음을 상징한다. 이 몸짓은 노승과 새맥시의 애정행각을 보여주면서 여인의 유혹에 넘어간 늙은 중을 희화화하고 있다.
	제6마당 할미·영감춤 할미와 뚱딴지집이 서로 밀고 땡기며 싸우고 있다. 영감은 그들을 바라보면서 두 팔을 올리고 허둥지둥하고 뛰어다닌다. 이 몸짓들은 세 등장인물의 갈등관계를 적나라하게 드러낸다. 영감을 사이에 두고 벌어지는 싸움은 결국 할미를 죽음으로 모는 과정이기도 하다.

로 보여주는 역할을 한다.

앞에서 살펴본 바와 같이 은율탈춤의 몸짓은 한국의 무교적 특성을 보여주는 제의적 몸짓, 불교의 타락상과 유교적 신분질서 등을 비판하는 민중문화의 풍자적 요소를 가진다. 또한 빠르거나 혹은 느리게 변화하는 가락과 춤의 장단, 희극적인 몸짓과 미얄할미의 죽음과 같은 슬픔의 요소 등은 한국문화의 이중성을 드러낸다. 그리고 민중의 한을 신나는 춤과 재담으로 해소하고자 하는 특징은 한국인의 동적인 힘인 신명의 문화를 보여주는 것이기도 하다. 은율탈춤에는 이외에도 공간, 복색, 소도구, 음악 등의 다양한 연행적 특성이 있으나 이러한 요소들에 대한 연구는 여기서 논외로 한다.

스토리텔링을 통한 탈춤 교수방안

스토리텔링을 글자 그대로의 뜻을 살펴보면, '이야기'와 '말하다'의 명사형의 결합이다. 즉 '이야기를 말하는 것', '이야기하기'를 의미한다. 사전적 의미를 살펴보자면 'the activity of telling or writing stories'로서 '이야기를 말하거나 쓰는 활동'을 말한다. 미국 영어교사위원회에서는 스토리텔링을 '음성과 행위를 통해 청자들에게 이야기를 전달하는 것'이라고 정의한다.

소설이라는 이야기 서술이 나타난 이래 19세기 말 영화의 발명을 시작으로 20세기 들어 텔레비전, 컴퓨터 등으로 인한 미디어 혁명이 일어나면서 새로운 형태의 이야기 기술들이 등장하기 시작했다. 그리고 이제는 양방향 상호작용이 가능한 최첨단 디지털 기술에 의해 사람들은 수동적인 이야기의 향유에서 벗어나 능동적인 창조작업에 참여할 수 있게 되었다(송정란, 2006: 21). 즉, 스토리텔링은 문자가 생기기 이전부터 인간의 자기 표현방식으로서 존재해온 인간 본연의 원초적이면서도 문화적인 행위이며, 우리의 소소한 일상생활조차도 모두 스토리텔링으로 가득 차 있음은 부인할 수 없는 사실이다.

송정란(2006)은 스토리텔링이 심미적 기능과 오락적 기능을 가지고 정서적 공감과 카타르시스를 유도한다고 하였다. 이야기를 말하는 사람과 이야기를 듣는 사람 간의 관계 속에서 발전되는 상상의 세계는 인간의 일상생활의 활력소가 되고 세상을 더 아름답고 활기찬 어떤 것으로 만드는 능력을 가지고 있다. 사람들은 이야기 속에서 울고 웃고 감동을 느끼고 진실을 생각하며 재미를 느낀다. 그것이 인류가 신화, 전설, 민담, 소설, 만화, 영화 등의 이야기와 함께 진보해온 이유이다.

그렇다면 교육적 측면에서 스토리텔링은 어떠한 가치가 있는가? 앨리스(Ellis)와 브레스터(Brewster, 1991)는 이야기의 가치를 다음과 같이 세 가지로 들고 있다. 첫째는 교육적 가치이다. 이야기는 아동들의 상상력을 자극하고 비판적 능력을 키워주며 감성적 성장을 돕는 등의 교육적 기능을 한다. 아동들은 이야기를 들으며 같이 웃고 기뻐하고 슬퍼하면서 사회적, 감성적 경험을 공유하게 된다. 또한 이런 감성적 경험의 공유는 교사와 아동들 간에 좋은 관계를 만들어준다. 둘째는 문화사회적 가치이다. 이야기는 아동들에게 다른 사회의 문화나 생활 등에 대한 많은 정보를 제공하고 아동들은 이야기를 통해 시대를 초월한 세상을 만나고 지식을 얻고 이해를 넓히며 새로운 생각과 경험에 접근하게 된다. 셋째는 언어적 가치이다. 이야기는 언어학습에 있어 언어기술을 발달시키는 수단으로서 의미 있고 재미있으며 학습의욕을 자극하는 많은 것을 제공한다. 이야기를 통해 진정한 의사소통을 위한 언어 사용능력을 발전시킨다. 이와 같이 스토리텔링은 학습현장에 있어서도 여러 가지 긍정적 효과를 얻을 수 있으며, 그 상호작용성의 특징으로 인해 오락적, 사회적, 문화적, 감성적으로 교육효과를 극대화시킬 수 있는 방법이라고 할 수 있다. 외국인 학습자들은 성인 혹은 대학생이라고 할지라도 한국전통문화에 대한 이해도는 우리나라의 초중등학생 수준에 지나지 않는다. 이러한 점을 감안할 때 스토리텔링 기법을 이용하는 것은 외국인 학습자들에 한국 언어문화교육에 흥미를 느낄 수 있도록 기여할 것이다.

은율탈춤의 현장으로 학습자들을 체험학습 시키는 것이 가장 좋은 교육이 될 수 있다. 그러나 현실적인 여건이 허락하지 않을 경우 은율탈춤 동영상을 통해 간접 체험학습을 진행해야 한다. 이 경우 교수자는 미디어가 지닌 에듀테인먼트적 성격을 이용해 교수-학습에 활용해야 한다. 영국 노팅엄 대학의 렌 마스터만 교수는 "미디어가 보여주는 세계는 현실을 그대로 거울처럼 반사하는 것이 아니라 현실을 기호화하여 재구성한 것이다"라고 하였다(스가야 아키코, 2001: 43). 이 주장은 문화기호에 대한 의미해석의 중요성을 말해주고 있다. 즉 에듀테인먼트 콘텐츠 프로세스에 있어서 가장 기본적인 것은 영상 리터러시 교육이다. 이 영상 리터러시의 핵심은 감상의 차원에서 벗어나 적극적으로 문화기호의 의미작용을 분석할 수 있는 능력을 함양하는 것이다.

미디어 속 문화콘텐츠를 분석하고 비평하는 기호학의 분석 도구는 그레마스가 문학작품을 분석하기 위해 제안한 모델들을 응용하여 적용할 수 있다. 그레마스가 제안한 서사도식은 미디어문화교육을 실천하는 주체인 교수자와 학습자 사이에 전개되는 교수·학습

〈그림 10.4〉 서사도식

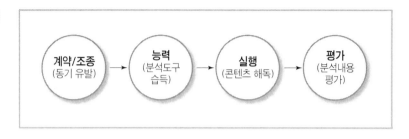

프로세스를 다음과 같이 논리적으로 설명하고 있다.

〈그림 10.4〉의 서사도식에서 능력은 미디어 속 다양한 콘텐츠를 분석하고 비판하는 단계인 '실행'을 하기 위해 필요하다. 두 번째 능력의 단계에서 학습자는 학제 간의 다양한 분석 도구를 습득하고 문화콘텐츠를 구축하는 문화기호의 의미작용을 논리적으로 분석하는 능력을 갖추게 된다. 학습자의 기호학적 분석능력은 4단계의 논리적인 서사행로를 통해 구축된다. 기호학적 능력의 습득과정을 이야기하는 서사도식의 4단계 과정은 '계약 · 조종 → 능력 → 실행 → 평가' 단계로 구분된다. 구조적 · 논리적인 서사도식 프로세스에서 교수자는 학습자에게 미디어의 다양한 문화콘텐츠를 도출하는 능력을 키워주는 방향으로 서사전략을 구축하며, 학습자에게 문화기호의 의미를 해독할 수 있는 흥미와 모티브를 주어야 한다고 강조한다.

그렇다면 위에서 거론된 서사도식을 이용해 동영상 은율탈춤을 사례로 한국 전통문화를 어떻게 교육시킬 것인가에 대해 구체적으로 살펴보자. 우선 동영상 은율탈춤의 콘텐츠를 '거시콘텐츠'(Macro Contents)로 설정하고, 거시콘텐츠에서 다양한 '미시콘텐츠'(Micro Contents)를 도출해야 한다. 거시콘텐츠란 영화, 대중가요, 애니메이션, 드라마, 뮤직드라마, 웹사이트 등을 구성하는 콘텐츠로서 사용자에게 오락과 정보 그리고 광고홍보가 혼합된 엔터테인먼트 가치를 유발시키는 대중문화콘텐츠를 말한다. 대중문화콘텐츠는 콘텐츠를 향유하는 사용자의 감각을 즐거움으로 확장시키고 정서적인 만족감에 도달하게 한다. 미시콘텐츠란 거시콘텐츠인 엔터테인먼트 콘텐츠를 구성하는 하위 콘텐츠 중에서 정보를 역동적으로 전달하는 정보 콘텐츠와 교육적 성격이 강한 교육문화콘텐츠 등을 미시콘텐츠로 규정할 수 있다. 미시콘텐츠인 교육문화콘텐츠는 다양한 거시콘텐츠에서 도출이 가능한 콘텐츠로서 미디어문화교육에 적극적으로 활용할 수 있다.

거시콘텐츠인 은율탈춤의 영상 이미지를 통하여 17세기 조선 시대의 문화정보를 전달하는 다양한 미시콘텐츠를 도출할 수 있다. 은율탈춤 속 다양한 미시콘텐츠가 영상 이미지와 스토리라인을 구성하고 있기 때문이다. 거시콘텐츠인 은율탈춤은 17세기 조선시대 양식의 사회문화 트렌드를 엿볼 수 있는 콘텐츠로 구성되어 있다. 따라서 사회문화콘텐츠를 활용하여 문화교육에 활용 가능한 미시콘텐츠를 도출할 수 있다. 동영상에서 도출할 수 있는 첫 번째 미시콘텐츠는 영상 속에 등장하는 인물기호(노승, 양반, 팔먹중 등)들을 구분하는 것이다. 두 번째는 당시 상류계층과 서민들의 관계, 종교의식과 종교를 바라보는 당시 대중들의 관계를 통해 그 시대의 사회문화 트랜드를 엿볼 수 있다. 이와 같은 미시콘텐츠를 활용하여 사회문화적인 맥락 속에서 17세기 조선사회를 살펴볼 수 있다.

기호학적 관점에서 영상 속 미시콘텐츠를 도출하여 콘텐츠를 구성하는 문화기호들의 함축적 의미(connotation)를 파악하기 위해 그레마스의 '의미생성 모형'을 활용할 것이다. 의미생성 모델은 콘텐츠의 비주얼 이미지와 스토리텔링을 구성하는 원동력인 문화코드를 파악하게 하는 모델이다. '의미생성 모델'을 동영상 은율탈춤에 응용하여 전개시킬 수 있는 에듀테인먼트 콘텐츠 수용 모형을 다음과 같이 정리할 수 있다.

① 교수 · 학습 1단계: 동영상 〈은율탈춤〉의 학습주제와 목표를 설정한다.
　　─ 서사도식의 계약 · 조정단계에 속한다.
　　─ 문자매체와 영상매체의 특징을 설명한다.
　　─ 미디어 리터러시의 특징을 설명한다.
　　─ 영상 속에 나타난 17세기 사회문화콘텐츠가 무엇인지 질문한다.
　　─ 그 밖의 영상 속 문화콘텐츠를 도출하도록 유도한다.

② 교수 · 학습 2단계: 표층구조(비주얼 이미지)
　　─ 서사도식의 능력과 실행의 단계에 속한다.
　　─ 학습자에게 편집된 영상물을 감상하게 한다.
　　─ 학생들에게 영상 속에 나타난 인물기호들을 세분화시킨다.
　　─ 사회문화콘텐츠를 구성하는 비주얼 이미지(가면 색채, 복식 등)를 설명한다.

③ 교수 · 학습 3단계: 서사구조(스토리텔링)
　　─ 서사도식의 능력과 실행의 단계에 속한다.
　　─ 학습자들에게 각 마당의 특징을 기술하게 한다.
　　─ 학습자들에게 각 마당에 나타난 주요인물들의 서사행로를 추적하게 한다.

④ 교수 · 학습 4단계: 심층구조(핵심 문화코드)
　　─ 서사도식의 평가단계에 속한다.
　　─ 조선시대를 규정하는 17세기의 문화코드를 설명한다.

'의미생성 모델'은 1979년 그레마스가 텍스트 분석을 위해 제안한 모델이다. 이 모델을 통해 문화콘텐츠를 구축하는 문화기호의 의미가 생성과 서사성에 의해 창출됨을 구조적으로 설명한다. 이 모델은 학습자의 기호학적 능력을 배양하는 데 기여한다. 이 기호학적 능력이란 동영상과 같은 에듀테인먼트 콘텐츠의 표층구조에 배치된 다양한 비주얼 이미지 즉, 문화기호들을 세분화하여 텍스트 맥락 속에서 생성되는 함축의미를 파악하는 것이다. 또한 서사구조 층위에서 등장인물들이 만들어가는 스토리를 분석하는 능력을 갖추는 것이다. 즉 등장인물들의 서사행로를 추적할 수 있는 논리성을 갖추는 것이다.

학습자는 두 가지 구조 층위에 대한 기호학적 분석을 통하여 심층구조의 핵심적인 문화코드가 무엇인지를 파악하게 된다. 심층구조의 문화코드는 에듀테인먼트 콘텐츠의 비주얼 이미지와 스토리를 생성하는 원동력이다. 콘텐츠가 학습자에게 전달하려는 가치, 이데올로기, 신념, 메시지 등이 숨겨진 층위이다. 결국 의미생성 모델은 학습자에게 구체적으로 등장하는 시각기호에서 심층구조의 핵심적 문화코드를 도출하는 과정을 시각적으로 설명하는 데 효율성을 보여주는 모델이다.

지금까지 은율탈춤의 내용과 극적 전개방식을 비롯하여 탈과 몸짓 등 비언어적 상징과 의미체계를 분석하고, 이를 기반으로 스토리텔링 기법을 통해 한국 탈춤을 한국문화 학습자들에게 효과적으로 교수하는 방안을 제시하였다. 이를 위해 이 연구에서는 한국 탈춤의 문화적 특성을 살펴보고, 이를 기반으로 하여 은율탈춤의 극적 구성, 연희상의 특성 등을 분석해보았다.

분석 결과, 은율탈춤의 극적 구성은 상호 간 유기성이 결여되어 있지만 극 안팎을 자유롭게 넘나들면서 관객과 소통할 수 있는 열린 구조를 가지고 있다. 또한 은율탈춤의 탈은 등장인물의 상징이자 연희자의 자유분방한 연행적 특징을 구현하고 있었다. 그리고 몸짓은 이야기를 전개해나가고 갈등을 고조시키며 등장인물을 희화화하는 등 관객을 신명 나는 탈판의 세계로 이끄는 역할을 하고 있음을 볼 수 있었다. 이러한 은율탈춤의 특징들은 한국 탈춤의 전반적인 공통분모임과 동시에 한국 탈춤만의 공연예술의 특징과 정신문화적 요소를 보여주고 있다. 이러한 분석들을 기반으로 하여 본 연구에서는 은율탈춤 동영상 교수학습 모형을 제시하였으며, 이를 위해 기호학적 교수방법론인 스토리텔링 기법을 도입하였다. 물론 이 방법은 실제 수업을 통해 얻어진 결과가 아니라 기존의 한국문화 수업의 틀을 변화시키는 데 기여하기 위한 제안으로 이해해야 한다.

앞으로 남아있는 과제는 한국문화 학습자들에게 이러한 모형을 도입하여 진행한 한국문화 수업과 그렇지 않은 수업의 효과 차이를 연구하는 것이다.

제11장

다문화 미디어교육을 위한
스토리텔링 교수방안

이 글은 《미디어교육연구》에 게재된 김영순 · 김미라(2010)의 "다문화 미디어교육을 위한 기호학적 교수모형: 애니메이션 〈라따뚜이〉를 중심으로"를 일부 수정한 것입니다.

2006년 봄, 한국사회에서 미국의 미식축구 선수 하인스 워드 (Hines Ward)가 언론의 화제가 되었다. 그는 미국 슈퍼볼 결승전에서 최우수 선수로 뽑히면서 주목을 받았다. 흥미로운 것은 하인스 워드의 어머니가 한국인이라는 사실이 알려지면서 한국사회가 민족적 소수자에 대해 관심을 기울이기 시작했다는 사실이다. 이를 계기로 우리 사회는 결혼이주여성과 이주노동자 등과 같은 민족적 소수자에 대해 다시 바라보는 계기를 얻게 되었다. 40만 명에 넘는 이주노동자, 전체 결혼의 13%가 넘는 국제결혼, 그리고 국제결혼 가정에서 출생한 자녀 수 증가 등은 우리 사회가 이미 다문화사회로 접어들었음을 예고하고 있다. 이와 같은 사회적 소수자들이 이미 한국사회의 자연스러운 구성원의 일부임을 보여주고 있다.

'소수인종'이나 '소수민족'과 같은 표현에서 알 수 있듯이 소수자는 인종이나 민족과 관련된 단어라는 느낌을 준다. 따라서 소수자는 미국 같은 다인종·다민족 사회에서나 사용되는 개념일 뿐 한국처럼 단일민족의 신화가 강하게 자리 잡은 곳에서는 사용될 일이 별로 없다는 느낌을 받을 수 있다. 하지만 우리나라에는 화교, 외국인 이주노동자, 혼혈인, 국제결혼한 배우자 등과 같은 인종·민족적 의미의 소수자도 존재하며, 여성, 장애인, 노인, 빈민과 같은 '전통적인' 소수자 집단도 엄연히 존재한다.

소수자는 다의적인 개념이며 그것의 법적 개념의 정의를 어떻게 하느냐에 따라서 그 보호범위가 달라진다. 그 때문에 이에 대한 만족할만하고 동시에 확정적인 정의를 내리기란 사실 쉽지 않다. 소수자의 법적 개념을 정립함은 그 자체만으로써도 중요하거니와 소수자 보호의 실천적 과제의 측면에서도 특별히 중요한 의미를 갖는다. 그런데 사회적 소수자가 사회 구조상의 어떤 문제에 직면하는가 하는 점은 본 연구가 지향하는 다문화사회를 위한 미디어교육의 목적과 관련이 깊다. 사회적 소수자가 한 사회 속에서 직면하는 문제는 바로 '사회적 배제'이기 때문이다. 사회적 배제는 논쟁이 되고 있는 개념으로서 사회적 폐쇄의 한 형태로 개념화되어 있다.

사회적 배제에 대한 개념은 국가마다 학자마다 다양하게 나타나고 있다. 간단히 보면 사회적 배제는 사회참여 기회의 제한, 사회적 보호의 부족, 사회적 통합의 장애현상 등으로 나타난다. 따라서 이 글은 미디어교육을 통해 다문화가정 구성원들과 같은 사회적 소수자들에 대한 다양한 사회적 배제 행태를 개선하고 이들에 대한 부정적인 인식을 제고하고자 한다. 이를 위해 먼저 다문화정책 및 다문화교육 연구동향을 살펴보고, 다문화 미디어교육의 개념과 방향에 대해서 논의할 것이며, 또한 애니메이션 〈라따뚜이〉를 중심으로 한 다문화 미디어교육 스토리텔링 교수방안을 제공할 것이다.

다문화정책 담론

본 장에서는 다문화정책의 담론 방향과 다문화교육의 연구동향을 살펴보고, 여기서 미흡하게 다루어진 다문화 미디어교육의 필요성을 제기할 것이다. 김영순(2010)은 최근 불거진 다문화정책 논의들에 대해 담론 유형별로 분류하여 제시하고 있다. 그에 따르면 다문화정책을 조망하고 그 실태를 분석한 논의들, 이주민 사회통합 관련 논의들, 해외 다문화정책 조사 및 비교분석에 관한 논의들 그리고 우리 사회에 적용될 수 있는 다문화정책을 제안하는 논의들을 찾아볼 수 있다.

첫 번째 담론 유형으로 다문화정책을 조망하고 그 실태를 분석한 논의들은 우선 김세훈(2006), 강휘원(2006), 한승준(2008a)을 들 수 있다. 이들은 오늘날 다양하게 전개되고 있는 국내 거주 외국인을 대상으로 하는 정책을 다문화사회에 대응하는 공공정책이라는 관점에서 분석하고 이러한 정책이 사회적 상황과 얼마나 연관성을 가지고 진행되고 있는지를 살펴보았다. 특히 다문화정책의 제도, 관련 주체, 거버넌스 현황을 분석하여, 보다 체계적인 다문화정책 거버넌스 방향을 제시하였다. 김옥일 등(2009)과 한승준(2009)은 기초 자치단체 다문화정책과 관련하여 전략적 우선순위를 분석하였으며, 지자체 추진체계를 분석한 후 추진 강화방안을 마련하였다. 이혜경(2007)과 김원섭(2008)은 정부의 다문화정책들을 이민정책의 변화 및 패러다임의 변화 차원에서 분석하였다.

두 번째 담론 유형은 이주민 사회통합 관련 논의들이다. 이들은 주로 이주민들의 삶의 질 향상에 초점을 맞추어 논의된 것으로 평가할 수 있다. 그중 대표적인 논의들을 거론하면, 김기하(2008), 차용호(2008)는 주요국가의 사례분석을 통해 한국의 사회통합과 법의 역할, 사회통합 관련 이민법 체계를 재정립해보고자 하였다. 이수정(2007)과 이성순(2008)은 현행 사회통합 프로그램 이수제의 도입에 따른 문제점을 검토하고 결혼 이민자와 일반 귀화자에게 한국어와 한국문화교육 이수의 필요성을 제안하였다.

세 번째 담론 유형은 해외 다문화정책 조사 및 비교분석에 관한 논의들이다. 이들의 대부분은 비교적 이주민 사회통합을 이룬 국가들의 우수 정책사례를 소개하고 우리 사회의 다문화정책 방향을 시사하고 있다. 이들 논의들의 대표적인 것을 거론하면 우평균(2008)은 다문화 공생사회에서의 국적 개념의 의의와 각국의 정책을 소개했고, 주효진(2008)은 아시아의 다문화정책에 대해 비교 연구를 진행하였다. 김용찬(2008)과 김복래(2009)는 서유럽 국가 이주민 통합정책의 수렴 경향에 관해 영국, 프랑스, 독일의 사례를 분석하였고, 한승준(2008b)은 프랑스의 다문화정책을, 주경철(2007)은 네덜란드 이주민 통합문제를 다루었다. 또한 정희라(2007)는 영국의 이민자 통합정책을 역사적 맥락 속에서 그 변천과정과 특징을 살펴보았다. 이용일(2007)과 박채복(2008)은 독일이 겪고 있는 다문화사회로의 도전과 그 대응, 특히 이민자들의 사회통합 과정을 살펴보면서, 미래 한국사회가 나아가야 할 다문화사회의 방향을 모색해보고자 하였다. 이종열(2008)은 미국 다문화정책의 사례를, 강주현(2008)은 덴마크 다문화정책의 사례를 분석하였다.

네 번째 담론 유형은 우리 사회에 적용될 수 있는 다문화정책 제안에 관한 논의들로 구성된다. 지종화 외(2008)는 다문화 국가에 대한 기존 연구의 이론적 분석을 통하여 한국적 현실에 맞는 이론을 제시하고자 하였다. 김헌민 외(2008)는 다양성이 경제·사회에 미치는 영향을 살펴보고 이를 바탕으로 다문화사회를 위한 정책적 이슈를 논의하였다. 이혜경(2009)은 다문화가족 지원정책 및 서비스를 유형화하기 위해 '젠더'와 '문화통합'이란 두 가지 변수를 결합하고 '가부장 주의적 – 문화 양립적 정책' 등 네 가지로 다문화가족 지원정책을 유형화하여 각 유형에 속하는 다문화가족 지원정책 및 서비스를 모색해보고자 하였다. 홍기원(2007)과 원숙연(2008)은 현재 한국의 다문화정책이 어떻게 전개되고 있는가를 분석하기 위해 다문화정책의 이론적 기초를 살펴보고 정책의 현 주소와 문제점을 살펴보았다. 이를 토대로 다문화정책을 추진함에 있어 중요하게 고려되어야 하는 요소들을 지적하고 특히 문화 부분의 역할과 과제를 제시하였다. 최무현(2008)은 다문화사회에서 소수자 정책을 정책수단의 관점에서 유형화하고, 이를 바탕으로 참여정부의 다문화정책 사례를 분석하여 정책적 시사점을 제시하였다. 한국여성정책연구원(2008)은 문화적 다양성을 인정받을 수 있는 정책적 대응 방안을 찾음으로써 공적 제도의 영역에서 보편적인 인권을 실현할 수 있는 토대를 만드는 데 기여하고자 하였다. 심보선(2007)은 1990년대 이후 현재에 이르는 이주노동자 정책을 살펴보면서 정책 형성과 변화의 인과적 기제를 밝히고자 하였다. 또한 한국문화관광연구원(2009)은 다문화정책의 평가기준을 수립하여 다문화에 대한 일반 국민의 의식수준을 평가하고 다문화사회의 성격 및 특성을 파악할 수 있는 기준을 설정하였다.

위에서 다룬 다문화 관련 논의들은 네 가지 담론 유형을 형성해왔다. 그럼에도 불구하고 한 가지 아쉬운 점은 바로 다문화 미디어교육 정책에 대한 논의가 미흡했다는 점이다. 이와 같은 결점은 최충옥(2010)에서 수행된 다문화교육 관련 연구동향에서도 찾아볼 수 있다. 최충옥(2010)은 단행본 및 정부보고서 등 정책 연구동향에서는 국립중앙도서관에 소장된 총 45건의 '다문화교육' 관련 연구를 분석하였다. 그에 따르면, 2002년 유아를 위한 다문화교육(김영옥, 2002)이 출판된 이후 2006년부터 증가하는 추세를 보이고 있다고 판단한다.

이어 다문화교육과 관련한 번역서로는 《다문화교육 입문》(Banks, 모경환 외 역, 2008), 《다문화교육의 이론과 실제》(Bennett, 김옥순 외 역, 2009), 《다문화교육의 탐구: 다섯 가지 방법들》(Sleet & Grant, 문승호 외 역, 2009) 등과 같은 책들이 번역되어 국내에 소개되었다. 이 책들 중에서 뱅크스(Banks)는 다문화교육을 교육개혁 차원에서 기술하였고, 베넷(Bennett)은 교육과정 및 수업개혁을 통해 다문화교육에 접근하고 있으며, 슬리터와 그랜트(Sleet & Grant)는 사회개혁에 초점을 두고 있다. 아울러 최충옥(2010)은 《다문화사회의 이해》(유네스코아·태 국제이해교육원, 2008), 《다문화교육의 현황과 과제》(안경식 외, 2008), 《다문화교육의 이론과 실제》(최충옥 외, 2009) 등이 한국에서의 다문화교육 연구서로서 지표 역할을 한다고 했다.

아울러 최충옥(2010)은 다문화교육 연구동향을 다음과 같이 요약하고 있다. 첫째, 다문화교육 연구는 1990년대 중반부터 부분적으로 이루어졌으나, 2006년 정부의 '다문화가정 자녀 교육지원 계획' 추진과 2007년에 중앙다문화교육센터와 지역다문화교육센터들이 설립되어 연구기반이 형성되면서 정책연구가 활성화되기 시작하였다. 그러나 실태조사와 당면한 문제해결을 위한 연구에 밀려 중장기 비전이나 정책개발에 관한 연구가 미흡한 실정이다. 그리고 '국제결혼가정 자녀' 실태연구에 비해 '외국인 근로자 자녀'나 '중도입국 자녀'의 실태에 관한 양적 질적 연구가 부족한 것으로 보인다. 특히 국제결혼가정 자녀들의 동화와 사회적응에 관한 연구로 편중된 것은 문제라고 하겠다.

둘째, 학위논문과 학술지 게재 논문들이 2006년 이후 급격히 증가하고 있다. 연구영역도 확대되어 교과교육 영역뿐만 아니라, 교육학일반과 교육학 이외에도 인문학과 사회학 등 다양한 분야에서 논문들이 나타나고 있다. 특히 다문화주의에 대한 인문학적 상황과 사회과학적 접근 등은 주목할 만하다. 그러나 연구자의 학문적 배경과 개인의 취향에 따라 다양한 개념들이 혼용되고 있어 혼란을 주고 있다. 일부 연구자들은 다문화교육을 국제이해교육으로 오인하고 있으며, '귀국자녀에 대한 교육', '한글 또는 한국문화교육', '외국어교육', '세계화 교육' 등을 다문화교육으로 잘못 이해하고 있는 경우가 많았다. 또한 유아교육 분야에 있어서 '편견해소 교육'으로

만 해석하는 사례도 있었다. 이와 같이 다문화교육 연구동향을 정리한 최충옥(2010)의 연구에서도 다문화 미디어교육에 대한 연구 내용들을 찾아볼 수 없다.

현대 우리 사회는 방송의 확장 및 방송·통신 융합에 따라 미디어의 역할이 더욱 강화될 것으로 예상된다. 이에 미디어의 문화적 및 사회화 기능을 통한 다문화가정의 한국사회 적응을 돕는 방안이 마련되어야 하며, 미디어를 통해 그들 문화를 이해할 수 있는 우리들의 인식전환이 필요하다고 본다. 이미 전국 단위에서 시청자미디어교육센터에서의 미디어교육은 물론 학교 내에서의 미디어교육이 확산 일로에 있다. 그러나 이런 교육적 확산과 관심에도 불구하고 다문화 미디어교육 사업들에 대한 구체적인 수행절차나 성찰적인 평가가 이루어지지 않고 있다. 이는 아직까지 다문화 미디어교육의 참여주체와 교육의 목표, 그리고 교육 프로그램에 대한 체계화가 이루어지지 않았기 때문이다.

국내 다문화 미디어교육 프로그램과 참여자 구성원들을 고려할 때, '다문화' 가정을 '비(非)다문화' 가정과 분리하여 교육을 진행하고 있는 것은 아닌지에 대한 성찰이 요구된다. 즉 다문화가정의 여성과 자녀들이 보호주의적 관점에서 분리, 지원되는 것이 아니라 같은 비다문화가정의 어린이 및 청소년, 그리고 여성들과 함께 사회적 적응과 미디어능력을 개발할 수 있는 미디어교육방법론이 필요하다.*

위에서 제시한 전반적인 상황과 미디어의 중요한 역할을 고려할 때, 다문화가정과 이주민들의 특수성에 기반한 교육목표 및 교육내용의 정립이 요구된다. 이와 함께 다문화가정과 비(非)다문화 구성원들의 공동 참여를 통한 '미디어능력'을 증진시킬 수 있는 다문화 미디어교육 교수법 계발을 행하고자 한다. 이를 통해 이론교육 뿐

* 코르테스와 카를로스(Cortes & Carlos, 2000)의 저서 《The Children Are Watching: How the Media Teach about Diversity, Multi-cultural Education Series》는 다문화 가정의 이해 및 이주민들을 위한 교육방안들을 제시하고 있다. 여기에는 이주국의 미디어에 대한 이해 및 미디어를 활용한 교육과정, 그리고 미디어 메시지의 비판적 접근 방안들이 포함되어 있다.

아니라 일상생활 속에서 다문화가정의 여성과 청소년들이 자신의 미디어능력을 발현할 수 있는 방안을 모색하고자 한다.

다문화 미디어교육의 개념

이번 절에서는 다문화 미디어교육의 개념을 정립하고자 한다. 다문화 미디어교육이란 일반적으로 '미디어교육을 통해 다문화를 이해하는 것' 혹은 '다문화가정 구성원들을 위한 미디어교육'으로 정의할 수 있다. 이 글에서 전술한 두 가지의 개념을 포괄하여 '다문화가정 구성원들뿐만 아니라 모든 사람들에게 미디어교육을 통해 다문화에 대한 인식을 제고하는 것'으로 정의하고자 한다. 따라서 이번 장에서는 다문화가정 구성원들에게도 미디어교육이 커뮤니케이션 능력 함양이라는 차원에서 반드시 필요하다는 것을 강조할 것이다.

다문화가정 구성원과 같은 사회적 소외계층에 대한 미디어교육이 필요한 이유는 미디어가 사회통합적 기제, 삶의 질을 높이는 수단 등으로 부상되면서부터이다. 그들 또한 사회 구성원의 일부이기 때문에 인권을 기본으로 한 '퍼블릭 액세스권', '더불어 사는 사회'의 실천을 위해서 매우 중요한 일이다. 따라서 사회적 소수자는 물론 그렇지 않은 일반 대중들을 대상으로 한 다문화 미디어교육은 매우 중요한 과제가 아닐 수 없다.

잘 알려진 바와 같이, 미디어기술의 변화는 미디어교육 영역의 변화를 수반한다. 이에 따른 변화는 타인보호에서 자아보호 중심, 비판적 수용에서 해방적, 교육공학적 접근, 행위 중심에서 생활세계 중심으로, 멀티미디어 중심의 미디어교육 등의 경향들이다(Hug, 2002). 아울러 현대적 미디어교육의 과제에는 그 비판적 기능과 가능성의 개발이라는 이론적, 실용적 프로그램이 요구된다. 나아가 최근의 미디어교육은 '미디어능력'의 향상을 강조하고 있다.

미디어능력은 다양한 의미가 내재되어 있지만 가장 핵심적인 요소 중 하나는 커뮤니케이션 능력이다. 오늘날의 미디어의 발전양상을 고려할 때, 전통적인 미디어교육의 이론과 실제 및 범위와 내용은 전통적인 미디어교육의 한계를 극복한 현대 미디어사회의 커뮤니케이션 교육으로 보다 광범위하고 발전된 형태로 실현될 것이다. 어린이와 청소년, 학부모, 소외계층 등 우리 사회의 모두를 위한 교육과 교양이라는 측면에서의 커뮤니케이션 교육은 ① 사회 전체적인 관점에서 미디어현상 속 개인의 위치에 대한 능력, ② 미디어에 의한 사회의 정치, ③ 문화형성에 대한 개인의 의식적 참여능력, ④ 개인의 사회적 위치와 가능한 커뮤니케이션 공간에 대한 이해능력, ⑤ 사회의 지배적인 커뮤니케이션 공간에 대한 요구능력, ⑥ 독자적이고 창조적인 커뮤니케이션과 미디어 활용능력 등으로 간주된다.

또한 미디어능력의 개념에 대해 살펴보면, 이 개념은 다양한 의미가 있지만 바케(Baacke, 1997)에 의해 구체화되었다. 이는 하버마스(Habermas, 1998)의 커뮤니케이션 행위 개념을 미디어교육의 영역에서 실용적으로 발전시킨 작업의 산물이기도 하다. 바케는 하버마스의 비언어적 태도에 대한 상대적 무관심을 비판하면서 "다른 가능한 방식의 태도들(제스처, 보디랭귀지, 행동들)"(Baacke, 1973)을 포괄하는 분석 개념들을 발전시킬 필요성을 강조하였다. 하버마스의 언어적 커뮤니케이션 능력 개념을 혁신적이고 창의적인 행위를 포함하는 미디어 능력 개념으로 발전시키고자 했다(강진숙, 2005).

바케에 의하면 인간은 능력을 가진 존재이고, 이 점에서 모든 인간은 동등하다. 인간은 자신의 의사를 타인에게 전하고 또 타인의 의사를 이해하는 커뮤니케이션 능력을 지니고 있다. 이는 인간이 본능적으로 교육에 대한 능력을 가지고 있다는 것을 의미한다. 이런 인간의 커뮤니케이션 능력의 현대적 전개가 미디어능력이다. 따라서 인간의 미디어능력을 계발 및 촉진시키고자 하는 것이 미디어교육의 핵심지향 방향이 되는 것이다. 따라서 미디어능력 개념은 단순히 미디어와 능력의 용어상의 조합을 넘어서서 '누구나' 미디어를 '성숙하고 성찰적으로' 이용하고 생산해낼 수 있는 교육 및 학교 환경의 개선과 함께 능동적으로 창의적인 커뮤니케이션 행위 주체를 지향한다고 볼 수 있다(강진숙, 2005).

미디어능력은 바케에 의하면 미디어의 종류와 기술의 발달로 인해 확장된 인간 커뮤니케이션 능력이다(Baacke, 1999a). 그러므로 미디어능력은 현대의 미디어 사회, 정보화 사회에서 한 개인이 필수적으로 갖추어야 할 능력으로, 경제적 측면과 기술적 측면을 포함하는 인간의 각 미디어에 대한 적응능력을 말한다(문혜성, 2004).

한편 강진숙(2005)은 미디어능력은 미디어에 대한 지식을 습득하는 인지적 능력에 그치는 것이 아니라, "미디어를 비판적으로 이해하고, 능동적으로 이용하며, 혁신적이고 창의적으로 구성하고 제작할 수 있는 능력"이라고 정의 했다. 이는 미디어에 대한 단순한 기술 및 조작기능의 습득 차원에서부터 미디어와 사회의 문제점을 인지하고 비평하는 차원 나아가 미디어의 능동적 이용의 차원과 함께 상호작용성과 창의적 구성 및 제작 능력을 계발하기 위한 세부적인 자질 요건들을 제시하고 있다.

문혜성(2006)은 이런 미디어능력을 세 가지로 세분화하여 설명하였는데, 첫째, 각 미디어가 줄 수 있는 긍정적 측면을 적극 활용하여 실생활에 자율적으로 선용하는 능력이다. 둘째, 미디어능력은 미디어가 인간적, 사회적으로 미칠 수 있는 부정적 측면에 대해 충분히 인지하고, 이에 대한 예방적 차원을 강구하여 어린이·청소년·성인들이 사회·윤리적 관심에서 책임의식을 갖게 되는 능력이다. 셋째, 미디어능력은 인간과 미디어와 사회의 맥락에 대한 끊임없는 문제의식과 비평의식을 통해 인간과 사회에 대한 지속적인 발전을 지향하는 능력이다.

또한 바케(1999a)는 미디어능력의 계발이라는 과제를 다음과 같이 정리하고 있다. 첫째, 인간의 미디어능력이 하나의 사회적 능력으로 촉진되어야 한다. 미디어시대의 교육은 교육과 미디어를 선용하는 능력이 미래의 사회에서 우리의 사회적 지위를 결정하게 될 것이다. 커뮤니케이션 구조에 대한 지식과 미디어에 관한 전체적 조망, 그리고 집단 속의 사회적 변화에 대한 경험과 언론이나 인터넷 등에 들어있는 내용에 대한 선택과 평가를 위해 커뮤니케이션 능력이 촉진되어야 한다.

둘째, 개인의 연령별 특성에 맞게 구분된 미디어능력의 촉진이 이루어져야 한다. 미디어능력 계발을 위해 인간과 미디어가 관련한 교육적 목표를 설정하고 이의 현실화를 위한 행동을 추구하려 한다면, 미디어능력을 갖는 주체는 사회화 과정에서 미디어능력을 어떻게 발달시켜야 하며, 어떠한 방법으로 이 발달이 지원되어야 하는가가 중요한 문제가 된다.

셋째, 중요한 교육적 과제로서 미디어능력 촉진이 이루어져야 한다. 미디어를 통한 커뮤니케이션 능력을 습득하고, 이것을 다시 우리에게 적용할 능력을 키우는 것은 하나의 교육과정으로서, 이러한 능력을 발전 및 촉진하려는 것 자체가 교육이다. 이렇게 교육을 통한 미디어능력의 촉진을 위해 본질적으로 중요한 요소는 바로 교육자의 미디어능력에 관한 능력이다. 어린이와 청소년들에게 미디어

능력을 전달하고 촉진하기 위해서 이들은 당연히 자신이 먼저 미디어를 선용할 능력을 가지고 있어야 한다. 나아가 이들은 미디어에 관한 사항을 전달하는 능력과 미디어교육적 지식과 능력을 가지고 있어야 한다.

이런 미디어능력 촉진을 다문화 미디어교육에 대입하여 가정해 보면, 교실 현장에서 다문화 미디어교육이 실현되기 위해서는 일단 교수법이 바뀌어야 한다. 기존의 교사 위주의 강의식 수업을 탈피하여 토론, 발표, 프로젝트, 협동학습 등 다양한 교수법이 도입되고 자기주도적 학습능력 신장은 물론 협동학습에 의한 문제해결력을 신장시켜야 한다. 이를 위해 기호학적 분석방법을 기반으로 한 다문화 미디어교육 교수모형을 제안할 것이다.

다문화 미디어교육 스토리텔링 교수모형

베넷(2007), 뱅크스(2008) 등에서 거론된 다문화학교 및 다문화교실에서의 교수법의 핵심은 다양성 가치를 인정하는 평등교수법이다. 이런 평등교수법을 구현하기 위해 이번 절에서는 디즈니의 3D 애니메이션인 〈라따뚜이〉*를 다문화 미디어교육을 위해 활용하는 방법을 모색할 것이다. 이는 특히 학습자들이 서사구조와 등장인물의 기호학적 분석을 통해 미디어 텍스트 내면의 의미를 깨닫게 하는 스토리텔링 교수모형으로 이해될 수 있다. 아직 디즈니 애니메이션이라고 하면 대개 어린이용 혹은 어린이 시각의 애니메이션이라는 생각이 지배적이다. 그런데 〈라따뚜이〉는 어른에게도 감동을 주는

*
〈라따뚜이〉 Ratatouille 브레드 버드 감독 작품으로서 픽사 애니메이션 스튜디오에서 제작하여 2007년 7월에 개봉된 가족형 애니메이션이다.

애니메이션이라고 평가할 수 있다.

　대강의 줄거리는 다음과 같다. 애니메이션의 주
인공인 의인화시킨 쥐는 뛰어난 미각과 후각을 가
지고 있다. 그런 주인공이 요리에 관심을 갖게 되
다가 식당에서 일하는 인간과의 우연한 만남으로
사람대신 요리를 한다는 다소 황당무계한 내용이
스토리의 전모이다. 전형적인 만화적 상상력의 애
니메이션이라 할 수 있다. 하지만 쥐라는 동물이
아니라 쥐가 나타내는 기호를 사회적 소수자라고
간주하고 들여다보면 〈라따뚜이〉는 다문화사회
를 반영하는 상당히 감동적이고 매력적인 다문화
미디어교육의 소재라고 할 수 있다. 그렇다면 이

〈그림 11.1〉 3D 에니메이
션 〈라따뚜이〉 포스터

애니메이션을 어떻게 다문화 미디어교육을 위해 활용할 수 있는가
하는 문제가 제기된다. 먼저 이들의 서사구조를 살펴보도록 한다.

　〈표 11.1〉에서와 같이 〈라따뚜이〉의 서사구조는 그 전개상 모두
12개로 구분하여 제시할 수 있다. 이는 주인공 '레미'와 협력자라고
할 수 있는 대리 주인공 '링귀니'가 서사구조의 주체로 설정된 것을
가정했을 때의 서사구조이다. 이 서사구조상에 나타나는 다양한 캐
릭터들은 주인공과의 일종의 '관계'를 형성하고 있다. 따라서 이들
의 관계를 이해하는 것은 다문화사회 구성원들인 우리의 사회 구조
속에서의 작은 관계들을 이해할 수 있는 좋은 계기라고 볼 수 있다.
그렇다면 지금부터 〈라따뚜이〉에 나타난 인물들에 대하여 기호학
적으로 분석해보도록 하자. 이러한 분석은 서사구조 분석과 아울러
스토리텔링 교수법을 지지해주는 계기를 마련한다.

　〈라따뚜이〉에 등장하는 주요인물은 의인화된 레미와 레미의 형
에밀, 레미의 아버지가 있고 구스토, 링귀니, 스키너, 꼴레뜨, 안톤

<표 11.1> <라따뚜이>의 서사구조

	구 분	내 용
1	위 기	레미(주인공 쥐) : 가족들과의 헤어짐
2	협력자의 등장	− 링귀니: 식당에서 잡은 쥐(레미)를 살려줌 − 레미: 목숨을 구해준 보답으로 자신의 특기인 요리를 도와줌
3	계 약	− 링귀니: 레미의 요리를 자신이 한 것처럼 하여 잡부에서 요리사로 직위 상승 − 레미: 자신이 좋아하는 요리를 사람의 힘을 빌려 하기로 함
4	적대자의 등장	− 주방장이 링귀니의 요리를 의심하기 시작함 − 주방장은 링귀니가 전 식당 주인이자 주방장이었던 구스토의 아들이라는 사실을 알게 되고 그의 유언의 내용에 2년 안에 혈육이 나타나지 않으면 수석 주방장에게 소유권이 있으나 그 전에 혈육이 나타나면 식당 소유권을 넘겨야 한다는 사실을 알게 되자 이를 은폐하려 함
5	사 랑	링니귀와 유일한 여자 요리사이자 부주방장인 꼴레뜨와의 사랑
6	갈등의 극대화	− 레미가 링귀니가 구스토의 아들이라는 사실을 발견 이를 전해주려고 함 − 주방장은 이를 저지하려 함
7	갈등의 해소	링귀니에게 자신이 구스토의 아들이라는 사실이 밝혀지고 식당의 주인이 됨
8	협력자와의 갈등	링귀니와 꼴레뜨의 관계가 발전하며 레미의 말을 잘 듣지 않으려 하여 헤어짐
9	위 기	− 구스토를 궁지에 몰아넣은 음식평론가 안톤 이고의 방문 예정 − 레미가 전 주방장에 의해 납치
10	위기의 절정	레미 없이는 음식을 못 하는 링니귀가 레미의 존재를 밝히자 모든 요리사들이 떠남
11	위기의 해소	꼴레뜨는 다시 돌아오고 레미는 가족들을 동원하여 안톤 이고에게 음식을 만들어줌
12	새로운 시작	안톤 이고는 요리사가 쥐라는 사실을 알았으나 평론에 극찬을 함. 후에 식당이 쥐로 인하여 위생 불합격이 되자 이고는 자신의 지위를 잃게 되나 레미와 링귀니, 꼴레뜨가 새로 차린 식당에서 레미의 음식을 먹으며 행복을 느낌

이고 등이 있다. 이런 인물들을 다문화사회에서의 소구자적 개념을 염두에 두고 관찰해보자. 아울러 이 인물들에 나타난 언어, 외모, 행동, 배경 기호들을 기표와 기의로 구분하여 분석한 기술들은 다음과 같다.

① 레미

영화의 주인공적인 캐릭터로 사건의 핵심에 있다. 구스토의 요리 프로에 반하여 그를 우상으로 삼고 뛰어난 미각과 후각으로 요리에 천부적인 재능이 있다.

언어	– 기표: 자신감과 의욕이 결여된 힘없는 말투→자신감과 의욕이 넘치고 자신의 신념을 가족들에게 말함 – 기의: 안정적, 현실에 순응→도전적, 개척정신
외모	– 기표: 쥐들 사이에서도 아주 작고 말랐음 – 기의: 민첩함, 약함
행동	– 기표: 전형적인 쥐의 행동(아무 음식이나 먹음)을 싫어함, 가족들이나 친구들이 오면 불편한 기색을 보임→가족들의 도움을 요청, 요리에 직접 참여하게 함 – 기의: 비판적, 차별적 관념, 우열성 부여→인정, 화합
배경	– 기표: 시골 쥐의 소굴(천장 틈새)→도심 주택의 볕이 드는 창가, 혼자만의 공간 – 기의: 천박함, 더러움→고상함, 깨끗함

기호분석에서 레미는 최초에 자신감이 결여된 모습을 보여주나 도전적이며 개척자적 모습으로 변하고 있음을 보여준다. 또한 요리에 적극적으로 참여하며 인정과 화합적인 행동을 보여주고 있다.

② 에밀

레미의 형으로 낙천적이고 전형적인 쥐의 습성을 보이고 레미를 자주 찾아와 난처하게 한다.

언어	– 기표: 거침없는 말투, 관심 밖의 대상에는 귀찮아 함 – 기의: 무례함, 나태함
외모	– 기표: 크기는 아주 크지 않지만 뚱뚱하게 표현 – 기의: 낙천적

행동	– 기표: 전형적인 쥐의 행동(아무 음식이나 먹음), 에밀을 찾아가서 먹을 것을 달라고 하고 친구들까지 데리고 옴 – 기의: 더러움, 몰상식함, 무관념, 배려심 부족
배경	– 기표: 시골 쥐의 소굴(천장 틈새), 지하 소굴 – 기의: 천박함, 더러움

기호분석에서와 같이, 레미의 형은 무례하고 나태하며 낙천적인
성격의 소유자로 등장한다. 전형적인 시골 쥐의 모습으로 등장하여
레미를 유능하고 똑똑한 생쥐로 부각시키는 데 기호학적 배경 역할
을 수행한다.

③ 레미의 아버지

레미에게 쥐다운 삶을 요구하지만 결국 레미가 추구하는 것을 도
와준다.

언어	– 기표: 말이 많지 않음 – 기의: 무뚝뚝함
외모	– 기표: 쥐 중에서 크고 엄한 인상 – 기의: 엄격함, 권력
행동	– 기표: 레미에게 쥐답게 살 것을 요구하고 인간세계에서의 쥐들의 현실을 보여줌→레미의 특별함을 인정하고 도와줌 – 기의: 현실에 순응→도전
배경	– 기표: 한 무리의 장 – 기의: 쥐의 입장을 대변

기호분석에서 제시한 바와 같이, 레미의 아버지는 인간의 아버지
와 같이 전형적인 아버지상을 보이고 있다. 레미의 특별함을 인정
하고 도우며 레미에게 도전정신을 일깨워주는 역할을 한다.

④ 구스토

생전에 구스토 레스토랑의 주인이었으나 주방장 안톤 이고의 혹
평에 상심하다 죽는다. 요리는 누구나 할 수 있다고 말한다.

언어	– 기표: 부드러운 말투, 누구나 요리사가 될 수 있다고 말함 – 기의: 자상함, 평등성
외모	– 기표: 뚱뚱함 자상한 얼굴 표정 – 기의: 자상함, 배려심, 도덕적
행동	– 기표: 레미의 용기를 북돋아주며 잘못된 행동을 타이름 – 기의: 올바른 길로 인도, 도덕적 기준
배경	– 기표: 책, TV, 식당 – 기의: 기준, 우상

기호분석에서 구스토는 '누구나 요리사가 될 수 있다'고 말하며,
레미의 용기를 북돋아주고 잘못된 행동을 타이르는 이른바 '레미의
우상'으로 등장한다.

⑤ 링귀니

구스토의 아들이며 레미의 협력자. 어머니의 유언으로 식당을 찾
게 되고 레미의 도움으로 잡부에서 주방장으로 지위가 상승한다.

언어	– 기표: 자신감이 결여된 어눌한 말투 → 건방진 말투 → 진실된 어조 – 기의: 모자람, 순수함 → 건방짐, 무례함, 배려심 부족 → 진실됨, 침착함
외모	– 기표: 많이 마르고 허름함 – 기의: 약함, 때 묻지 않음
행동	– 기표: 레미를 구해줌, 미안해하는 기색 → 레미와의 싸움, 거만한 행동 → 레미 와의 화해, 진실을 밝힘 – 기의: 착함 → 권위적 → 용기
배경	– 기표: 어머니가 돌아가심 직장이 없음 → 구스토의 아들, 식당의 주인 – 기의: 가난, 슬픔 → 금전적 상승

기호분석에서 링귀니 역시 레미와 마찬가지로 순진함, 진실함, 약함 등의 기호에서 진실을 밝히기 위한 정의로운 행동가로 변화하고 있음을 알 수 있다.

⑥ 스키너

원래 수석 주방장으로, 주인인 구스토가 죽은 후 2년 동안 상속권을 가진 자가 없을 때 식당을 차지하게 되어 있었다. 후에 링귀니가 구스토의 혈육임을 알고 이를 은폐하려다 들통이 나 직장을 잃는다. 후에 방해공작을 펼치나 실패한다.

언어	– 기표: 권위적이고 억압적인 말투, 거친 단어 – 기의: 권위적, 비도덕적
외모	– 기표: 작고 악질적인 인상의 얼굴 – 기의: 의심, 비협조
행동	– 기표: 링귀니를 의심, 사실의 은폐, 방해공작, 진정한 요리와는 거리가 먼 인스턴트성 음식 판매 – 기의: 의심, 조작, 거짓, 적대자로서의 역할
배경	– 기표: 식당, 개인 변호사 – 기의: 금전적 이익에 집착

기호분석에서 주방장은 우리 사회의 기득권의 표상으로 등장한다. 언어에서는 권위적이고 억압적인 말투를 사용하며 금전적 이익에 집착하는 인물로 나타난다.

⑦ 꼴레뜨

구스토 레스토랑의 부주방장으로, 후에 링귀니와 연인 사이로 발전한다. 링귀니의 진실됨을 알고 끝까지 링귀니를 도와준다.

언어	– 기표: 남성적 말투, 거친 단어 → 부드러운 말투 – 기의: 남성적, 권위적, 전형적인 직장상사 → 여성스러움
외모	– 기표: 다소 신경질적인 표정, 오토바이를 타는 사람 복장 – 기의: 남성적, 거침
행동	– 기표: 링귀니에게 상사로서 엄격하게 행동 → 눈물, 링귀니에게 협조 – 기의: 엄격함, 자신보다는 전체의 이익을 위함
배경	– 기표: 식당에서만 보임 – 기의: 일에 매달림

기호분석에서 꼴레뜨는 여성이지만 남성과 동등한 행동 기표를 보이는 캐리어 우먼으로 등장한다. 링귀니의 상사라는 지위에서 링귀니의 순수함을 인정하고 점차 연인으로 발전하는 조력자적 역할을 수행한다.

⑧ 안톤 이고

평론은 혹평을 위해 존재하는 것처럼 혹평으로 유명한 평론가이나 레미의 음식으로 어느새 자리 잡게 된 자신의 편향된 시선을 바로잡고 맛있는 음식에서 행복을 느끼는 삶을 살게 된다.

언어	– 기표: 각종 혹평, 비꼬는 듯한 말투 → 다정다감한 말투 – 기의: 권위적, 엄격함, 비관적 → 따뜻함
외모	– 기표: 드라큘라를 연상시키는 외모, 검은색 계열 위주의 옷차림 경직된 표정 → 밝은 표정 – 기의: 악마적, 억압, 불행 → 행복감
행동	– 기표: 구스토에게 혹평을 하고 링귀니에게 자신에게 제대로 대접을 못하면 망할 거라는 암시 → 레미에게 디저트도 해달라고 함 – 기의: 비판적, 상대방에 피해를 입히려고 함 → 레미를 인정, 음식을 즐김
배경	– 기표: 넓은 저택 – 기의: 부유함

기호분석에서 안톤 이고는 우리 사회 관료의 표상으로 설정되어

있지만 가장 더러운 생쥐가 가장 아름다운 음식을 만든다는 이율배반적인 진리를 만들어내는 데 기여하는 역할을 한다.

우리는 이와 같은 인물분석들을 기호학적 기의 분석 즉 '다르게 해석해보기'를 수행할 수 있다. 이와 같은 다르게 해석하기는 '다른 이야기'를 말하는 계기를 마련해준다. 이 점이 바로 스토리텔링 교수방안이 될 수 있다.

레미를 비롯한 쥐를 동물의 쥐가 아닌 인물분석에서 나타난 기의인 더러움, 천박함 등의 기의를 사회적 소수자로 해석한다면 이 애니메이션을 보는 시각이 달라진다. 우선 쥐를 우리 사회의 소외계층으로 해석하고 레미가 링귀니를 통하여 요리를 하는 것처럼 인간을 하나의 기업이나 자신의 특기를 발휘할 수 있는 매개체로 볼 수 있다. 또한 평론가는 어떤 사회의 주류적인 평가 혹은 여론으로 해석할 수 있다.

레미는 가난하고 교육을 제대로 받지 못했거나 사회적 소수자이지만 뛰어난 재능을 가진 사람으로 혹은 우리 사회의 결혼이주여성과 같은 민족적 소수자로 간주될 수 있다. 레미의 특징은 식당에서 불결함을 기호로 가진 쥐라는 특성 때문에 자신을 드러내지 못하고 링귀니에 의해서만 자신의 능력을 발휘할 수 있다.

여기서 우리 사회의 현상과 결부시켜보면, 실력과 재능으로만 평가받지 못하고 외적인 것으로 미리 판단되어 자신의 실력을 발휘할 기회조차 얻지 못하는 인물들로도 생각할 수 있다. 다시 말하면 피부의 색깔이 다르다고 해서, 사용하는 언어가 다르고 종교적 배경이 다르다고 해서 어떤 분야에 자신의 재능을 펼칠 수 없다고 가정할 수 있다. 또한 어떤 분야에서 일을 하려고 하지만 사회의 인식에 부딪혀서 아무것도 할 수 없는 사람 즉 범죄자같이 사회적 낙인이

찍힌 사람들이나 다양한 사회적 소수자를 대입시켜 생각해볼 수 있다. 또 사회에 대항할 힘이 없는 노동자와 기업의 횡포에 대한 것도 생각해볼 수 있다.

극 중에 레미와 링귀니가 싸우는 장면이 나오는데 레미는 자신의 신념, 생각대로 음식을 만들려고 하지만 링귀니는 자신보다 윗 계급에서 오는 요구를 그대로 따르려고 하는 데서 레미와 링귀니와 의견 충돌이 일어나고 상대적 약자인 레미는 잠깐 동안이지만 버림을 받게 된다. 또 레미의 솜씨로 만든 요리들이 히트를 치면서 링귀니가 스포트라이트를 받으며 관심을 받게 되는데 여기서 큰 단체와 그 속에서 일하는 사람들의 관계를 상정해볼 수 있다. 일은 레미의 계층이 하지만 평가는 그 개인이 아닌 큰 단체로 돌아간다. 〈라따뚜이〉에서는 링귀니가 사실을 밝히고 레미와의 갈등이 해소되면서 서로 화해하고 요리사로서 레미 자신이 비평가인 안톤 이고에게 스스로의 작품임을 선보였지만 현실에서는 그렇지 못하다.

특히 〈라따뚜이〉에서 강조하려는 내용은 레미의 음식을 먹고 쓴 안톤 이고의 평론에 담겨있다. 극의 초반부에 구스토는 누구나 요리사가 될 수 있다고 말하는데 이것은 어떤 대상에 대해 외적인 것으로 먼저 판단하는 편견을 깨우치는 역할을 한다고 생각한다. 〈라따뚜이〉의 종결부분에서 안톤 이고의 평론은 이렇다.

어떻게 생각하면 비평이라는 작업은 굉장히 쉬운 일이다. 위험부담이 없을 뿐더러 우리의 평론만 목 빠지게 기다리는 사람들에게는 아주 젠 체할 수 있는 직업이기 때문이다. 우리는 쓰기에도 읽기에도 재미있는 나쁜 말들을 잔뜩 적어놓는다. 하지만 쓴소리를 잘하는 우리 평론가들은 어쩌면 겉모습만 보고 있는 것인지도 모른다.

보잘것없어 보이는 작은 것들이 어쩌면 우리의 비평보다 더 의미가 있는 것인지도 모른다. 비평가들이 간과하는 것이 하나 있는데 그것은 새로운 것에 대한 발견과 방어이다. 세상은 새로운 재주나 창작물에 관대하지 못하다. 그들은 친구가 필요하다. 나도 어젯밤에 새로운 것을 경험했다. 정말 기가 막히게 맛이 있는 소스가 뿌려진 아주 특별한 식사! 음식이나 주방장 모두에 관해 내가 느끼고 있는 추잡한 선입견은 모두 배제한 채 얘기하기로 하겠다. 그게 중요한 게 아니므로!

솔직하게 말해 예전에는 구스토 주방장의 유명한 좌우명인 누구든지 요리할 수 있다는 말을 믿지 않았다. 하지만 지금은 그 말이 무슨 말인지 알 것 같다. 모든 사람이 예술가가 될 수 있는 것은 아니다. 그러나 예술가는 어디서든 나올 수 있는 것이다. 구스토 레스토랑에서 요리하고 있는 그 비천한 요리사를 상상하면, 이 평론 자체가 정말 힘들겠지만 감히 말한다. 그는 프랑스의 그 어느 요리사보다도 훌륭하다고!

여기서 중요한 부분은 '세상은 새로운 재주나 창작물에 관대하지 못하다'라고 하는 부분이다. 이는 곧 우리 사회에서는 대부분 새로운 것 혹은 지금까지의 흐름이나 선입견을 깨는 것을 싫어하는 말로 번역될 수 있다. 결국 〈라따뚜이〉가 말하려는 것은 선입견에 가려 진실된 것을 바로보지 못하는 것을 꼬집는 것이라고 생각된다. 위의 요리비평가 안톤 이고의 비평과 아울러 인물 기호분석에서 나타난 기의들을 대입하면 〈표 11.2〉과 같다.

〈표 11.2〉에서는 〈라따뚜이〉에 나타난 1차 기의에 대해 사회구조적인 기의를 반영한 2차 기호를 추론한 것이다. 쥐 혹은 레미를 사회적 소수자로 놓고 보면 우리 사회가 사회적 소수자에 대해 많은 편견을 가지고 있고 그들의 능력을 간과하는 경향이 있는 것으로 기술할 수 있다. 그렇지만 안톤 이고의 비평에서와 같이 그들의

기 표	1차 기의	2차 기의(사회구조적인 기의)
쥐	더러움, 보잘것없음, 인간보다 열등한 존재	사회적 소수자
레미	쥐 중에서 뛰어난 재능을 지니고 있음	재능을 가지고 있으나 사회적 편견이나 제한에 부딪혀 발휘 할 수 없는 부류
인간	쥐보다 뛰어난 존재	기업, 권력을 가지고 있는 단체
링귀니	레미가 자신으로 하여금 능력을 발휘할 수 있도록 허용	개인의 능력을 이용하는 기업, 단체
비평가들	편견, 선입견, 기준, 관습	세상 사람들의 인식, 타인을 평가하는 잣대, 문화적 기준
레미의 요리를 맛본 후의 안톤 이고	변화, 진실, 관습의 타파, 새로운 시각	새로운 변화를 받아들이고 그 변화에 능동적으로 참여하는 부류

능력을 인정하는 계기를 만들어내고 〈표 11.2〉의 레미의 요리를 맛본 후의 안톤 이고의 2차 기의 즉 '새로운 변화를 받아들이고 그 변화에 능동적으로 참여하는 부류'가 있게 된다면 우리의 다문화사회는 진정 아름다워질 것으로 생각한다.

다문화 미디어교육의 실천

지금까지 이 글에서는 다문화 미디어교육을 제안하기 위하여 다문화정책 및 다문화교육 연구동향을 살펴보았으며, 다문화 미디어교육의 개념에 대해서 논의하였다. 또한 애니메이션 〈라따뚜이〉를 중심으로 한 기호학적 다문화 미디어교육 교수모형을 제공하였다. 특히 〈라따뚜이〉의 서사구조 분석, 인물기호에 대한 기호학적 분석을 통해 스토리텔링 교수방안을 강구하였다. 또한 이 애니메이션이 다문화가정 구성원과 같이 사회적 약자를 이해할 수 있는 적합한 교육 기제라는 것도 확인하였다.

본론의 2절에서 '다문화 미디어교육'을 '다문화가정 구성원들뿐만 아니라 모든 사람들에게 미디어교육을 통해 다문화 인식을 제고하는 것'으로 정의하였다. 이런 차원에서 보자면 애니메이션 〈라따뚜이〉는 다문화 미디어교육을 위한 텍스트인 셈이다. 다문화사회의 구성원 모두가 자신과 다른 인종적, 민족적, 종교적, 경제적 배경이 다른 사람들을 이해하고 존중하는 것이 다문화교육의 중요한 본질 중 하나라면 이런 내용을 포함하고 있는 미디어 텍스트를 선정하여 교육현장에 도입하는 것은 바로 가장 적극적인 다문화 미디어교육의 실천인 셈이다. 아울러 미디어교육이 커뮤니케이션 능력 함양이라는 차원에서 반드시 필요하다면 다문화사회의 모든 구성원들은 상호이해의 차원에서 문화 간 커뮤니케이션이 요구될 것이다. 이와 같이 문화 간 커뮤니케이션에서 미디어교육은 중요한 역할을 하게 되는데, 바로 다문화 미디어교육은 다문화적 요소를 포함하고 있는 미디어 텍스트를 통해 다문화사회의 모든 구성원들이 상호이해하고 협력하여 각자의 다양성을 인정하는 교육을 하는 것에 기여하게 될 것이다.

이 글에서 제안한 기호학적 다문화 미디어 교수모형의 교실 현장 적용 및 그 효과에 대해서는 미처 다루지 못하였다. 이 연구는 후속 연구로 미루어둘 것이다.

제12장

영상 읽기 교육을 위한 키네식 스토리텔링

이 글은 김영순 · 정미강(2007a)의 "영상 읽기를 위한 키네식 스토리텔링에 관한 연구: 영화 〈괴물〉의 비언어기호를 중심으로"를 일부 보완한 것입니다.

이 글은 영상 이미지가 한 텍스트 내에서 어떻게 서사구조를 형성하느냐 하는 문제를 탐구한다. 특히 영화 〈괴물〉에 등장하는 인물들의 제스처들이 텍스트적 인과관계를 어떤 방식으로 구성하고 있는가에 대해 분석할 것이다. 등장인물의 구두 언어적 발화를 통해 스토리텔링이 드러나며 텍스트의 선형적 인과관계인 서사구조를 형성한다. 또한 이 글에서는 언어적 발화와 같이 등장인물들의 비구두적 발화도 특정한 순서나 형태를 띠고 있을 것이라는 가정을 설정한다. 이러한 설정은 '키네식 스토리텔링'(kinesic storytelling) 개념을 도입하는 데 동기를 부여한다.

이 글의 중심 테마는 바로 어떻게 영상 이미지가 우리에게 말을 걸어올까? 라는 질문이다. 즉 영상 이미지도 언어적 텍스트와 같이 서사구조를 지니고 있으며, 나름대로 영상문법 체계를 전제하고 있음을 인정한다. 그럼으로써 영상 이미지의 언어적 전환이 가능하게 된다. 우선 이러한 전환의 사례를 르네 마그리트 작품전에서 어린이 교육용 이미지 읽기 자료를 살펴보자.

'르네 마그리트와 함께하는 그림여행' 교육자료 4번*의 내용은 이미지를 통해 이야기, 즉 스토리를 만들 수 있다는 것을 시사한다. 우리의 일상생활에서는 전형적인 텍스트로 이루어진 미디어보다는 이미지 중심의 시각 미디어들이 선호된다. 전달의 도구인 미디어가 첨단 테크놀로지와 결합하여 멀티미디어화와 하이퍼텍스트화되었다. 스토리텔링도 기존의 구비문학에서 문자문학으로, 소설에서 영상으로의 전환이 이루어지면서 매체에 따라 진화해왔다. 그렇다면, '스토리'(story)와 '텔링'(telling)의 단순한 결합인 이 단어가 현대에 와

* 마그리트는 20세기를 대표하는 초현실주의의 거장이다. 그의 작품은 생각하는 그림, 세계를 새로운 시선으로 바라보도록 하는 철학적인 그림으로 평가받는다. '르네 마그리트와 함께하는 그림여행' 교육자료 4번은 2006년 12월 20일부터 2007년 4월 1일까지 서울시립미술관에서 열린 그의 작품전을 관람하는 학생들을 위한 교육자료 중 일부이다.

"여러분! 보이시나요? 이 그림 안에는 돌로 변해버린 사과가 있습니다. 왜 사과가 돌로 변했을까요? 그리고 왜 돌로 변한 사과는 바닷가에 있는 걸까요? 도대체 이 그림 안에서는 무슨 일이 일어난 걸까요? 누가 왜 사과를 돌로 만들었을까요? 정말 신기한 일이죠? 그렇다면 여러분들 각자 이 그림 속의 신기한 상황이 왜 만들어졌다고 생각하는지 이야기를 하나 만들어보는 건 어떨까요?"

서 다시 주목 받고 있는 이유는 무엇일까? 그것은 바로 스토리텔링이 가진 무한한 확장 가능성에 있다. 평범한 일상의 대화에서부터 현대 인간 유희의 대부분을 차지하는 영화, 게임, 텔레비전 등의 영상물에 이르기까지 이 모든 것은 스토리텔링을 내포하고 있다. 스토리텔링은 놀이이자, 생활이자, 심지어 상품이기까지 하다.

대부분의 매체가 텍스트에서 영상물로 전향된 지금 스토리텔링이 갖는 특성과 기법은 예전의 것과 달라졌다. 1899년 영사기의 발명을 필두로 텔레비전, 컴퓨터 등의 미디어혁명은 영상이라는 새로운 형태의 이야기 기법을 탄생시켰다. 영상은 텍스트보다 더 빠르게 두뇌에 전달된다. 읽는 속도에 따라 다르지만 평이한 수준의 텍스트는 1~2초 동안 다섯 개 내지 열 개의 단어가 수용되는 반면에 영상의 경우 이보다 더 복잡한 수준의 것이 이해가능하다(베르너 크뢰버 릴, 조창연 역, 2005: 38). 가족의 행복을 나타내기 위해 침대에서 놀고 있는 아기를 보여주는 것이 구구절절한 글보다 더 효과적이라는 말이다. 놀라운 각인력을 가진 영상매체는 우리의 생활 속에 깊숙이 파고 들어왔다. 아마도 직접적인 지각행위보다 간접적인 지각행위로 얻는 경험이 더 큰 부분을 차지할 것이다. 영상을 현대의 삶과 분리하는 것은 거의 불가능해 보인다.

영상을 지각하는 가장 큰 감각은 시각이다. 이러한 특징은 영상 스토리텔링에서의 신체의 움직임에 대한 중요성을 증대시킨다. 한마디 대사 없이도 내용 전달이 가능한 무성영화나 게임, 뮤직비디오를 상상해보자. 등장인물의 행동만으로도 우리는 상황을 이해할 수 있고 감정을 느끼고 감동을 느끼기도 한다. 등장인물의 행동은 수용자의 머릿속에서 내적 이미지를 생성하여 언어화된다. 즉, 동작의 계열체들이 모여서 내러티브를 구성할 수 있다는 말이다. 동작의 내러티브, 즉 키네식 스토리텔링은 비주얼의 간접적 지각행위에 있어 매우 중요한 요소임에 틀림없다.

이 글은 위에서 소개한 키네식 스토리텔링을 정리하고 이를 통해 영화 〈괴물〉을 분석하게 된다. 이를 위해 우선 스토리텔링의 개념과 역사를 알아보고 키네식 스토리텔링의 개념을 정의할 것이며, 영화 '괴물'을 통해 동작이 내러티브를 위해 어떻게 기능하는지 키네식 스토리텔링 측면에서 분석·정리할 것이다.

미국 영어교사 위원회에서는 스토리텔링을 음성과 행위를 통해 청자들에게 이야기를 전달하는 것이라고 정의한다(송정란, 2006: 23). 19세기 말 영화의 발명을 시작으로 20세기 텔레비전, 컴퓨터 등으로 인한 미디어 혁명이 일어나면서 새로운 형태의 이야기 기술들이 등장했다. 그리고 이제는 상호작용이 가능한 최첨단 디지털 기술에 의해 사람들이 수동적인 이야기의 향유에서 벗어나 능동적인 창조 작업에 참여할 수 있게 되었다. 이야기가 디지털 매체와 조우하면서 무한한 잠재력을 지닌 스토리텔링의 시대로 접어들고 있다(송정란, 2006: 21).

우선 디지털 매체의 출현과 함께 변화하는 스토리텔링의 개념에 대한 최근의 학문적 동향부터 개괄해보도록 한다. 2000년 이후 스토리텔링에 관한 국내 연구들은 다음과 같이 크게 세 가지 흐름으로 나눌 수 있다.*

첫 번째는 새로운 스토리텔링 기법에 대한 분석이다. 영화 사이트의 스토리텔링을 분석하고 있는 이인숙(2005)의 연구를 예로 들어보면, 같은 시나리오를 바탕으로 한 영화라는 매체와 웹사이트라는 매체의 의사소통 방식은 확실한 차이점이 있다. 영화가 단방향이라면 웹은 쌍방향이다. 그러므로 웹의 스토리텔링은 상호작용에 기반을 둔 이야기 소통방식을 채택하고 이를 통해 사용자들의 적극적인 스토리텔링 참여를 유도한다(이인숙, 2005). 즉, 디지털 매체의 스토리텔링 방식의 특징은 상호작용성이며, 이에 맞춘 스토리텔링 기법이 필요하다는 것이다.

두 번째 경향은 고전적 스토리텔링과 디지털 스토리텔링의 결합

* 스토리텔링, 서사, 내러티브의 주제어를 비슷한 의미로 보고, 이에 관한 연구들을 동일한 주제의 연구로 개괄하였다.

에 관한 분석이다. 새로운 스토리텔링 기법의 등장으로 위기를 맞은 듯이 보이는 고전적 스토리텔링의 매체들이 어떻게 하면 디지털과 서로 호환될 수 있는가 하는 문제를 다룬다. 문자문학의 새로운 스토리텔링 기법으로서 탄생한 하이퍼텍스트 문학에 대해 분석한 곽정연(2006)의 연구를 예로 들 수 있다. 디지털을 매체로 하는 하이퍼텍스트 문학이 멀티미디어적 요소를 갖기 위해서 영화 등의 영상매체 기법을 어떻게 활용할 것인가 고찰하면서, 디지털 매체에서 예술성 높은 작품이 창작되려면 기존 매체와 새로운 매체 사이의 생산적인 대화가 필요하다고 말하고 있다. 신선희(2006)도 인문학의 위기와 매체환경의 변화와 맞물린 한국 고전문학의 연구전략으로서 고전문학의 콘텐츠를 활용한 인포메이션 스토리텔링과 엔터테인먼트 스토리텔링의 예시를 제시하였다. 여기서 인쇄매체의 풍부한 자료 없이는 콘텐츠의 스토리텔링은 불가능하며, 장르 간의 상호소통과 표현방식의 다양화로서 고전 다시 쓰기, 새롭게 읽기를 간과할 수 없다고 말하고 있다. 즉, 고전적 스토리텔링과 디지털 스토리텔링은 서로 분리되는 것이 아니라 끊임없이 상호소통함으로써 발전할 수 있다는 것이 연구들의 결론이다.

마지막으로 콘텐츠에 대한 스토리텔링 분석을 들 수 있다. 박기수(2003: 2004)의 연구는 캐릭터 및 애니메이션의 서사에 관한 접근을 보여준다. 기존의 스토리텔링이 이야기에 초점을 맞추고 있다면 박기수의 연구는 캐릭터라는 콘텐츠에 초점을 맞추고 있다는 점이 특징이다. 캐릭터는 이야기뿐 아니라 캐릭터라이징 과정, 상품화 과정, 매체적 특성까지 함께 포함하는 서사적 특성을 가지고 있기 때문에, 성공적인 캐릭터 개발을 위해서는 캐릭터라이징을 효과적으로 수행할 수 있는 서사, 확장 및 지속이 가능한 개방적 서사, 매체 고려 요소를 충분히 염두에 둔 서사, 캐릭터 변용이 용이한 서사, 경제성을 고려한 서사의 다섯 가지 전제로 캐릭터 서사를 기획할 것을 제안하였다. 문재철(2004)의 연구는 관객을 매혹시키는 특수효과의 어트렉션이 새로운 내러티브적 속성을 만들어낸다고 보고 있다. 상상의 장면을 완벽하게 사실적으로 제시하는 테크놀로지의 놀라운 능력을 감상하기 위해 극장을 찾는 관객들이 생기고, '기술을 연기하는 영화'라는 말이 생겨나는 오늘날, 디지털 이미지가 가져다주는 어트랙션 경험은 관객에게 유혹적인 스펙터클을 제공함으로써 내러티브의 판타지를 더욱 강화하는 역할을 한다고 하였다.

지금까지 살펴본 연구들의 경향은 스토리텔링 연구의 축이 각종 장르에 대한 서사구조에 대한 연구와 이에 더해진 디지털 매체로의 집중으로 요약될 수 있다. 디지털 매체의 등장은 스토리텔링의 역사에 있어서 한 획을 긋는 중요한 사건임에는 틀림없다. 현대의 디지털 스토리텔링이 이렇게 주목받는 이유에 대하여 류현주(2005)는 인터넷을 통한 이야기 공유방식이 구비문학 시대의 이야기 구술방식을 상기시키기 때문이라고 말하고 있다. 여러 사람이 둘러앉아 함께 상호작용하며 이야기를 만들어가고 즐기던 것과 비슷한 과정을 가지고 있다는 것이다. 즉, 현대의 디지털 스토리텔링은 기술이 바뀌었을 뿐 태곳적 인간의 본능을 자극하는 유희적 측면을 그대로 가지고 있으며 내러티브는 소통의 문제이지 기술의 문제가 아니라는 것이다.

결국은 소통이라는 것에 초점이 맞춰진다면 왜 스토리텔링은 비언어적 요소를 간과하고 있느냐라는 의문이 제기된다. 인간의 의사소통은 분명히 언어적 요소와 비언어적 요소로 이루어져 있다. 의사소통은 언어뿐 아니라 인간의 모든 감각기관을 활용하여 이루어진다. 더구나 홀(Hall)은 말보다 행동이 더 중요하다는 주장을 위해 다음의 예를 제시하였다. 예컨대 약속장소에 얼마나 늦게 나타나는

가에 따라 즉, 가벼운 사과가 필요한 정도부터 노골적인 모욕을 줄 수 있는 수준까지 다양한 행동들은 경우에 따라서는 말보다 더 명백하게 감정을 전달한다는 것이다(Edward T. Hall, 최효선역, 2000: 96).

정신분석학자 프로이트(Freud) 또한 인간의 말보다도 행동에 의사소통수단으로서의 의미를 크게 부여했다. 그는 말은 드러내는 것보다 감추는 것이 훨씬 많다고 생각했다(김우룡·장소원, 2004: 70-72). 아가일(Argyle, 1975)은 신체언어가 감정표현, 대인적 태도의 전달, 인격의 표현, 회유, 관심 등 의미를 전달할 수 있으며 사회적 상호작용에 가장 중요한 분야 중 하나라고 하였다.

실제 생활에서도 우리는 비언어적 행위 없이는 만족스러운 의사소통을 할 수 없다. 인간은 기본적으로 말이나 문자로 의사소통을 하지만, 일상생활의 정보전달에서 언어적 요소를 사용하는 것은 일부에 해당된다. 메라비언(Merabian, 1971)은 비언어적 메시지가 의미 전달의 93%를 차지한다고 주장했으며, 버드위스텔(Birdwhistell, 1971)의 표현수단으로서 언어 대 비언어 기호의 비율이 35대 65의 비율을 가진다고 주장하였다. 특히 감정과 느낌은 말보다 비언어로 더 정확하고 쉽게 전달된다(김우룡·장소원, 2004: 67-70).

사실 스토리텔링의 상당부분이 비언어 요소를 통해 표현되고 있다. 이야기를 발화하는 수단은 언어나 문자인 것처럼 보이지만, 그 내용은 동작, 표정, 소리, 컬러 등의 비언어 요소를 포함하지 않고는 섬세하게 전달될 수 없다. 그러나 지금까지 우리는 이러한 스토리텔링의 비언어 요소를 언어적 입장에서 보고 있었다. 영화 속의 배우의 행위는 문자기호로 서술된 것을 단지 스크린 위의 연기로 옮긴 것이라는 인식 같은 것 말이다.

그러나 본 논문은 입장을 달리하고자 한다. 글로 발화된 시나리오가 그대로 행위가 될 수는 없다. 행위는 인간의 몸이 만들어내는 것이다. 인간의 신경세포가 미세한 움직임을 만들고 배우가 스스로의 감정을 실어 넣은 행동은 단지 언어의 하위분류 또는 언어를 대신한 것이라고 볼 수 없기 때문이다.

스토리는 상황과 인물들을 제시한다. 그러면 인물들은 그 상황 안에서 행동으로 이야기를 전개해나간다. 이야기의 전개에는 분명 구두문자의 개입이 영향을 미치지만 영상에서 구두문자의 남발은 역효과를 불러일으킬 뿐이다. 손의 움직임, 걷는 방법, 배우가 취하는 태도나 자세 등은 화면의 중요성을 전달하는 데 도움이 되며, 유능한 배우는 말로 여러 가지 뜻을 나타낼 수 있듯이 신체를 이용해서 많은 뜻을 전달할 수 있다. 그리고 행동의 실제성이야말로 관객과 등장인물을 공감의 띠로 묶을 수 있는 가장 큰 요소가 된다. 동작에 의한 스토리텔링, 키네식 스토리텔링을 주목해야 하는 이유가 바로 여기에 있다.

그렇다면 키네식 스토리텔링은 무엇인가. 키네식(kinesic)의 우리말 번역은 '동작학의', '동작학에 관한'이다. 즉, 키네식은 동작에 대한 연구를 말하는데, 더 상세히 정의하자면 몸의 움직임과 제스처의 커뮤니케이션 작용에 대한 연구이다. 키네식 연구는 신체의 움직임이 반드시 의미를 가지고 있으며, 이는 체계적인 사회적 시스템에 의하여 의미를 획득하게 되며, 구성원들 간에 커뮤니케이션 작용을 한다는 사실을 전제한다. 또한 키네식의 범위는 모든 제스처, 머리의 움직임, 시선, 얼굴표정, 자세, 상체, 팔, 다리, 발, 손, 손가락 등 모든 신체의 움직임들을 포함한다(Richmond & McCroskey, 2004: 50). 그리고 특정한 상황이나 문화들은 이러한 움직임에 콘텍스트를 부여하게 된다.

신체의 움직임이 콘텍스트* 속에서 의미를 가진다면, 이것은 서사가 될 수 있다. 그렇다면 신체의 움직임을 통해 일어나는 서사행

* **콘텍스트** context
일반적으로 맥락 또는 문맥을 뜻한다.

위를 키네식 스토리텔링으로 정의할 수 있을 것이다. 신체의 움직임이 눈으로 체험할 수 있는 이미지라고 할 때 키네식 스토리텔링을 비주얼 스토리텔링의 부분으로 생각할 수도 있다. 비주얼 스토리텔링은 영상의 언어성에 기반을 둔다. 영상의 비주얼, 이미지 자체는 텍스트와 같이 내용을 함축하고 전달할 수 있다. 영상에서 신체의 움직임은 이러한 비주얼을 구성하는 한 부분이 된다. 따라서 본 연구에서는 비주얼 스토리텔링의 일부분이자 신체의 모든 움직임을 통해 일어날 수 있는 서사행위를 키네식 스토리텔링으로 정의하기로 한다.

영화 〈괴물〉의 키네식 스토리텔링 분석

영화는 서사와 이미지의 결합이다. 말의 세계에서 형성되는 서사는 시간의 축 위에서 이루어지고 영상의 세계에 속하는 이미지는 공간의 축 위에 존립한다(조정래, 2004). 영화의 서사는 인물의 행동을 서술하는 것이 아니라 직접 보여준다. 즉, 영화는 보여주고 이어서 보여주기를 이용하여 이야기한다. 따라서 영화는 이미지로 된 이야기가 아니라 이야기를 생산할 수 있도록 조직된 이미지로 보아야 한다(박인철, 2002). 그렇다면 영화의 시나리오는 영화가 이미지화되기 전 언어의 산물이 되고, 이것이 스크린에서 보이게 되면 보이는 것, 즉 비언어의 산물이 된다.

스크린 위에서 발현되는 비언어 코드들 중에 가장 강력한 것은 등장인물들의 행동이다. 실제로 행동은 사건과 직접적 관계를 맺기도 하고, 습관적인 행태로 인물의 특성과 밀접하게 연관되기도 한다(최예정·김성룡, 2005: 87). 단 한 번의 행동이 사건의 전환을 가져오게 할 수도 있고, 내면을 드러내거나 비밀을 폭로할 수도 있다. 특히 영화를 비롯한 영상매체에서 너무 많은 대사에 의존한 스토리텔링은 스피드와 동작에 익숙한 관객들에게 지루함을 줄 뿐이다. 영상이 스크린 위에서 흘러가고 있는 동안은 내용에 대해 생각할 시간적 여유도 많지 않기 때문에 명확한 비주얼로 관객에게 이미지를 심어주어야 한다. 그런 의미에서 행동은 이미지를 구성하는 비주얼의 한 부분으로서 큰 중요성을 가지며, 영화 이미지의 행동들이 이야기하고 있는 내용과 그 함축적 의미는 키네식 스토리텔링의 측면에서 접근해야만 한다. 이에 본 연구는 키네식 스토리텔링 분석을 키네식의 외형적 측면, 키네식의 의미적 측면으로 구분하여 분석모형을 제시하고자 한다.

버드휘스텔은 동작을 관찰함에 있어서 구어가 '음'(phone), '음소'(phoneme), '형태소'(morpheme), '변이음'(allophone)으로 구분되듯이 신체의 움직임도 '동작'(kine), '변이동작'(allokine), '동작소'(kineme), '동작형태'(kinemorph)의 단위로 나누어질 수 있다고 보았다. '동작'은 관찰의 기본단위이며, '변이동작'은 교체·교환 가능한 '동작'으로서 서로 구별되지 않는 움직임이다. '동작소'는 '동작'과 '변이동작'에서 형성되는데, 상대적으로 더 큰 행동의 단위로서 고개 끄덕이기, 입술의 움직임, 눈을 감는 정도 같은 것들을 말한다. 동일한 '동작소'들이 결합하여 '동작형태'를 형성하는데 이것은 단어와 같은 특성을 드러낸다. '동작형태'가 결합하면 결과적으로 의미를 말해주는데, 예를 들어 책상에서 고개를 들고 방문 앞에 있는 친구를 향하여 웃으며 바로 쳐다보고 두 손을 벌려 안는 듯한 자세를 취하면 결합된 그런 동작형태들을 보고 친구는 자신이 환영받고 있는 것을 안다(이석주, 2000).

　이 글에서는 동작을 분석함에 있어서 동작소와 이것이 결합한 동작형태를 서술할 것이다. 동작형태를 구성하는 동작소는 시선, 손짓, 몸짓, 머리의 움직임, 다리의 움직임으로 나누도록 하는데, 시선은 등장인물이 무엇인가 바라보는 동작, 손짓은 손과 팔의 움직임, 몸짓은 몸통의 움직임, 머리의 움직임은 표정을 제외한 두상의 움직임, 다리의 움직임은 다리 부분만의 움직임으로 정의하도록 한다. 움직이지 않으나 몸에 특정한 형태가 있을 경우는 자세로 정의하기로 한다.

　동작소와 동작형태들에 대한 분석이 키네식의 외형을 보여주는 것이라면, 이 동작소를 바탕으로 한 기호를 분석하는 것은 키네식의 의미에 대한 분석이 될 것이다. 본 연구에서는 이를 위하여 바르트에서 사용된 개념인 외연(denotation)과 내포(connotation)의 기호체계를 도입하기로 한다.

　외연과 내포는 텍스트의 드러난 의미와 숨은 의미의 관계에 주목한다. 외연은 언어 사용에 있어 말해지는 문맥 속의 그대로의 의미, 객관적으로 그것 자체로 인식된 기호 의미부로 구성되며, 내포는 언어의 문학적 혹은 미학적 사용에서 나타난 기호가 표상하는 대상체와 연관된 문화적 경험으로부터 연상된 의미, 문맥 속에서 기호로 작용하면서 본래의 의미 외에 부가적으로 의미를 창출하는 것, 기호가 그 형태와 기능을 갖는다는 사실에 의해서 그 기호와 결부되된 주관적인 가치군 표현을 의미한다(이도흠, 2003: 21). 신체적 코드도 일종의 사회적 코드이다. 그러므로 동작형태를 보여주는 이미지는 외연으로, 그것이 의미하는 함축적 의미를 내포로 볼 수 있다. 외연과 내포 개념을 이용하여 본 연구는 키네식 스토리텔링 분석을 위해 〈그림 12.1〉과 같은 모형을 제안한다.

〈그림 12.1〉 키네식 스토리텔링 분석모형

장면	외연	동작소	동작형태	내포
▼	▼	▼	▼	▼
상황기술 ▶	이미지 ▶	시선, 몸짓, 손짓, 자세 등 ▶	동작기술 ▶	의미

　분석에 사용될 장면들은 키네식 스토리텔링 장치로서 의미를 가져야 하며, 단순히 언어를 보완하고 설명하기 위해 사용되는 신체언어가 아니라 서사구조에 영향을 미치는 신체의 움직임들이어야 한다. 그러면 영화 〈괴물〉의 스토리를 효과적으로 전달하기 위한 스토리텔링 장치는 어떤 것을 전제해야 할까?《시나리오 가이드》에서 밝힌 '잘 짜인 좋은 스토리'의 기본요건*에 〈괴물〉의 스토리라인을 대입해보면 다음과 같다.

① (관객이 감정이입을 할 수 있는) 박강두 가족의 스토리이다.
② 박강두의 가족들은 괴물에게 납치된 딸 현서를 구하기 위해 노력한다.
③ 그러나 그 일은 대단히 성취하기 어렵다. 그러나 불가능한 것은 아니다.
④ (그 스토리는 최대한의 정서적 임팩트와 관객의 참여를 끌어낼 수 있는 방식으로 전개되고 있다.)
⑤ (그 스토리는 만족스러운 엔딩으로 맺어지고 있다.)

　괄호 내용을 제외한 부분은 괴물의 시나리오, 즉 언어적 측면이다. ⑤번은 관객의 느낌과 취향에 따라 달라지는 부분이다. 그리고 나머지 부분은 어떻게 보여주느냐와 관계된 비언어적 스토리텔링의 부분으로 생각해볼 수 있다. 즉, 키네식 스토리텔링의 측면에서

*
David Howard, Edward Mabley, 심산 역, 《시나리오 가이드》(한겨레신문사, 1999)에서 인용.

볼 때 박강두의 가족에 대한 감정이입, 최대한의 정서적 임팩트, 관객의 참여는 가장 핵심적인 요소가 된다.

이에 따라 본 연구는 키네식 스토리텔링의 유형을 가족들에 대한 감정이입을 인물연출을 위한 키네식으로, 관객의 참여를 유기적 내러티브를 위한 키네식으로, 최대한의 정서적 임팩트를 정서적 임팩트를 위한 키네식으로 구분하고, 〈괴물〉의 전체 장면 중 21개의 장면에서 이 유형이 될 수 있는 58개의 동작형태를 캡처하였다. 그중 중요성이 높다고 판단되는 25개의 동작형태를 키네식 스토리텔링 분석모형(표 12.2)에 따라 분석해보기로 한다.

1) 인물연출을 위한 키네식

등장인물은 스토리의 핵심이다. 등장인물이 극 중에서 하고자 하는 일은 플롯을 결정하며, 스토리를 만들어나가는 일련의 시퀀스를 창조해낸다. 등장인물에 대한 섬세한 연출은 대사를 통해서 이루어지는 것보다 인물의 행동을 통하여 그 내면을 외면으로 표출하는 방법으로 이루어지는 것이 훨씬 효과적이다. 기본적으로 등장인물을 묘사할 때 세 가지 중요한 축은 성격묘사, 감정묘사, 심리묘사로 구분을 지을 수 있다.

(1) 성격묘사

영화에서는 보통 등장인물의 외모, 행동으로 성격을 묘사(C: characterization)한다. 등장인물이 취하는 모든 행동은 관객들에게 등장인물에 관한 정보, 즉 성격이나 처한 상황, 태생, 직업 등을 알리게 된다. 즉, 인물의 키네식은 관객에게 가장 효율적으로 등장인물의 정보를 알리는 스토리텔링 기법이다. 〈표 12.2〉를 통해 〈괴물〉

장 면	외 연	동작소	동작형태	내 포
#C1. 한강 둔치의 매점. 대낮에 강두가 판매대의 물건들 위에 엎드려서 잠을 자고 있다. 00:06:00		자세	가슴 높이 정도의 판매대 위에 한쪽 뺨을 대고 어깨를 축 늘어뜨린 채 팔꿈치를 살짝 얹은 자세	나태함, 게으름
#C2. 딸 현서가 저만치 걸어오는 모습이 보이자 두 팔을 번쩍 들어 환영하는 강두 00:07:45		손짓	두 팔을 옆으로 벌려 어깨 위로 번쩍 들어올린다.	현서에 대한 애정
#C3. 현서를 향해 뛰어가다 넘어지는 강두 00:07:55		손짓, 다리의 움직임	다리가 꺾이면서 넘어진다. 두 손으로 잠시 땅을 짚지만 팔이 꺾이면서 땅에 꼬꾸라진다.	덤벙댐, 어리숙함

〈표 12.2〉 성격묘사를 위한 키네식 스토리텔링 분석

에 나타난 등장인물의 성격을 어떠한 행동으로 형상화하고 있는지 살펴보자.

 #C1~3까지의 행동유형들은 관객으로 하여금 박강두의 성격을 짐작할 수 있게 해주는 키네식 스토리텔링을 보여준다. 한창 손님이 많은 낮 시간 동안 엎드려 자고 있는 모습, 딸에게로 뛰어가다 넘어지는 모습 등은 게으르고 덤벙대는, 평범하면서 약간 모자란 듯한 강두의 성격을 형성하는 행동 유형이 되며, #C2의 환영의 손짓

장면	외연	동작소	동작형태	내포
#C4. 한강 둔치의 매점. 손님이 없는 한밤중 인데도 강두가 자지 않고 밖을 관찰하고 있다. 01:52:16		자세, 시선	시선을 고정시킨 채, 가슴 높이 정도의 판매대 위에 팔꿈치를 대고 손으로 턱을 받치고 있다.	신중함, 조심성, 인물의 성숙
#C5. 강두의 움직임이나 TV 소리에도 꿈쩍 않고 잠들어 있는 양아들 세주 01:53:05		자세	한 팔은 옆으로 벌리고 한 팔은 배 위에 얹은 채 바닥에 누워있다.	편안함, 새로운 부자관계

은 딸 현서에 대한 애정을 보여준다. 이로써 관객은 강두를 '무언가 어수룩하면서도 딸을 무척 아끼는 남자'로 자연스럽게 인지하게 되고 앞으로 있을 사건은 이러한 설정을 바탕으로 하여 전개되어나간다. 인물의 묘사를 위한 키네식은 그 인물을 상징하는 메타포가 되기도 한다. #C1의 '잠'이라는 행위는 박강두를 대표하는 동작으로 사용된다. 그는 시도때도없이 잠듦으로써 어이없음과 유머를 동시에 보여주는 인물인데, 이런 지속적인 인물의 행동은 이야기의 단일성을 형성하도록 도와주며, 나아가 주제를 드러내는 인물의 내면적 성숙이나 변화 등의 메타포로 전환되기도 한다.

<표 12.3> 인물에 대한 메타포로 사용된 키네식 스토리텔링

#C4는 '잠'이라는 키네식의 변화로써 박강두의 성숙을 보여주는 영화의 마지막 장면이다. 〈표 12.2〉의 #C1과는 달리 어두운 밤인데도 깨어있는 강두의 모습을 보여줌으로써 관객은 강두의 변화를 받아들이게 된다. #C5는 강두의 양자가 된 세주의 '잠'을 보여주는데,

강두의 행동양식이 양아들인 세주에게로 옮겨간 것을 보여주면서 부자관계가 된 강두와 세주를 상징하는 메타포로도 쓰인다.

(2) 감정표현

등장인물의 감정표현(E: emotional description)은 이야기를 이끌어가는 중요한 요소가 된다. 등장인물이 감정을 드러내기 위해 행하는 키네식들은 자연스럽게 이야기의 흐름을 이어나가는 역할을 한다. 몸의 표현을 동반하지 않는 감정은 공허하며 관객의 공감을 이끌어낼 수도 없다.

다음은 현서가 괴물에게 납치되기 전의 상황이다. 전혀 예상치 못한 갑작스러운 현서의 납치라는 사건을 위해 매점이라는 공간으로 사건의 안팎을 분리해놓았다. 이를 자연스럽게 연결하기 위해 조직된 현서의 감정변화와 그에 따른 행동의 스토리텔링을 살펴보자.

현서의 감정은 기쁨(#E1) − 기대(#E2) − 허탈(#E3) − 실망(#E4) − 화남(#E5) − 호기심(#E6)의 양상으로 흘러간다. 그리고 이러한 감정변화에 따라 매점 안에서 자연스럽게 매점 밖으로 나와 잔디밭 중앙으로 걸어가게 된다. 터진 맥주 캔에 시선을 고정하며 다가가는 현서는 갑자기 괴물에 쫓겨 도망치는 강두를 비롯한 사람들과 뒤섞이다 넘어지게 되고 괴물에게 납치당하고 만다. 현서의 감정을 표현하는 키네식들은 바로 이 현서의 납치라는 사건을 위해 유기적으로 연결되어 있음을 알 수 있다.

〈표 12.4〉 감정표현을 위한 키네식 스토리텔링 분석

장 면	외 연	동작소	동작형태	내 포
#E1. 남주가 과녁 중앙을 맞추자 기뻐하는 현서	 00:11:58	손짓, 몸짓	두 손을 어깨 높이로 들고 가볍게 물건을 쥔 상태에서 앞뒤로 흔든다. 몸을 아래위로 들썩인다.	기쁨
#E2. 남주가 마지막 과녁을 쏘기 직전, 긴장감과 기대감이 가득한 현서	 00:17:14	자세, 시선	두 손을 앞으로 모으고 한곳을 향해 뚫어져라 바라본다.	긴장감, 기대감
#E3. 남주가 활을 쏘지 못하자 허탈해하는 현서	 00:17:25	몸짓	어깨를 늘어뜨리며 몸을 옆으로 기울인다.	허탈함
#E4. 남주가 결승에 진출하지 못하게 되자 실망하는 현서	 00:17:32	손짓, 몸짓	손으로 얼굴을 감싸고 몸을 바닥에 눕힌다.	실망감

(계속)

장 면	외 연	동작소	동작형태	내 포
#E5. 화가 나서 부스 밖으로 나와 맥주캔을 걷어차는 현서	 00:17:45	다리의 움직임	발을 뒤로 뺐다가 앞으로 힘차게 뻗어 물체를 걷어 찬다.	화남
#E6. 맥주캔이 터져서 소리가 나자 그쪽을 쳐다보는 현서	 00:17:53	머리의 움직임, 시선	머리를 약간 옆으로 기울이고 물체를 바라본다.	호기심

(3) 심리묘사

심리묘사(P: psychological description)는 드러나는 감정이 아니라 등장인물의 내면 심리를 묘사하는 것을 말한다. 이것은 직접적이지 않고 간접적인 행위들이다. 내면 심리는 일부러 드러내고자 하는 것이 아니기 때문이다. 등장인물의 내면에서 벌어지고 있는 일들을 '서브텍스트'라고 하는데 이를 표현하는 키네식은 장면을 풍요롭게 하고 스토리에의 몰입을 증대시킬 수 있다. 관객은 인식하지 못하는 사이에 극의 분위기를 체험하고 인과관계를 이해하게 되는 것이다. 〈표 12.5〉의 분석을 살펴보자.

#P1은 괴물의 은신처인 하수구에서 혼자 살아남은 현서가 작은 구멍에 몸을 숨기고 있는 모습이다. 몸을 웅크리고 고개를 숙인 모습에서 절망감과 아무것도 할 수 없는 무력감이 배어나옴을 느낄

장면	외연	동작소	동작형태	내포
#P1. 하수구에 갇힌 현서가 작은 구멍 속에서 몸을 웅크리고 있다.	 00:34:38	자세	무릎을 세우고 앉은 상태에서 허리를 구부리고 머리를 숙인다. 오른팔을 무릎에 얹어 머리를 감싸고, 왼팔은 오른팔 위에 얹는다.	절망, 무력감
#P2. 남일에게 남주의 소식을 물어보는 선배. 남주의 행방에 대해 속 시원히 대답해주지 않자 손바닥으로 탁탁 치는 행동을 보여준다.	 01:12:24	손짓	가슴 높이의 칸막이 위에 팔꿈치부터 손까지 얹고 손을 아래위로 움직여 칸막이를 친다.	초조, 무엇인가 다른 생각이 있음

수 있다. 관객은 이 키네식을 통해 괴물에게서 탈출하는 것이 거의 불가능하다고 느끼는 현서의 생각을 대사 없이도 읽을 수 있다. #P2는 전화위치추적으로 현서의 위치를 찾기 위해 이동통신사 선배를 찾아간 장면이다. 남주의 행방을 모른다고 남일이 대답하자 손바닥을 탁탁 치는 모습에서 관객은 무엇인가 겉으로 드러난 것 이외의 것이 등장인물의 내면에 있음을 짐작할 수 있다. 바로 다음 장면으로 선배가 남일을 경찰에 신고한 것이 드러난다.

〈표 12.5〉 심리묘사를 위한 키네식 스토리텔링 분석

2) 유기적 내러티브를 위한 키네식

유기적인 내러티브는 스토리에 대한 관객의 참여를 높이기 위한 스토리텔링이다. 관객들은 의외로 행위와 동기 간의 모순성을 곧 알아차린다(클라라 베런저, 정일몽 역, 1984). 제대로 된 동기나 원인이 없

는 사건의 발생은 관객의 몰입을 방해하여, 결국 스토리텔링을 실패로 이끈다. 관객을 납득시킬 수 있는 사건의 동기와 필연성을 부여하기 위한 스토리텔링 장치로써 복선, 준비, 개연성의 요소에 대해 알아보고 이 장치를 위해 사용된 키네식 스토리텔링의 유형을 살펴보기로 한다.

(1) 복선

복선(伏線, foreshadowing)이란 소설이나 희곡 따위에서, 앞으로 일어날 사건에 대하여 미리 독자에게 넌지시 암시하는 서술을 말한다. 이것은 세련되게 잘 짜인 스토리를 위한 재료라고 할 수 있다. 이것은 대사일 수도, 등장인물의 제스처일 수도 있고 버릇, 소품 등이 될수도 있으며, 스토리가 전개되면서 은근히 강조되거나 반복되어 관객의 마음속에 자리 잡게 된다(Howard & Mabley, 심산 역, 1999). 〈표 12.6〉은 한강에 괴물이 생겨나고 자라는 과정을 보여주는 장면이다. 괴물이 등장하는 장면 없이도 괴물의 존재를 관객에게 각인시켜주는 복선의 키네식 유형들을 살펴보자.

〈표 12.6〉의 장면들은 모두 괴물에 대한 것을 관객에게 암시하기위한 장치들이다. #F1에서 병의 먼지를 손가락으로 닦아낸 후 손가락을 비벼서 터는 행위는 지독한 결벽증의 상징이다. 한 미국인의 대수롭지 않은 성격으로 인해 다량의 포르말린이 한강으로 방출되고 이로 인해 돌연변이가 탄생하게 되는, 모든 사건의 시작을 알리는 메타포이다. #F2는 돌연변이의 탄생과 그 습성을 함축하는 키네식이다. 돌연변이는 아직 컵으로 뜰 수 있을 정도로 작으며, 뚫어지게 바라볼 만큼 이상하게 생겼고, 손을 갖다대면 물어뜯을 정도로 사납다. 그리고 헤엄을 칠 수 있다. 이 모든 것은 두 낚시꾼의 행동으로 드러난다(컵으로 떠올림 - 시선 - 놀라서 손을 텀 - 가리킴). #F3은 공포

장 면	외 연	동작소	동작형태	내 포
#F1. 미국인 소장이 먼지 낀 유리병을 손가락으로 닦으면서 김 씨에게 먼지 낀 포르말린을 버리라고 명령한다.	 00:01:42	손짓	검지손가락으로 유리병의 먼지를 닦아낸 후 손가락을 비벼서 털어낸다.	결벽증
#F2-1. 잠실대교 부근에서 낚시를 하던 두 남자들이 이상한 생물체를 컵으로 떠올려 구경한다.	 00:04:08	손짓, 시선, 몸짓	팔(컵)을 뻗어 무엇인가를 건져올린다. 몸을 기울여 시선을 고정시킨다. 팔을 뻗어 손을 갖다댔다가 몸을 움츠리며 손을 턴다.	이상함, 신기함, 깜짝 놀람, 사나운 생물체
#F2-2. 손으로 건드려보다가 물릴 뻔하자 깜짝 놀라 놓친다.	 00:04:28	손짓, 시선	팔을 뻗어 손가락으로 가리킨다.	헤엄쳐서 가고 있는 생물체, 사건의 지속을 암시
#F3. 한강대교 다리 위에서 자살을 하려던 남자가 물밑을 바라보며 공포에 잠긴다.	 00:05:03	시선	아래로 시선을 고정시킨다.	공포 스러운 무언가가 있음

를 드러낸다. 다리 위에서 자살로 인생을 마감하려는 인물이 물속의 어떤 것을 뚫어지게 내려다보는 시선은 괴물이 두려운 존재임을 암

〈표 12.6〉 복선을 위한 키네식 스토리텔링 분석

시하는 또 하나의 스토리텔링 장치가 된다. 이러한 장면들이 반복됨으로써 관객들은 괴물에 대해 인지하고, 괴물의 습성을 눈치 채며, 나중에 있을 괴물의 갑작스런 등장이라는 사건을 납득하게 된다.

(2) 준비

준비(Pr: preparation)란 관객에게 때로는 등장인물에게 앞으로 펼쳐질 드라마틱한 장면을 준비하도록 만드는 장면들이다(Howard & Mabley, 심산 역, 1999). 이것은 스토리에 대한 관객의 체험을 고조시키

〈표 12.7〉 준비를 위한 키네식 스토리텔링 분석

장면	외연	동작소	동작형태	내포
#Pr1. 강두가 한강변 쪽으로 맥주 배달을 갔을 때 손님이 멀리 다리 쪽에 무언가를 바라보고 있다. 00:11:30		손짓, 시선	손을 들어 이마 근처에 대고 먼 곳을 바라본다.	먼 거리에 무엇인가 있음
#Pr2. 사람들이 한 방향을 가리키면서 이상한 물체가 있으니 와보라고 손짓을 하여 다른 사람들이 더 모여든다. 00:11:39		손짓, 몸짓, 시선	검지로 가리키며 멀리 바라봄. 허리를 숙여 몸을 앞으로 내밀기도 함	신기함, 호기심
#Pr3. 물체가 물속으로 들어가 헤엄치기 시작하자 더 자세히 보기 위해 물가로 모인다. 00:12:39		시선, 자세	허리를 약간 숙여 몸을 내민 자세에서 가까운 곳을 응시함.	호기심, 물체와의 거리 암시

는 데에 매우 효과적으로 쓰이는 것들이다. 스토리라인에 큰 역할을 하는 것은 아니지만 관객의 흥미와 참여도를 높이고 스토리가 효과적으로 전달될 수 있도록 하는 장치가 된다. 이것은 대비를 통해 드라마틱한 장면의 임팩트를 극대화시키기도 한다. 〈표 12.7〉은 괴물이 출현하기 전 분위기를 고조시키는 준비 장면들이다.

#Pr1~3은 인물들의 키네식을 통해 이상한 물체의 존재 – 사람들의 관심 – 물체의 접근이라는 준비의 스토리텔링을 보여줌으로써 괴물이 나타나기까지 서서히 분위기를 고조시키고 있다. 이러한 장면들을 통해 관객은 무엇인가가 나타날지도 모른다는 예상을 하고 다음 장면을 기대하게 된다. 결과가 너무 뻔한 준비 장면은 오히려 재미를 떨어뜨리지만, 어떻게 될지 모르는 다음 장면을 기대하게 만드는 준비 장면은 관객의 참여와 흥미를 유도하게 된다.

(3) 개연성

잘 쓰인 시나리오의 특징은 '결국 그럴 수밖에 없었다는 느낌'을 준다(Howard & Mabley, 심산 역, 1999). 플롯을 해결하기 위하여 만들어진 사건들이 스토리 내부에서 자연스럽게 흘러나온 것이 아니라면 관객은 그것을 받아들이지 않는다. 개연성(probability)이란 관객을 설득하기 위해 사건을 있을 법하게 만들기 위한 장치로서, 여기에는 어떤 인위적인 개입의 느낌도 드러나서는 안 된다. 〈괴물〉에서는 사소한 동작의 스토리텔링으로 나중에 생길 극적인 사건들에게 개연성을 부여한다. 다음의 예를 살펴보자.

강두의 넘어짐은 항상 사고를 가져온다. 특히 괴물에게 쫓기다가 넘어지는 행동은 내러티브에서 매우 중요한 계기가 되는데, 이때 강두는 엉뚱한 학생의 손을 현서의 손으로 착각하여 현서가 괴물에게 납치당하는 원인을 제공한다. 또한 아버지 희봉, 남동생 남일과

장면	외연	동작소	동작형태	내포
#Pb1. 집으로 돌아오는 현서를 보고 반갑게 뛰어가던 강두가 잔디밭에 넘어진다. 00:07:55		손짓, 다리의 움직임	다리가 꺾이면서 넘어진다. 두 손으로 잠시 땅을 짚지만 팔이 꺾이면서 땅에 꼬꾸라진다.	덤벙댐, 어리숙함
#Pb2. 남주의 경기가 흥미로워지자 더욱 경기를 집중해서 보기 위해 커튼을 치는 희봉. 00:12:14		손짓	팔을 약간 뒤로 뻗어 창문의 커튼을 잡고 앞으로 당긴다.	집중하기를 원함, 외부와의 차단

〈표 12.8〉 개연성을 위한 키네식 스토리텔링 분석

괴물을 추격하는 장면에서도 넘어지는 바람에 뒤늦게 허둥지둥 총을 쏘다가 자신의 총알이 하나 더 남아있다는 착각을 하게 되어 결국 아버지를 죽음으로 내몬다. 이렇게 중요한 사건과 연결되는 강두의 넘어짐이 앞서 나오는 강두의 덤벙거림과 넘어지는 장면으로 인해 공감이 된 상태이기 때문에, 어떤 경우라도 강두가 넘어질 수 있다는 개연성을 가지게 되는 것이다. 즉, 아무 장애물이 없는데도 혼자 넘어지는 #Pb1의 강두의 행동은 성격을 대변해주기도 하지만, 나중에 있을 중요한 순간에 넘어지는 것에 대해 관객이 납득할 수 있도록 해준다.

#Pb2도 역시 현서의 납치에 대한 개연성을 위한 장치이다. 남주의 경기를 보기 위해 커튼을 친 박희봉의 행위는 매점을 바깥 세계와 분리시킨다. 커튼이 쳐진 매점 안에서 TV를 보고 있는 현서와 희봉은 바깥에서 벌어지고 있는 일을 보지도 듣지도 못하는 상태가

되는 것이다. 이는 현서가 괴물이 설쳐대는 매점 밖으로 나가는 것에 대해 관객이 납득할 수 있는 개연성을 부여하는 장치가 되는 것이다.

3) 정서적 반응을 위한 키네식

관객의 정서적 반응을 이끌어내는 것은 성공적인 스토리텔링을 위한 토대가 된다. 스토리텔링은 청자와 화자 간의 상호작용이며, 그 자체가 유희이자 즐거움이기 때문이다. 지루하며 어떤 감동이나 반향도 일으킬 수 없는 스토리텔링은 관객에게 즐거움을 줄 수 없다. 다양한 장르의 스토리들은 관객을 매료시키기 위해 웃음, 감성, 비주얼, 액션 등 여러 가지 방법을 동원한다. 괴물이 관객의 정서적 반응을 이끌어내기 위해 전반적으로 사용하는 스토리텔링 장치는 유머와 감성이다. 희화화된 등장인물들의 소시민적 모습 위에 더해지는 가족애의 감성이 스토리텔링의 중심축이 되고 있다.

(1) 유머

유머(H: humor)가 꼭 필수적인 스토리텔링 장치는 아니지만, 이것은 관객을 즐겁게 해줌으로써 정서적으로 등장인물에게 호감을 갖게 하는 부대효과를 가져다준다. 특히 장편물의 스토리텔링에 있어서 자칫 지루함에 빠질 수 있는 심각한 상황의 연속이나 설명이 필요한 장면 등에서 유머는 그 진가를 발휘한다.

#H1은 등장인물들의 슬픔이라는 감정이 신체를 통해 유머러스하게 발현되고 있다. 서로 부둥켜안고 울다가 한꺼번에 넘어지고, 바닥에 너부러져 아무렇게나 울어대는 모습이나 딸 남주의 등이 훤하게 보이자 옷을 당겨서 감추는 희봉의 모습, 기자들이 카메라를

장면	외연	동작소	동작형태	내포
#H1. 괴물에게 살해당한 사람들의 합동분향소에 안치된 현서의 영정 앞에서 함께 오열하다 넘어져서 뒹구는 가족들 00:23:38		몸짓, 손짓	무릎을 꿇고 바닥에 엎드려 두 손 위에 머리를 얹음(강두, 남주). 팔을 뻗어 남주의 옷깃을 잡은 후 아래로 당김(희봉). 바닥에 앉아 한 팔은 바닥을 짚고 다른 손은 앞으로 휘저음(남일).	매우 슬픔 (강두, 남주), 당황, 부끄러움 (희봉), 짜증 (남일)
#H2. 현서가 살아 있다는 것을 경찰에게 설명해도 믿지 않자 핸드폰을 입에 넣었다 뺄으면서 상황을 설명하는 강두 00:37:14		손짓, 머리의 움직임	손으로 핸드폰을 집어 입으로 가져가서 입을 벌리고 넣었다가 다시 뺀다.	괴물이 현서를 삼켰다가 뱉었다는 사실, 답답함

〈표 12.9〉 유머를 위한 키네식 스토리텔링 분석

들이대자 울다가 갑자기 팔을 휘저으며 기자를 내쫓는 남일의 모습은 슬픔을 슬프게 표현하는 것보다 오히려 더 관객을 등장인물의 편에 서게 한다. 이 우스운 소시민적 몸짓들은 친근감을 통해 등장인물에 대한 자연스러운 흡입력을 높여준다.

#H2의 강두의 몸짓으로 인한 유머는 두 가지 스토리텔링을 위한 장치이다. 한 가지는 설명이라는 부분에 대한 스토리텔링, 또 다른 한 가지는 사건을 더 얽히게 만드는 갈등의 스토리텔링이다. 현서가 괴물에게 먹혔지만 아직 살아있다는 설명하려 하지만 경찰이 믿어주지 않는 상황에서 강두는 조리 있게 설명을 하지 못하고 우물쭈물대다 결국 답답한 마음에 몸으로 설명을 해준다. 이것은 문맥상으로는 무식한 박강두가 조리 있는 설명을 못 해서 대체적으로 취하는 행동이지만, 관객의 입장에서는 어차피 다 아는 사실을 등장인물이 대사로서 설명하는 것보다 훨씬 재미있는 장면이 된다. 그리고

이 몸짓으로 인해 경찰과 의사는 오히려 강두가 정신병자라는 결론을 내림으로써 갈등을 더 조장하고 상황을 복잡하게 만드는 요소가 된다.

(2) 정서적 임팩트

정서적 임팩트(I: emotional impact)는 등장인물의 상황, 감정에 몰입하도록 유도함으로써 관객의 감성을 자극하는 장치이다. 대부분 클로즈업으로 인물의 표정이나 제스처를 크게 잡아내거나 슬로모션으로 느리고 세밀하게 잡아내는 식의 비주얼을 사용한다. 정서적 임팩트가 강한 장면은 관객의 몰입을 최대한 끌어내기 위한 장면이므로 스토리에서 가장 중요한 장면임에 틀림없다. 가장 효과적인 장면들은 대사보다는 행동으로 이루어진 경우가 많다. 체험은 들어서 알게 되었을 때보다 보아서 알게 되었을 때 더 강렬한 것이 되기 때문이다. 다음 예를 살펴보자.

#I1, I2는 각각 현서의 납치와 희봉의 죽음이라는 중대사건의 정점이다. 이러한 정점의 장면에서 몰입을 최대한으로 유도해내기 위해 음악도 없이 연출된 〈표 12.10〉의 시선과 손짓은 관객에게 등장인물의 감정과 상황에 대한 강한 임팩트를 느끼게 한다. #I1에서의 강두의 시선과 손짓은 딸의 위급한 상황을 보고 얼어버린 아버지의 충격에 몰입하도록 유도한다. 이러한 임팩트는 후에 올 강두의 절규를 더 안타까운 것으로 만들어준다. #I2는 희봉의 죽음 직전에 아들을 돌아보며 손짓하는 모습이다. 강두가 총알이 한 발 남았다며 내민 총을 받아들고 괴물을 죽이려고 용감하게 나섰다가 총알이 남아 있지 않음을 깨달은 희봉은 오히려 아들에게 어서 도망가라는 손짓을 한다. 이 손짓은 아들의 실수를 탓하지 않고 죽음을 담담하게

장면		외연	동작소	동작형태	내포
#11. 강두가 실수로 다른 아이의 손을 잡고 뛰다가 뒤돌아보니 현서 뒤에 괴물이 다가와 있다.	00:19:10		시선, 손짓	시선을 고정시키고 팔을 앞으로 뻗어 검지로 가리킨다.	충격
#12. 총알이 없음을 알아차리고는 뒤돌아 강두에게 도망가라고 손짓한다.	01:04:32		손짓	팔을 어깨 위로 들고 손바닥을 아래로 향하여 앞뒤로 흔든다.	어서 도망가라, 부성애

〈표 12.10〉 정서적 임팩트를 위한 키네식 스토리텔링 분석

받아들이는 부성애에 대한 감성적 표현으로써, 희봉의 죽음을 슬퍼하는 강두의 울먹임과 맞물려 관객에게 강한 임팩트를 주는 장치로 사용된다.

키네식 스토리텔링 유형별 동작소

본 연구에서는 이러한 키네식 스토리텔링이 담화 장치로서 어떤 역할을 하며 어떤 식으로 사용되고 있는지 인물 연출의 측면, 유기적 내러티브의 측면, 정서적 반응의 측면으로 구분하여 살펴보았다. 키네식 스토리텔링 유형별 동작소 분석 결과는 〈표 12.11〉과

키네식 스토리텔링 유형	동작소
성격묘사	시선 1, 손짓 2, 다리의 움직임 1, 자세 3
감정표현	시선 2, 손짓 2, 몸짓 3, 머리의 움직임 1, 다리의 움직임 1, 자세 1
심리묘사	손짓 1, 자세 1
복선	시선 3, 손짓 3, 몸짓 1
준비	시선 3, 손짓 2, 몸짓 1, 자세 1
개연성	손짓 2, 다리의 움직임 1
유머	손짓 2, 몸짓 1, 머리의 움직임 1
정서적 임팩트	시선 1, 손짓 2

〈표 12.11〉 키네식 스토리텔링의 유형별 동작소 분석 결과

같이 나타난다.

분석 결과를 정리하면 첫째, 인물의 연출을 위한 키네식 스토리텔링 유형은 성격묘사, 감정표현, 심리묘사로 구분할 수 있다. 관객이 감정이입을 할 수 있는 등장인물의 실감 나는 묘사를 위해서 괴물에서는 자고 있는 자세, 환영의 손짓, 넘어지는 동작 등의 키네식을 통해 관객에게 자연스럽게 인물의 성격과 특성을 인지하도록 하고 있었으며, 자세의 사용이 가장 두드러졌다. 내러티브를 이끄는 등장인물의 감정 처리는 몸짓을 통한 표현이 많았다. 기쁨, 허탈감, 실망, 화냄 등 다양한 감정은 그것을 드러내는 전형적인 몸짓들과 함께 사용되고 있다. 스토리에의 몰입을 증대시키는 기능을 하는 심리묘사의 경우는 자세와 손짓의 키네식이 등장인물의 내면을 간접적으로 표출하는 장치로 쓰이고 있었다.

둘째, 유기적 내러티브를 위한 키네식 스토리텔링 유형은 복선, 준비, 개연성으로 구분할 수 있다. 이는 관객의 참여를 끌어내는 장치들로서, 이를 통해 관객은 스토리에 동참하는 즐거움을 느끼게 된다. 괴물에서 앞으로 일어날 사건을 미리 암시하는 복선의 키네

식은 손짓, 시선, 몸짓을 통해 드러나고 있으며, 특히 손짓의 사용이 두드러짐을 볼 수 있었으며, 시선도 중요한 역할을 하고 있었다. 스토리에 대한 관객의 체험을 고조시키는 또 다른 장치인 준비는 바로 뒤따르는 드라마틱한 장면을 관객이 준비하도록 하는 것으로 괴물에서는 손짓, 몸짓, 시선, 자세가 사용되고 있었고, 특히 시선이 많이 사용되고 있었다. 이는 등장인물들의 시선을 통해 앞으로 있을 사건에 대한 호기심을 가지게 하고 예상하게 하기 위한 것으로 볼 수 있다. 사소한 동작인 듯하지만 나중에 생길 극적인 사건들에 필연성을 부여하는 개연성의 장치들은 손짓과 다리의 움직임을 통한 키네식으로 나타나고 있었다.

셋째, 정서적 반응을 위한 키네식 스토리텔링은 유머와 정서적 임팩트로 구분할 수 있다. 이 스토리텔링은 관객의 감성을 자극하여 스토리에의 공감과 감동을 이끌어내기 위한 장치이다. 심각한 상황의 연속이나 지루하기 쉬운 설명 장면에서 관객을 즐겁게 해줌으로써 공감의 정서적 반응을 이끌어내는 유머는 몸짓, 손짓, 자세, 머리의 움직임 등 신체의 전체적인 움직임을 통해 드러나고 있었다. 그리고 등장인물의 상황, 감정에 몰입하도록 관객의 감성을 자극하는 정서적 임팩트를 위한 키네식은 손짓, 시선이 쓰였음을 알 수 있다.

동작소 유형별로 표현 횟수를 분석한 결과는 〈표 12.12〉와 같다. 손짓이 키네식 스토리텔링에서 가장 많이 쓰이고 있는 동작소이며, 그 다음으로 시선 및 자세, 몸짓, 머리와 다리의 움직임 순으로 나타

〈표 12.12〉 동작소 유형별 표현 횟수 분석결과

동작소 유형	시선	손짓	몸짓	머리의 움직임	다리의 움직임	자세
표현 횟수	10	15	6	2	2	6

났다. 이는 키네식 스토리텔링 장치로써 손짓이 가장 효과적이라는 것을 의미하는 결과이다.

앞서 살펴본 바와 같이 키네식 스토리텔링은 상당수가 비언어적 요소로 표현되는 영상 이미지의 스토리텔링의 분석에 있어서 매우 용이한 개념이다. 이야기를 창조하고 표현하고 향유하는 모든 단계에서 비언어적 요소의 적절한 인지능력이 없다면, 스토리텔링이라는 즐거운 유희도 아무런 의미 없는 발화에 그치고 말 것이다. 서사행위에 있어서 중요한 스토리텔링 장치가 될 수 있는 키네식의 유형을 알고 제대로 표현하는 것은 스토리텔링을 의미 있는 행위로 만들어준다.

이 글은 키네식 스토리텔링의 기본적인 세 가지 유형을 제시하고 하위분류로 여덟 가지 유형의 스토리텔링 장치를 제시하였으며, 키네식 분석을 위한 모형을 제시했다는 의의를 가진다. 앞으로 본 연구의 결과를 바탕으로 다양한 콘텐츠와 장르에서의 키네식 유형에 대한 분석을 넓혀나가고, 이를 보편적인 모형으로 구축하는 것이 남겨진 과제라 할 것이다.

참고문헌

강주현(2008). "해외 다문화사회 통합사례 연구: 덴마크 사례를 중심으로". 《다문화사회연구》 1-1, 숙명대학교 다문화통합연구소.

강상대(2007). "도시 정체성 구현을 위한 스토리텔링 적용 시론: 천안시를 중심으로". 《인문콘텐츠》 10, 인문콘텐츠학회.

강숙희(2007). "디지털 스토리텔링을 이용한 독서지도 방안 연구". 《한국문헌정보학회지》 41-1, 한국문헌정보학회.

강진숙(2005). "미디어 능력의 개념과 촉진사례 연구". 《韓國言論學報》 49-3, 한국언론학회.

강휘원(2006). "한국 다문화사회의 형성요인과 통합정책". 《중앙행정논집》 20-2, 중앙대학교 국가정책연구소.

강심호(2005). 《디지털 에듀테인먼트 스토리텔링》. 살림출판사.

권오경(2006). "한국어교육에서의 한국문화교육의 방향". 《어문론총》 45, 한국문학언어학회.

경실련도시개혁센터(2006). 《알기 쉬운 도시 이야기》. 도서출판 한울.

고영근(1999). 《텍스트이론: 언어문학통합론의 이론과 실제》. 아르케.

곽정연(2006). "효과적인 디지털 스토리텔링을 위한 인쇄매체와 영상매체의 심리묘사 비교연구". 《獨逸文學》 97, 韓國獨語獨文學會.

구성욱(2006). "디지털 스토리텔링을 적용한 체험적 기업 전시관 디자인에 관한 연구". 홍익대학교 석사학위논문.

국립문화재연구소(2003). 《은율탈춤》.

국토연구원(2001). 《공간이론의 사상가들》. 도서출판 한울.

_____(2005). 《현대 공간이론의 사상가들》. 도서출판 한울.

권혁진(2007). "지방화시대와 지역교육". 《한자 한문교육》 18, 한자한문교육학회.

권혁일(2008). "디지털 스토리텔링이 초등학생의 수학 학업성취도 및 태도에 미치는 효과". 《교육과학연구》 39-34, 이화여자대학교 교육과학연구소.

김광욱(2008). "스토리텔링의 개념". 《겨레어문학》 41, 겨레어문학회.

_____(2010). "설화를 활용한 공간 스토리텔링 방안 연구: 제주 남부 해안도로 사례를 중심으로". 《한국고전연구》 21, 한국고전연구학회.

김기혁(2009). "마을연구에서의 지도의 활용". 《한국학중앙연구원 제3기 향토문화아카데미 자료집》, 2009.

김동윤(2007). "도시공간에 관한 인문학적 담론 구성 시론 I". 《기호학연구》 22, 한국기호학회.

김만수 · 육상효(2010). "협업적 디지털 스토리텔링 구축을 위한 인문학적 이론 토대". 《한국문학이론과 비평》 14-1, 한국문학이론과 비평학회.

김명혜(2007). "고전시가와 스토리텔링". 《溫知論叢》 16, 온지학회.

김미례 · 박수진(2006). "웹 뮤지엄에서 디지털 스토리텔링 유형분석을 위한 평가모형 개발 및 적용 연구". 《디자인학연구》 64, 한국디자인학회.

김기하(2008). "사회통합을 위한 법의 역할: 국내 체류외국인 정책". 《저스티스》 106, 한국법학원.

김미희 · 안옥선 · 안윤수 · 장환희(2008). "향토자원 산업화 유형분류에 따른 사업추진 프로세스 개발". 《한국지역사회생활과학회 학술대회 자료집》, 한국지역사회생활과학회.

김범철(2008). "충청지역의 선사유적 조사와 역사교육". 《역사와 담론》 50, 호서사학회.

김복래(2009). "프랑스, 영국, 미국의 다문화주의에 대한 비교고찰: 삼국의 이민 통합 정책을 중심으로". 《유럽연구》 27-1, 한국유럽학회.

김성도(2007). "도시브랜딩의 기호학적 접근". 《텍스트언어학》 23, 텍스트언어학회.

김성도 · 박상우(2006). "서울의 공간적 의미작용에 대한 기호학적 시론". 《기호학연구》 19, 한국기호학회.

김세익 · 최혜실(2010). "주거공간의 스토리텔링 적용에 관한 연구". 《인문콘텐츠》 19, 인문콘텐츠학회.

김세정(2003). "텍스트의 정보성". 《번역학연구》 4-2, 한국번역학회.

김세훈(2006). "다문화사회의 문화정책". 《한국행정학회 학술대회 발표논문집》, 한국행정학회.

김영순(2004). "도시공간의 기호학: 내시경과 외시경적 관찰". 철학아카데미. 《공간과 도시의 의미들》. 소명출판사.

_____(2008). "도시공간에서 이야기 만들기: 도시와 인간 소통의 미적 체험". 《제2회 AURI 인문학 포럼 자료집》, 건축도시공간연구소.

_____(2010a). "공간 텍스트의 사회문화적 재구성과 공간 스토리텔링". 《인문콘텐츠》 19, 인문콘텐츠학회.

_____(2010b). "다문화주의와 다문화교육의 은밀한 동거는 가능한가". 《2010년 한국

언어문화교육학회 제12차 전국학술대회》, 한국언어문화교육학회.

_____(2010c). "지역문화를 기반으로 한 공간 스토리텔링". 《인문콘텐츠 2010 여름학 술대회 자료집》, 인문콘텐츠학회.

김영순 · 김미라(2010). "다문화 미디어교육을 위한 기호학적 교수모형: 애니메이션 〈라 따뚜이〉를 중심으로". 《미디어교육연구》.

김영순 · 김정은(2004). "7차 〈사회 · 문화〉 교과서의 문화교육 내용 분석". 《중등교육연 구》 52-2, 경북대학교 중등교육연구소.

_____(2005a). "글로벌 시대를 위한 한국문화교육 내용 검토". 《한국언어문화교육학회 2005 가을 전국 학술대회》. 한국언어문화교육학회.

_____(2005b). "봉산탈춤 노장과장에 나타난 비언어적 의사소통연구". 《언어와 문화》 1, 한국언어문화교육학회.

_____(2006a). "문화콘텐츠를 활용한 지역문화 교육방안 연구". 《인문콘텐츠》 7, 인문 콘텐츠학회.

_____(2006b). "신체특성과 신체 접촉의 기호화용론적 구조: 봉산탈춤의 노장과장을 중심으로". 《한국언어문화》 9, 한국언어문화학회.

김영순 · 백승국(2006). "텍스트로서 공간 '대형마트'의 기호학적 읽기". 《기호학연구》 19, 한국기호학회.

김영순 · 신규리(2007). "춘천의 여가공간 마케팅과 도시브랜딩: 문화경영학적 접근". 《제3회 국제여가 심포지엄 자료집》. 2010 월드레저총회 및 경기대회.

김영순 · 오세경(2010). "지역문화교육을 위한 지명 유래 전설의 스토리텔링 사례 연구: 인천 검단 여래마을을 중심으로". 《문화예술교육연구》 5-1, 한국문화교육학회.

김영순 · 윤희진(2010a). "향토문화자원의 스토리텔링 과정에 관한 연구: 인천시 서구 검단의 황곡마을을 중심으로". 《인문콘텐츠》 17, 인문콘텐츠학회.

_____(2010b). "다문화시민성 함양을 위한 스토리텔링 활용 문화교육 방안". 《언어와 문화》 6-1, 한국언어문화교육학회.

김영순 · 임지혜(2008). "텍스트로서 '춘천'의 공간 스토리텔링 전략: 여가도시로의 의미 화를 중심으로." 《언어과학연구》 44, 언어과학회.

_____(2010). "디지털 마을지 제작과정에 관한 연구: 인천 서구 검단을 중심으로". 《언 어와 문화》 6-3, 한국언어문화교육학회.

김영순 · 정미강(2007a). "영상 읽기를 위한 키네식 스토리텔링에 관한 연구: 영화 〈괴 물〉의 비언어 기호를 중심으로". 《한국언어문화》 32, 한국언어문화학회.

_____(2007b). "한국문화교육을 위한 '은율탈춤' 스토리텔링 교수법". 《언어와 문화》. 한국언어문화교육학회.

_____(2008). "공간 텍스트로서 '도시'의 스토리텔링 과정 연구". 《텍스트언어학》 24, 텍스 트언어학회.

김영옥(2002). "유아 다문화교육 프로그램 모델 개발 연구". 《幼兒教育學論集》 6-2, 중앙유아교육학회.

김영주(2008). "국어교육, 전래동화 스토리텔링을 활용한 한국어교육 방안: 다문화 및 재외동포 가정 아동을 대상으로". 《새국어교육》 80, 한국국어교육학회.

김옥일 · 채경진 · 박광국(2009). "다문화정책의 전략적 우선순위에 관한 탐색적 연구: 기초자치단체 다문화정책을 중심으로". 《한국사회와 행정연구》 20-2, 서울행정학회.

김왕근(1999). "세계화와 다중 시민성 교육의 관계에 관한 연구". 《시민교육연구》 28, 한국사회과교육학회.

김왕배(2000). 《도시, 공간, 생활세계》. 도서출판 한울.

김용찬(2008). "서유럽국가 이주민 통합정책의 수렴 경향에 관한 연구: 영구, 프랑스, 독일 사례분석". 《대한정치학회보》 16-1, 대한정치학회.

김우룡 · 장소원(2004). 《비언어적 커뮤니케이션》. 나남출판.

김원섭(2008). "여성 결혼 이민자 문제와 한국의 다문화정책: '다문화가족 지원법'의 한계와 개선방안". 《한국민족연구논집》 36, 한국민족연구원.

김일출(1958). 《조선민속탈놀이 연구》. 한국문화사.

김재춘 · 배지현(2009). "의미생성 활동으로서의 스토리텔링의 교육적 함의". 《초등교육연구》 22, 한국초등교육학회.

김정숙(1997). "한국어 숙달도 배양을 위한 한국문화 교육방안". 《교육한글》 10, 한글학회.

김정희(2007). "멜로영화 콘텐츠의 스토리텔링 전략 분석". 《인문콘텐츠》 10, 인문콘텐츠학회.

김종구(1998). "플롯론 · 서사구조론의 전개양상과 소설시학". 《한국문학이론과 비평》 2, 한국문학이론과 비평학회.

김종태(2010). "박찬욱 감독의 〈올드 보이〉에 나타난 스토리텔링 전략 연구". 《돈암어문학》 23, 돈암어문학회.

김중순(2010). 《문화의 이해와 다문화교육》, 소통출판사.

김지수(2006). "스토리텔링을 기반으로 한 애니메이션 스토리보드 제작에 관한 연구". 《한국콘텐츠학회논문지》 6-3, 한국콘텐츠학회.

김지하(2004). 《탈춤의 민족미학》. 실천문학사.

김창근(2009). "다문화 공존과 다문화주의". 《윤리연구》 73, 한국윤리학회.

김포군지편찬위원회(1991). 《김포군지》.

김향인(2001). "내러티브 스토리텔링을 통한 초등도덕교육". 《초등도덕교육》 7, 한국초등도덕교육학회.

김해영(2009). "연변조선족자치주 민족사교육과 디지털 스토리텔링의 적용". 《比較教育研究》 19-3, 한국비교교육학회.

김현(2007). "한국향토문화전자대전 콘텐츠 제작 프레임워크 개발 연구".《인문콘텐츠》 9, 인문콘텐츠학회.

김현영(2004). "스토리텔링의 후속활동이 초등학생들의 영어능력향상에 미치는 영향". *Studies in English Education 9*, 글로벌영어교육학회.

김현민 · 김유미 · 박지현(2008). "다문화사회의 정책적 이슈에 대한 고찰".《한국행정학회 학술대회 발표논문집》, 한국행정학회.

김현덕(1997). "한국에서의 세계교육 발전방안에 관한 연구".《敎育學硏究》 35-3, 한국교육학회.

노재현(2009). "〈이산구곡가〉를 활용한《마이승경》의 스토리텔링 전략".《한국전통조경학회지》 27-1, 한국전통조경학회.

노베르그 슐츠(1996).《장소의 혼》. 민경호 외 역. 태림문화사.

데이비드 버킹엄(2004).《미디어교육》. 기선정 · 김아미 역. jNBook.

류수열 외(2007).《스토리텔링의 이해》. 글누림.

류현주(2005). "디지털 스토리텔링 시대의 내러티브".《현대문학이론연구》 24, 현대문학이론학회.

르네 디르벵(1999).《언어와 언어학: 인지적 탐색》. 이기동 외 역. 한국문화사.

문재철(2004). "현대영화에서 내러티브와 스펙터클의 관계: 공상과학영화의 특수효과와 관객성을 중심으로".《문학과 영상》 5, 문학과영상학회.

문혜성(2004).《미디어교육학》. 한국방송영상산업진흥원.

_____(2006).《미디어교수법》. 한국방송영상산업진흥원.

민현석(2010). "스토리텔링을 통한 옛길 가꾸기 방안 연구".《대한건축학회논문집: 계획계》 26-2, 대한건축학회.

민현식(1996). "국제 한국어교육을 위한 국어 문화론의 내용구성 연구".《한국말 교육》 7, 국제한국어교육학회.

박기수(2003). "한국 캐릭터 서사의 활성화 방안 연구:〈마시마로〉의 서사를 중심으로".《한국언어문화》 23, 한국언어문화학회.

_____(2004).《애니메이션 서사구조와 전략》. 논형.

_____(2007). "문화콘텐츠 스토리텔링의 생산적 논의를 위한 네 가지 접근법".《한국언어문화》 32, 한국언어문화학회.

_____(2011). "소설〈해리포터 시리즈〉스토리텔링 전략 연구".《한국언어문화》 42, 한국언어문화학회.

박광국(2005). "부천시 문화산업 클러스터 발전전략에 관한 연구: 만화산업을 중심으로".《지방정부연구》 9-3, 한국지방정부학회.

박동숙 · 전경란(2001). "상호작용 내러티브로서의 컴퓨터 게임 텍스트에 대한 연구".《韓國言論學報》 45-3, 한국언론학회.

박면진 · 김규정(2009). "인터랙티브 테마 박물관을 위한 디지털 스토리텔링 서비스 시스템 연구". 《기초조형학연구》 10-1, 한국기초조형학회.

박명숙(2009). "칙릿드라마의 스토리텔링 연구: 〈달콤한 나의 도시〉를 중심으로". 《배달말》 44, 경상대학교 배달말학회.

박민수 외(2007). 《춘천문화유산답사기》. 도서출판 전통과 현대.

박상진(2001). "희망의 공간을 향하여: 개인의 윤리적 실천과 공동체". 《인문언어》 1, 국제언어인문학회.

박상진(2003). 《에코 기호학 비판》. 열린책들.

박선영(1999). "정보사회에서의 교육과 한국문화의 정체성". 《교육철학》 21, 교육철학회.

박선자(2007). "인터랙티브 스토리텔링을 기반으로 한 체험공간 디자인". 이화여자대학교 석사학위논문.

박성수 · 이희승(2007). "영화 〈형사〉에 이입된 타매체적 특성을 통한 상호매체성에 관한 고찰". 《언론과학연구》 7-2, 한국지역언론학회.

박세원(2006). "초등학생의 도덕적 자기 정체성 형성을 돕는 성찰적 스토리텔링 활용방법". 《교육학논총》 27-2, 대경교육학회.

박여성(1995). "간텍스트성의 문제: 현대독일어의 실용텍스트를 중심으로". 《텍스트언어학》 3, 한국텍스트언어학회.

_____(2007). "베를린 슈프레보겐의 통시기호학". 《기호학연구》 22, 한국기호학회.

박영순(1989). "제2언어 교육으로서의 문화교육". 《이중언어학회지》 6, 이중언어학회.

_____(2002). 《한국어교육을 위한 한국문화론》. 한국문화사.

박인철(2001). "영화 이야기에서 서술 기원의 문제". 《불어불문학연구》 46, 한국불어불문학회.

박지선(2007). "프랑스 테마파크 콘텐츠 현황과 기획의 스토리텔링 체계". 《한국프랑스학논집》 59, 한국프랑스학회.

박채복(2008). "한국 이주자 사회통합 정책의 방향과 과제". 《한국동북아논총》 46, 한국동북아학회.

박한식 · 박용순 · 고동완(2009). "관광프로그램 개발의 스토리텔링 적용 사례: 김삿갓 방랑 서사구조 중심". 《관광학연구》 33-2, 한국관광학회.

박한준(2009). 《黔丹의 歷史와 文化》. 인천서구향토문화연구소.

백선혜(2004). "소도시의 문화예술축제 도입과 장소성의 인위적 형성". 《대한지리학회지》 29-6, 대한지리학회.

백승국(2004). 《문화콘텐츠와 문화기호학》. 다할미디어.

_____(2006). "광고콘텐츠의 스토리텔링 전략-국순당 광고의 기호학적 분석". 《텍스트언어학》 20, 텍스트언어학회.

백승국 · 유동환(2007). "테마파크 기획을 위한 공간기호학적 방법론 연구". 《기호학연구》 23, 한국기호학회.

백승국 · 이미정(2006). "지역문화교육을 위한 콘텐츠 개발과 활용방안". 《중등교육연구》 54-2, 경북대학교 중등교육연구소.

변성구(2002). "국어과에서의 제주문화 정체성 교육". 《백록논총》 4-2, 제주대학교 사범대학.

변재상(2005). "도시경관 및 이미지 향상을 위한 랜드마크 형성모델". 서울대학교 박사학위논문.

베르너 크뢰버 릴(2005). 《영상 커뮤니케이션》. 조창연 역. 커뮤니케이션북스.

보그랑데 · 드레슬러(1991). 《담화 · 텍스트언어학 입문》. 김태옥 · 이현호 역. 양영각.

서곡숙(2007). "1960년대 후반기 한국 패러디영화의 스토리텔링 분석". 《영화연구》 31, 한국영화학회.

서성은(2011). "크로스미디어 스토리텔링의 온라인 구전 양상". 《한국콘텐츠학회논문지》 11-1, 한국콘텐츠학회.

성기문 · 류주희(2006). "장소 특성을 반영하는 다니엘 뷔랭의 인 시튜 작업 연구". 《대한건축학회논문집-계획계》 22-2, 대한건축학회.

성기철(2001). "한국어교육과 문화교육". 《한국어교육》 12, 국제한국어교육학회.

성민경 · 김종기(2002). "스토리텔링 기법을 적용한 영화 Opening Title 표현에 관한 연구". 《디자인학연구》 46, 한국디자인학회.

손병모 · 김동수(2011). "관광 스토리텔링 선택속성이 관광객 만족 및 충성도에 미치는 영향". 《한국콘텐츠학회논문지》 11-2, 한국콘텐츠학회.

손세관(1990). "주거의 의미에 관한 현상학적 고찰". 《大韓建築學會論文集》 6-2, 대한건축학회.

송정란(2006). 《스토리텔링의 이해와 실제》. 문학아카데미.

스가야 아키코(2001). 《미디어 리터러시》. 안해룡 · 안미라 역. 커뮤니케이션 북스.

신경숙 · 김지혜(2008). "고전 소스의 스토리텔링 기법 연구". 《漢城語文學》 27, 한성대학교 한성어문학회.

심보선(2007). "온정주의 이주노동자 정책의 형성과 변화: 한국의 다문화정책을 위한 시론적 분석". 《담론 201》 10-2, 한국사회역사학회.

신선희(2006). "디지털 스토리텔링과 고전문학". 《한국고전연구》 13, 한국고전연구학회.

안경식 외(2008). 《다문화교육의 현황과 과제》. 학지사.

안상욱 · 김대업 · 이소라 · 박지선(2009). "치유의 도시 금산 힐링로드를 가다: 금산 강처사 스토리텔링". 《한국관광학회 학술대회 발표논문집》. 한국관광학회.

안승범 · 최혜실(2010). "공간 스토리텔링을 적용한 테마파크 기획 연구: 포항 '연오랑세오녀 테마파크'를 중심으로". 《인문콘텐츠》 17, 인문콘텐츠학회.

안현정(2008). "쇼핑 공간 디자인의 스토리텔링에 관한 연구". 《기초조형학연구》 9-6, 한국

기초조형학회.

양종승(2004). 《강령탈춤 자료집》. 민속원.

에드워드 렐프(2005). 《장소와 장소상실》. 김덕현·김현주·심승희 역. 논형.

오장근(2007). "텍스트-기호학적 도시공간 리터러시와 문화브랜딩". 《언어과학연구》 43, 언어과학회.

우평균(2008). "다문화 공생사회에서의 국적 개념의 의의와 각국의 정책". 《한국국제정치학회 학술대회 발표논문집》. 한국국제정치학회.

원숙연(2008). "다문화주의 시대 소수자 정책의 차별적 포섭과 배제: 외국인 대상 정책을 중심으로 한 탐색적 접근". 《한국행정학보》 42-3, 한국행정학회.

유네스코아시아 태평양국제이해교육원(2008). 《다문화사회의 이해: 다문화교육의 현실과 전망》. 동녘.

이규목(1988). "인간과 환경의 관계에 대한 현상학적 접근방법연구". 《大韓建築學會論文集》 4-1, 대한건축학회.

이대영·성정환(2008). "스토리텔링 유저인터페이스의 이론과 형태연구". 《한국게임학회논문지》 8-3, 한국게임학회.

이도흠(2003). "현대기호학의 새로운 흐름과 전망". 《한국학 논집》 19, 고려대학교 한국학연구소.

이동언(1999). "맥락주의를 건축이론화 하기 위한 시도(1)". 《건축역사연구》 19, 한국건축역사학회.

이문희(2003). "국어교육과정의 문화교육 반영 연구". 《국어교과교육연구》 6, 국어교과교육학회.

이미재(2004). "초등영어 수업에서 스토리텔링 지도법". 《東皐學論叢》 4, 水原大學校東皐學研究所.

이상민(2009). "사회문화예술교육 프로그래밍에 있어서 스토리텔링 기법 적용에 관한 연구: 노인 연극을 중심으로". 《예술경영연구》 15, 한국예술경영학회.

이석규 외(2001). 《텍스트언어학의 이론과 실제》. 박이정.

이석주(2000). "신체 언어와 의사 전달". 《국어교육》 101, 한국어교육학회.

이성순(2008). "이민자의 사회통합 프로그램 이수제 도입에 관한 고찰". 《다문화사회연구》 1-1, 숙명여자대학교 다문화통합연구소.

이수정(2007). "다문화사회의 통합을 위한 인문학적 이슈 개발: 다문화 공생을 위한 제도적 지원". 《人文論叢》 15, 경기대학교 인문과학연구소.

이승호(2004). "組織의 스토리텔링의 槪念과 事例에 관한 研究". 서경대학교 석사학위논문.

이용욱·김인규(2010). "게임스토리텔링의 재미요소와 기제분석에 대한 기초 연구". 《인문콘텐츠》 18, 인문콘텐츠학회.

이용일(2007). "이민과 다문화사회로의 도전: 독일의 이민자 사회통합과 한국적 함의". 《西洋史論》 92, 한국서양사학회.

이인숙(2005). "영화 사이트에 있어서의 인터랙티브 스토리텔링에 관한 연구". 《기초조형학연구》 6, 한국기초조형학회.

이인화 외(2003). 《디지털 스토리텔링》. 황금가지.

이인화(2005). 《한국형 디지털 스토리텔링》. 살림출판사.

이정윤(2010). "애니메이션 스토리텔링의 구조기호학적 분석에 관한 연구: 캐릭터의 기호체계를 중심으로". 《조형미디어학》 13-4, 한국일러스트학회.

이재원(2001). "드 보그랑데/드레슬러(1981)의 텍스트성에 대한 비판적 고찰". 《텍스트언어학》 11, 한국텍스트언어학회.

이지하(2009). "대하소설의 문화콘텐츠화에 대한 전망". 《語文學》 103, 한국어문학회.

이종열(2008). "다문화정책과 민주주의: 미국 사례". 《한국행정학회 학술대회 발표논문집》, 한국행정학회.

이찬 · 윤현숙(2007). "장 누벨 작품 공간에 나타나는 맥락적 특성에 관한 연구". 《디자인학 연구》 69, 한국디자인학회.

이-푸 투안(1995). 《공간과 장소》. 정영철 역. 태림문화사.

이해준(2002). "지역문화콘텐츠-소프트웨어 개발과 문화관광". 《한국관광학회 학술대회 발표논문집》. 한국관광학회.

이혜경(2007). "이민정책과 다문화주의: 정부의 다문화정책 평가". 《한국사회학회 연구보고서》, 한국사회학회.

이혜경(2009). "다문화가족 지원정책의 유형화에 관한 연구". 《한국가족복지학》 25, 한국가족사회복지학회.

인하대학교박물관(2007). 《文化遺蹟分布地圖》. 인하대학교.

임동권(1978). "향토문화 개발의 의의: 향토문화개발과 보전". 《地方行政》 27-298, 대한지방행정공제회.

임옥규(2010). "문화콘텐츠로서 남북 역사소설 활용방안". 《한민족문화연구》 34, 한민족문화학회.

임재해(1999). 《하회탈 하회탈춤》. 지식산업사.

_____(2001). "설화의 쓰임새가 놀랄 만큼 달라지고 있다". 김명자 외. 《민속문화, 무엇이 어떻게 변하는가》. 집문당.

장미영(2004). "소설의 문화원형콘텐츠화 방안". 《한국문학이론과 비평》 24, 한국문학이론과 비평학회.

장진태(2006). "디지털 스토리텔링을 활용한 영어교육 온라인 콘텐츠 개발". *Multimedia Assisted Language Learning 9-3*, 한국멀티미디어언어교육학회.

전경란(2010). "한국 디지털게임 학술연구의 동향과 특징". 《인문콘텐츠》 18, 인문콘텐츠학회.

전경욱(2004). 《봉산탈춤》. 현암사.

전명숙(2007). "스토리텔링을 활용한 관광 콘텐츠 사례연구". 《한국콘텐츠학회 추계종합학술대회》 5-1, 한국콘텐츠학회.

전영권(2010). "대구 신천과 금호강 일대의 문화지형 발굴과 스토리텔링 구성". 《한국지형학회지》 17-3, 한국지형학회.

전종한 · 서민철 · 장의선 · 박승규(2008). 《인문지리학의 시선》. 논형.

전현주(2008). "Storytelling의 표현기법을 적용한 '대학로 문화공간' 활성화 방안 디자인에 관한 연구". 홍익대학교 석사학위논문.

정미강 · 김영순(2007). "영상 읽기를 위한 키네식 스토리텔링에 관한 연구: 영화 〈괴물〉의 비언어 기호를 중심으로". 《한국언어문화》 32, 한국언어문화학회.

정미라 · 이희선 · 노은호(2004). "유아교육기관의 지역사회 문화교육 실시 현황과 교사의 인식". 《幼兒敎育硏究》 24-1, 한국유아교육학회.

정삼철(2006). "충북지역 향토문화산업 육성방안". 《충북연》 8, 충북개발연구원.

정수현(2008). "글로벌시대의 문화전략과 한국적 스토리텔링 개발". 《한국문예 비평연구》 25, 한국현대문예비평학회.

정우락(2005). "영남지역의 유교문화와 그 교육과정에 대한 모색". 《퇴계학과 한국문화》 37, 경북대학교 퇴계학연구소.

정창권(2008). 《문화콘텐츠 스토리텔링》. 북코리아.

정희라(2007). "유럽과 미국에서의 이민자 통합: 영국의 자유방임식 다문화주의 -영국적 전통과 이민자 통합-". 《梨花史學硏究》 35, 이화사학연구소.

조은하(2006). "인터렉티브 스토리텔링". 《구보학보》 1, 구보학회.

_____(2007). "디지털 스토리텔링". 《한국근대문학연구》 15, 한국근대문학회.

조정래(2004). "소설과 영화의 서사론적 비교 연구: 이미지와 서술". 《현대문학의 연구》 22, 한국문학연구학회.

조철기(2005). "지리교과를 통한 시민성 교육의 내재적 정당화". 《대한지리학회지》 40-4, 대한지리학회.

조항록(1998). "한국어 고급과정 학습자를 위한 한국문화 교육방안". 《한국어교육》 9, 국제한국어교육학회.

조항록(2000). "초급단계에서의 한국어교육과 문화교육". 《한국어교육》 11, 국제한국어교육학회.

존 레니에쇼트(2001). 《문화와 권력으로 본 도시 탐구》. 이현욱 외 역. 한울.

주경철(2007). "유럽과 미국에서의 이민자 통합: 다문화주의에서 '문화전쟁'으로 -네덜란드 이주민 통합문제-". 《梨花史學硏究》 35, 이화사학연구소.

주효진(2008). "아시아의 다문화정책에 대한 비교 연구". 《한국행정학회 학술대회 발표논문집》, 한국행정학회.

지종화 · 정명주 · 차창훈 · 김도경(2008). "다문화 국가와 정책 이론".《한국지방정부학회 학술대회논문집》, 한국지방정부학회.

차상진 · 박승보 · 유은순 · 조근식(2010). "집단지성을 적용한 협업적 디지털 스토리텔링 플랫폼".《한국컴퓨터정보학회논문지》, 한국컴퓨터정보학회.

차용호(2008). "이민자 사회통합을 위한 정책 방향".《2008 한국이민학회 정기학술대회》, 한국이민학회.

채희완(1992).《탈춤》. 대원사.

추계자(1991). "텍스트언어학적 관점에서 본 텍스트의 텍스트성".《독어교육》9-1, 한독어독문학교육학회.

최강림(2006). "신도시 개발과정에서의 '장소 만들기'에 관한 연구". 서울대학교 공학박사학위논문.

최고운 · 김명석(2005). "스토리텔링 전시연출기법을 적용한 테마뮤지엄 디자인 연구".《한국디자인학회 가을 학술발표대회 논문집》, 한국디자인학회.

최근영(1998). "향토사 연구의 활성화 방안".《강원문화사연구》3, 강원향토문화연구회.

최무현(2008). "다문화 시대의 소수자 정책수단에 관한 연구: 참여정부의 '다문화정책'을 중심으로".《한국행정학보》42-3, 한국행정학회.

최성실(2010). "동아시아 담론과 문화 스토리텔링의 가능성: 전쟁과 색슈얼리티 표상 문제를 중심으로".《아시아문화연구》20, 경원대학교 아시아문화연구소.

최예정 · 김성룡(2005).《스토리텔링과 내러티브》. 글누림.

최웅환(2004). "한국 언어문화교육의 방향성".《한국언어문화교육학회 제2회 학술대회》, 한국언어문화교육학회.

최인호(2008). "대중문화콘텐츠를 활용한 관광지 스토리텔링".《한국콘텐츠학회논문지》8-12, 한국콘텐츠학회.

최인호 · 임은미(2008). "스토리텔링을 활용한 장소 마케팅에 관한 탐색적 연구".《관광학연구》32-4, 한국관광학회.

최정순(2004). "한국어교육과 한국문화교육의 등가적 통합".《언어와 문화》1, 한국언어문화교육학회.

최충옥(2010). "다문화교육 연구의 동향과 향후 과제".《다문화교육》1-1, 한국다문화교육연구학회.

최충옥 외(2009).《다문화교육의 이론과 실제》. 양서원.

최혜실(2002). "게임의 서사구조".《현대소설연구》16, 한국현대소설학회.

_____(2004a). "문학의 인력양성: 스토리텔링과 문화콘텐츠산업".《한국문화예술위원회 연구보고서》. 한국문화예술위원회.

_____(2004b). "文學作品의 테마파크화 過程 연구".《語文研究》32-4, 한국어문교육

연구회.

_____(2007).《문자문학에서 전자문화로》. 한길사.

_____(2009a). "문학, 문화산업, 문학교육의 연결고리로서의 스토리텔링".《문학교육학》 29, 한국문학교육학회.

_____(2009b). "문학교육에서 바라본 문학의 힘: 문학, 문화산업, 문화교육의 연결고리로서의 스토리텔링".《문화교육학》 29, 한국문학교육학회.

최혜실 외(2007).《문화산업과 스토리텔링》. 다할미디어.

케빈 린치(1984).《도시의 상》. 김의원 역. 녹원.

클라라 베런저(1984).《시나리오 작법》. 정일몽 역. 집문당.

클라우스 브링커(1995).《텍스트언어학 입문》. 이성만 역. 한국문화사.

하인츠 파터(1995).《텍스트언어학의 이해: 언어학적 텍스트분석의 기본 개념과 방법》. 이성만 역. 한국문화사.

한국문화관광연구원(2009).《다문화 지표 개발 연구: 2009-04 기본 연구》.

한국여성정책연구원(2008). "다민족·다문화사회로의 이행을 위한 정책 패러다임 구축 (II): 다문화 역량 증진을 위한 정책·사회적 실천 현황과 발전방향(총괄보고서)".《경제·인문사회연구회 협동연구총서 08-17-01, 2008 연구보고서-2》.

한국지방행정연구원(2004).《지역발전을 위한 향토자원의 개발 및 활용방안》.

한국텍스트언어학회(2004).《텍스트언어학의 이해》. 박이정.

한국학중앙연구원(2004).《한국향토문화전자대전 사업계획서》.

한명희(2008). "현대문학사의 복원-문학사 밖의 문인들: 김유정 문학의 OSMU와 스토리텔링".《한국문예비평연구》 27, 한국현대문예비평학회.

한상복 외(1998). "제3장: 문화의 개념".《문화인류학개론》, 한국문화인류학회.

한성일(2006). "유머 텍스트의 응결성과 응집성".《겨레어문학》 37, 겨레어문학회.

한승준(2008a). "우리나라 다문화정책의 거버넌스 분석".《한국행정학회 학술대회 발표논문집》, 한국행정학회.

_____(2008b). "프랑스 동화주의 다문화정책의 위기와 재편에 관한 연구".《한국행정학보》 42-3.

_____(2009). "지자체 다문화정책 추진체계 구축방안에 관한 연구".《한국사회와 행정연구》 20-2, 서울행정학회.

한혜원(2007). "디지털 스토리텔링의 현황 및 활용방안 연구".《한국언어문화》 32, 한국언어문화학회.

_____(2009). "트랜스미디어 콘텐츠의 스토리텔링 구조 연구".《인문콘텐츠》 15, 인문콘텐츠학회.

함복희(2008). "향가의 문화콘텐츠화 방안 연구".《우리文學硏究》 24, 우리문학회.

허만욱(2008). "문화콘텐츠에서의 디지털 스토리텔링 양상과 방향 연구".《우리文學硏

究》23, 우리문학회.

홍기원(2007). "다문화사회의 정책과제와 방향: 문화정책의 역할과 과제", 《한국행정학회 학술대회 발표논문집》, 한국행정학회.

황성윤 · 이경훈 · 김용성(2002). "Storytelling에 의한 디지털 공간구성방법에 관한 연구". 《학술발표대회 논문집-계획계/구조계》 22-2, 대한건축학회.

황지욱(2010). "스토리텔링을 활용한 창조마을의 조성방안에 관한 연구: 대하소설 '아리랑'을 활용한 김제 아리랑마을을 사례로". 《대한건축학회 논문집: 계획계》 26- 11, 대한건축학회.

헨리 젠킨스(2008). 《컨버전스 컬처》. 김정희원 · 김동신 역. 비즈앤비즈.

Berque, A. (1996). *Etre Humains Sur La Terre*. 김주경 역. (2001). 《대지에서 인간으로 산다는 것》. 미다스북스.

Baacke, D. (1973). Kommunikation und Kompetenz: Grundlegung einer Didaktik der Kommunikation und ihrer Medien. München: Juventa Verlag.

Baacke, D. (1997). *Medienpädagogik*. (Grundlagen der Medienkomunnikation; Bd. 1). Tübingen: Niemeyer.

Baacke, D. (1999). *Medienkomletenz: theoretisch erschließend und praktisch folgenreich*. In: medien+erziehung(merz)', 43. Jg. Nr. 3 Februar.

Banks, J. A. (2008). *An Introduction to Multicultural Education*. 4th ed. Boston: Allyn & Bacon. 모경환 외 역. (2008). 《다문화교육 입문》. 아카데미프레스.

Barthes, R. (1967). *Elements of Semiology*. Translated by A Lavers & C. Smith. New York: Hill and Wang.

Barthes, R. (1985). *L'aventure sémiotique*. Seuil. Paris.

Barthes, R. (1986). Semiology and the Urban. *The City and the Sign: An Introduction to Urban Semiotics*. Columbia University Press. pp. 87-98.

Bennett, C. I. (2007). *Comprehensive multicultural education: Theory and practice*. 6th ed. Boston: Allyn & Bacon. 김옥순 외 역. (2009). 《다문화교육; 이론과 실제》. 학지사.

Brunet R. (1974). Analyse des paysages et sémiologie. *L'Espace Géogrraphique 3*. pp.120-126.

Certeau, M. (1984). *The Practice of Everyday Life*. Berkeley: University of California Press.

Chandes, E. (2004). *Education et Communication*. Pulim.

Choay, F. (1986). Urbanism and Semiology, in M. Gottdiener' A.Ph. Lagopoulos ed., The City and the Sign: An Introduction to Urban Semiotics, NewYork: Columbia University Press. pp.160-175.

Cole, D. J. (1984). Multicultural education and global education: a possible merger. *Theory into Practice 23*(2). pp.151-154.

Cortes, C. E. (2000). *The Children Are Watching: How the Media Teach about Diversity*. Multi-cultural Education Series.

Damir-Gelisdorf, Sabine & Hendrich B. (2005). Orientierungsleistungen räumlicher Strukturen und Erinnerung. Heuristische Potenziale einer Veknüpfung der Konzepte Raum, Mental Maps und Erinnerung, in: Damir-Gelisdorf, Sabine et al. *Mental Maps-Raum-Erinnerung: Kulturwissenschaftliche Zugänge zum Verhältnis von Raum und Erinnerung*, LIT Verlag, Hamburg/Münster. pp. 25-50.

David, H., Edward, M. (1995). *Tools of Screenwriting: A Writer's Guide to the Craft & the Elements of a screenplay*. 심산 역. (1999). 《시나리오 가이드》. 한겨레신문사.

Eco, U. (1986). Function and Sign: Semiotics of Architecture, in M. Gottdiener · A.Ph.Lagopoulos ed., *The City and the Sign: An Introduction to Urban Semiotics*. New York: Columbia University Press. pp. 55-86.

Edward, R. (1976). *Place and Placelessness*. London: Pion. 김덕현 · 김현주 · 심승희 역. (2005). 《장소와 장소상실》. 논형.

Edward T. Hall (1980). *The Silent Language*. Greenwood Press. 최효선 역. (2000). 《침묵의 언어》. 한길사.

Ellis,G., Brewster, J. (1991). *The storytelling Handbook for Primary Teachers*. London: Penguin Books.

Fauque, R. (1986). For a New Semiological Approach to the City. in M. Gottdiener · A.Ph.Lagopoulos ed.. *The City and the Sign: An Introduction to Urban Semiotics*. New York: Columbia University Press. pp. 137-159.

Gabriel, Y. (2000). *Storytelling in organizations: Facts, Fictions, and Fantasies*. Oxford: Oxford University Press.

Geertz, C. (2000). *The Interpretation of Cultures*. Basic Books. 문옥표 역. (2009). 《문화의 해석》. 까치.

Geimas, A. J. (1986). For a Topological Semiotics, in M. Gottdiener · A.Ph.Lagopoulos ed.. *The City and the Sign: An Introduction to Urban Semiotics*. New York: Columbia University Press. pp. 25-54.

Gollnick, D., Chinn, P. (2002). *Multicultural Education in a Pluralistic Society*. Merrill.

Hartmann. A. (2005). Konzepte und Transformationen der Trias mental Maps, Raum und Erinnerung. Einführend Gedanken zum Kolloquium. in: Damir-Gelisdorf. Sabine et al. pp. 3-24.

Hicks, D. (1993). Thirty years of global education: a reminder of key principles and precedents. *Educational Review 55*(3). pp. 265-275.

Hug, T. (2002). Medienpädagogik In: Gebhard Rusch (Hg.) Einführung in die Medienwissenschaft Opladen. *Westdeutscher Verlag*. pp. 189- 207.

Imazato, S. (2007). Semiotic structure of traditional Japanese rural space: Hagikura Villages/Suwa Basin. *The public journal of semiotics 1*(1). pp. 2-14.

James, P. S. (1997). *Participant Observation*. Harcourt Brace College Publisher. 신재영 역. (2006). 《참여관찰법》. 시그마프레스.

Koppleman, K., Goodhart, R. (2005). *Understanding Human Differences: Multicultural Education for a Diverse America*. Boston: Allyn & Bacon.

Kymlica, W. (19965). *Multicultural citizenship*. Oxford University Press.

Langenohl, A. (2005). Mental maps, Raum und Erinnerung. Zur kultursoziologischen Erschließung eines transdisziplinären Kozepts. in: Damir- Gelisdorf, Sabine et ali. pp. 51-72.

Ledrut, R. (1986). Speech and the Silence of the City. in M. Gottdiener · A.Ph.Lagopoulos ed., *The City and the Sign: An Introduction to Urban Semiotics*. New York: Columbia University Press. pp. 114-134.

Lefebvre, H. (1991). *The Production of Space*. Cambridge: Wiley- Blackwell.

Argyle, M. (1975). *Bodily Communication*. New York: International University Press.

Manning, M. L., Baruth, L. (2004). *Multicultural Education of Children and Adolescents*. San Francisco: Pearson.

McDrury, J., Alterio, M. (2001). Achieving Reflective Learning Using Storytelling Pathways. Innovations in *Education and Training*

International 38(1). pp. 63-73.

Merryfield, M., Wilson, A. (2005). *Social Studies and the World: Teaching Global Perspectives, national council for the Social Studies.* Siver Spring. MD.

Pepper, Stephen C. (1961). *World Hypotheses: A Study in Evidence.* Berkeley and Los Angeles. University of California Press.

Prensky (2004). *Digital Game-Based Learning.* Paragonhouse.

Proctor, R. E. (1988). *Education's Great Amnesia.* Bloomington and Indianapolis: Indiana University Press.

Quigley, N., Bahmueller, C. (eds.) (1991). *CIVITAS: A Framework for Civic Education.* NCSS Publications.

Ray L. B. (1970). *Kinesics and Context.* University of Pennsylvania Press.

Rogers, P. (1992). *Education for international responsiblities of citizenship*, in E. B. Jones & N. Jones(ed), *Education for citizenship*, Kogan Page.

Ronald B. T. (1993). *20 Master Plots, and how to build them.* Cininnati: Writer's Digest Books.

Sleeter, C. E., Grant, C. A. (2009). *Making choice for multicultural education: Five approaches to race, class, and gender* (6th ed.). New York: John Wiley & Sons. 문승호 외 역. (2009). 《다문화교육의 탐구: 다섯 가지 방법들》. 아카데미프레스.

Smith, S. J. (1989). Society, Space and Citizenship: A Human Geography for the 'New Times'? *Transactions of the Institute of British Geographers 14*(2). pp. 144-156.

Soja, E. W. (1996). *Thirdspace: Journeys to Los Angeles and Other real-and-imagined Places.* Massachusetts: Blackwell.

Stahl, G. (1999). Perspectives on collaborative knowledge-building environments: Toward a cognitive theory of computer support for learning. 〈http://www.gerrystahl.net/publications/conferences/1999/cscl99/kbe_ workshop/kbe_theory1.pdf, 2010년 10월 1일 검색.〉

Stacey, R. D. (2001). *Complex Responsive Processes in Organizations: Learning and Knowledge Creation.* London: Brunner-Routledge.

Tardy, M., Jaillet, A. (2000). *Education et Sémiotique.* Press Universitaire de Strasbourg.

Tilbury, D. (2002). *Active Citizenship: Empowering People as Cultural*

Agents Through Geography. in Gerber, R. and Williams. M.(ed.). *Geography, Culture, and Education.* Boston: Kluwer Academic Publishers. pp. 105-113.

Turner, B. S. (1986). *Citizenship and Capitalism: The Debate over Reformism.* Allen & Unwin Pty. Limited.

Virginia, P. R., James, C. M. (2004). *Nonverbal Behavior in Interpersonal Relations.* Pearson Education.

디지털스토리텔링학회, 〈http://digital-story.net〉

부천시 홈페이지, 〈http://www.comicsmuseum.org〉

은율탈춤보존회, 〈www.unyul.or.kr〉

한국만화박물관 홈페이지, 〈http://www.bucheon.go.kr/index.jsp〉

위키백과, 디지털 스토리텔링, 2011. 7. 3. 검색.

위키백과, 스토리텔링, 2011. 7. 3. 검색.

찾아보기

김영순(金永洵) kimysoon@inha.ac.kr

1965년 9월 20일 강원도 양구 출생이다.

중앙대학교에서 문학사, 문학 석사를 받았으며, 정교사 2급자격증을 취득했다. 해병대 및 해군 부대 교육장교를 거쳐 국비장학생으로 독일 베를린에서 수학하였다. 베를린공대 문화기호학 전문석사, 베를린자유대 문화학 박사를 거쳐 조선대 연구교수, 경북대 연구교수, 교육인적자원부 학술연구교수를 역임하였다.

지금은 인하대학교 사범대학 사회교육과 교수로 재직하며, 지역문화탐구, 문화변동론, 다문화교육론 등을 강의하고 있다. 아울러 인천다문화교육연구센터 소장으로 봉사하고 있으며, 문화기호학자로서, 지역문화연구자로서, 공교육옹호론자로서 소명을 다하고자 노력하고 있다.

저 서

《미디어와 문화교육: 미디어 읽기를 위하여》(한국문화사, 2005)

《신체언어 커뮤니케이션의 기호학》(커뮤니케이션북스, 2001)

공 저

《지역문화 콘텐츠와 스토리텔링: 검단의 기억과 이야기》(북코리아, 2011)

《스포츠와 문화》(책과 세계, 2010)

《문화산업과 문화콘텐츠》(북코리아, 2010)

《문화콘텐츠 마케팅의 이해》(북코리아, 2010)

《초등학교 신문활용교육의 실제》(한국문화사, 2010)

《도시발전의 핵심코드를 찾아보는 새로운 도시, 새로운 仁川》(인천발전연구원, 2010)

《다문화교육의 이해》(한국문화사, 2008)

《문화의 맛과 멋을 만나다》(한올출판사, 2008)

《학제간 연구를 통한 문학의 확장 가능성 탐구》(글누림, 2008)

《현대 여가연구의 이슈들》(한올출판사, 2008)

《대안교육의 실천과 모색》(학지사, 2008)

《문화산업과 에듀테인먼트 콘텐츠》(한국문화사, 2008)

《문화학으로의 여행》(세종출판사, 2007)

《몸짓 기호와 손짓 언어: 교사-학생 간 비언어 의사소통 연구》(한국문화사, 2007)

《방송광고와 광고비평》(나남출판, 2006)

《문화경영의 33가지 핵심코드》(한국문화사, 2006)

《텍스트와 문화콘텐츠》(한국문화사, 2006)

《인문학과 문화콘텐츠》(다할미디어, 2006)

《여가와 문화: 여가 연구의 문화 코드》(역락출판사, 2006)

《미디어교육과 교과과정》(커뮤니케이션북스, 2006)

《미디어교육과 교수법》(커뮤니케이션북스, 2006)

《축제와 문화콘텐츠》(다할미디어, 2006)

《패러디와 문화》(한양대학교 출판부, 2005)

《겨울연가: 콘텐츠와 콘텍스트 사이》(다할미디어, 2005)

《문화와 인간: 불을 찾아서, 문화를 찾아서》(인하대학교 출판부, 2005)

《학교로 간 미디어》(다할미디어, 2005)

《문화콘텐츠학의 탄생》(다할미디어, 2005)

《문화이론과 문화콘텐츠의 실제》(인하대학교 출판부, 2005)

《공간과 도시의 의미들》(소명출판, 2004)

《문화와 기호: 문화기호학의 이념과 실천》(인하대학교 출판부, 2004)

《축제와 문화: 축제의 문화교육학을 위하여》(인하대학교 출판부, 2004)

《문화, 미디어로 소통하기》(논형출판사, 2004)

《양방향 쌍방향의 문화》(한양대학교 출판부, 2004)

《미디어교육과 사귐》(연극과 인간, 2004)

《광고 텍스트 읽기의 즐거움》(연극과 인간, 2004)

《광고비평의 이해》(한울아카데미, 2004)

《지식의 사회 문화의 시대》(경북대학교 출판부, 2004)

《대중문화 낯설게 읽기》(문학과경계사, 2003)

《몸과 몸짓 문화의 리얼리티》(소명출판사, 2003)

《기호학과 철학 그리고 예술》(소명출판사, 2002)

《기호학으로 세상 읽기》(소명출판사, 2002)

《신체언어 커뮤니케이션의 기호학》(커뮤니케이션북스, 2001)

공 역

《민주주의와 다문화교육》(교육과학사, 2011)

《다문화교육과 인간관계》(교육과학사, 2010)

《화용론 이해》(동인출판사, 2003)

《몸짓과 언어본성》(한국문화사, 2001)